À mon Carrerot…

1

« Être génial tout en sachant que l'on reste misérable… » La petite phrase, d'un auteur inconnu, épinglée sur le mur de sa chambre, apprise à la première lecture, partagée, magnifiée, le traverse comme une incitation au courage. De la sueur coule de ses tempes, des ailes du nez, de la nuque. Son tee-shirt change progressivement de couleur sous l'effet de la transpiration : le bleu azur devenant plus sombre, presque noir sous les reflets de l'ombre. Il court comme d'autres méditent. Toute son énergie concentrée sur la meilleure façon de respirer : deux pas pour une inspiration, deux pour une expiration ! Ne jamais déroger à ce principe. De sorte que, quand les idées ou les phrases lui viennent, il les laisse filer pour, bientôt, ne plus penser qu'à la rythmique de sa course.

Il est bien. Physiquement bien. La première demi-heure de footing lui a vidé l'esprit. Quand il accélère, pour des séries de huit cents mètres, il essaie de maintenir le même rythme sur les deux tours de piste : la foulée ample, précise, aussi harmonieuse que possible, le balancier du corps comme une horloge savante reproduisant à l'exactitude les mêmes mouvements. Tour après tour, il a l'impression de poser ses pas dans les traces absentes du tour précédent. Des levées de poussières grillent dans le soleil, composent un petit nuage qui brille et retombe. C'est étonnant, cette mécanique du corps. Au bout de huit cents mètres, il ralentit sans jamais s'arrêter. En foulées plus courtes, les bras parfois ballants le long du corps, il apprend à récupérer en courant au trot. Deux minutes, pas plus, puis il reprend le rythme antérieur, buste droit, tête haute, dans un mouvement assez naturel de tout le corps. La joie vient du plaisir qu'il ressent à courir et à ne penser qu'à ça. Toute son attention, toute sa vigilance s'exerçant toujours sur la respiration. Une course comme une valse à quatre temps. Et l'on recommence. Mais tout cela, minuté, redondant, méticuleux. À quelle allure court-il ses séries de huit cents mètres ? Difficile à dire. Un spécialiste, sans chrono, parierait sur une moyenne de quatorze kilomètres à l'heure. C'est le temps qu'il espère réaliser, se fiant pour cela à ses seules sensations. Il fait seulement en sorte de ne pas faiblir, de faire abstraction de la chaleur qui écrase la piste d'athlétisme en cette fin de matinée, de la fatigue qui commence à peser sur ses jambes et ses articulations.

D'ordinaire, ils sont des dizaines à courir, sauter, jouer, de la piste au stade attenant. D'ordinaire, ce sont des cris et des rires. Fleurissent alors, comme on peut s'y attendre, les grossièretés, rodomontades, hurlements de toutes espèces d'une poignée d'hommes rendue aux jeux de l'enfance. Mais là, il est seul. Le Centre de formation s'est vidé d'un seul coup hier après-midi de tous ses membres qui ne réapparaîtront que lundi. Il est seul. Heureux de l'être malgré l'article de la veille. Heureux de la liberté soudaine que lui offre tout ce temps, tout cet espace...

L'article ? Un brûlot dans *Le Journal de B.*, le quotidien local. Il voudrait ne plus y penser. Il a le regard voilé d'eau. Le sel de la transpiration lui pique les yeux. Au septième huit cents mètres, il s'arrête près du banc posé en bord de touche, s'essuie le visage et boit à même la bouteille. Une lumière tremblée, presque pâle sous le masque de la tribune, décolore les arbres et les premiers immeubles de la ville qui dansent devant lui. S'il tourne la tête, le même soleil frappe durement le stade, la piste et c'est une lumière crayeuse, aveuglante, qui sourd maintenant du lieu. Il boit toujours et cherche du regard un coin d'ombre pour y effectuer des étirements. Il jette une serviette de bain sur le sol et, sans réflexion préalable, attaque une série d'abdominaux, les jambes cassées en deux, levées à cinquante centimètres du sol, vers lesquelles, d'un mouvement heurté du bas-ventre, il remonte la nuque, puis redescend et recommence. Il enchaîne de la sorte trois séries de cinquante flexions. Rien ne l'y oblige, n'était peut-être cette rancœur qui lui laboure l'échine depuis qu'il a lu l'article et qu'il en veut à ce « pape » du journalisme local, qu'il ne connaît pas, qu'il n'a jamais vu, mais qui le dézingue dans un texte sans concession.

À cette heure, un 15 août, tous ses copains sont sur les plages ou dans un lit à récupérer tardivement d'une nuit de fête. Les coachs ont donné carte blanche jusqu'à lundi. Soit, pour Alexandre, trois jours à tuer dans la solitude du Centre de formation. Il aurait voulu remonter vers la montagne, vers son grand-père qu'il sait fatigué et dont il devine la lente érosion. Ainsi de ces menus exercices que le Vieux (c'est le surnom que lui ont donné tous les habitants du village) faisait hier encore sans l'aide de personne et qu'il n'ose plus, la démarche plus lourde, le corps ankylosé. Le Vieux aurait été heureux de le revoir, mais Alexandre a reçu une convocation de Michel Ferreri, le président du club, pour ce soir, dix-huit heures, et ne peut s'y soustraire. Que lui veut-il pour le recevoir un jour pareil ? Son entrevue a-t-elle partie liée avec l'article le concernant ? Avec le match de la semaine ? Tout n'est pas faux, bien sûr, dans cet article. Alexandre est passé à côté de son match, il en conviendrait aisément ! Deux dégagements approximatifs, un drop contré, deux plaquages ratés : tout s'est conjugué, avant-hier, à causer sa perte. Alors le Vieux se passera de sa visite.

Il étire ses muscles contre le mur des tribunes. Les mollets et les cuisses, les ischio-jambiers, les adducteurs, le dos et les épaules. Il suit, pour cela, le rythme que leur a suggéré le préparateur physique. Il compte jusqu'à quatre à l'inspiration et jusqu'à huit à chaque expiration. Tous les sportifs savent cela : l'état de béatitude où les renvoie chaque séance un peu longue. « Endorphine ! s'écrie Doudou en temps ordinaire… L'hormone du bonheur que l'on fabrique en courant… » Alexandre sourit en pensant à Doudou…

Les vestiaires sont fermés et il n'a d'autres solutions que d'aller se doucher dans son studio. Lui et ses copains ont choisi de rester vivre dans les appartements très confortables du Centre de formation, malgré les contrats « Espoirs » – et même, pour certains, « professionnels » – qui les lient désormais au club et leur autoriseraient un autre train de vie. C'est un choix. Moitié paresse – le cocon du centre, la proximité des terrains, le sommeil préservé du matin, le refus des embouteillages aux heures de pointe. Moitié tendresse – les copains que l'on garde près de soi, l'adolescence prolongée, comme quand ils étaient cadets et que le club était venu les chercher pour leur permettre de poursuivre leurs études dans un lycée voisin. De fait, les stades d'entraînement et les bureaux du club sont là, à deux pas, attenant au centre lui-même qui se décompose en deux bâtiments : l'un réservé aux studios et aux chambres individuelles ; l'autre aux bureaux de l'association et au réfectoire dans lequel ils déjeunent et dînent depuis quatre ans maintenant.

Alexandre redoute l'entrevue avec le président. Il le connaît mal et celui-ci l'intimide. Que va-t-il lui dire ? Saura-t-il ne pas bégayer ? Il a honte de lui quand il ne parvient pas à clore une phrase sans accrocher certains mots. Il lui semble – toujours l'influence du sport de compétition – qu'il ne tient pas sa partie, qu'il manque de maîtrise et il s'en veut. Son tee-shirt est trempé, et un frisson lui laboure l'échine. Pourquoi lui donner rendez-vous un 15 août ? Serait-ce si important ? Une peur stagne en lui, invisible comme un remords. En passant devant la petite maison de la concierge attenant à l'immeuble du centre, il comprend aux volets clos que Mme Pelletier aussi a déserté le lieu. Le voilà définitivement seul entre ces murs sans accueil que le soleil frappe d'une lumière crue. Devant lui, à proximité du bâtiment, le mur d'enceinte en voie de délabrement préfigure symboliquement l'abandon du monde. Des herbes jaunies, des ronces, des orties et des sacs en plastique portés par le vent ajoutent un air de pauvreté immédiate. Un chien doit venir y pisser s'il en juge par l'odeur nauséabonde qui s'en dégage. Il imagine des vipères planquées derrière les pierres que gravitent les ronces. Il revient lentement vers le centre. La porte d'entrée du hall lui paraît plus lourde que de coutume. Aussitôt, un courant d'air s'y engouffre et semble à l'oreille un déferlement de houle. Il monte à l'étage et la question le taraude encore : quel comportement aura-t-il devant le président ?

Dans son studio, il se douche, un long moment, à l'eau froide : cheveux et corps en rêvant de plongées dans un lac aux eaux noires, glacées, un océan en furie. Des images aussitôt lui reviennent : comme cette baignade dans un lac des Pyrénées, au-dessus de Luchon, un jour de l'été dernier et le regard de cette fille posé sur lui comme il sortait du bain, un slip un peu trop moulant autour de la taille, dont il devinait à distance l'envie soudaine, éruptive…

Il faut qu'il songe à faire une lessive : linge sale qui s'accumule, draps, serviettes… Il plonge son regard dans *Le Journal de B.* qui traîne encore sur le lit. La pagination en ce mois d'août en est réduite, mais il a relu dix fois l'article qui le concerne :

« Le Rugby Club ne saurait décemment envisager une place dans les quatre premiers du championnat à venir, synonyme de demi-finales, s'il ne trouve pas d'ici là un ouvreur authentique. Le premier match de la saison qu'il nous fut donné de voir samedi nous éclaire assez. Le jeune Alexandre Vrac, n'étant pas prêt, de toute évidence, à tenir son rang à pareil niveau. Ses qualités offensives ne sont pas à mettre en cause, bien qu'on puisse parfois le juger « personnel ». Mais passons ! Ce que l'on déplore surtout, à ce jour, c'est la défense sur l'homme de notre jeune ouvreur dont le moins que l'on puisse écrire est qu'elle laisse à désirer. Deux plaquages ratés, samedi, furent payés cash par le RCB. Mais ce qui frappe, au-delà de cette défaillance, c'est le manque d'assurance – on n'ose parler de courage – de Vrac, qui s'est traduit par un flottement saisissant de la défense de ligne tout au long de ce match amical d'ouverture. Or, la vidéo fonctionnant à plein régime, les futurs adversaires du Rugby Club ne mettront pas longtemps à dénicher le point faible de notre cuirasse et il faut s'attendre à une attaque en règle de leurs parts dans cet axe crucial du jeu. Que Vrac ait été international junior et figure, aux yeux de la presse spécialisée, le grand espoir de demain, ne saurait suffire à nous convaincre qu'il est l'homme idoine, capable, demain, de porter son équipe. »

Par chance, *Le Journal de B.* n'a pas été dévoré, hier, comme il l'est de coutume – chacun songeant à regagner ses pénates après l'entraînement du matin – de sorte qu'il n'a pas eu à essuyer les commentaires goguenards ou désolés de ses copains stagiaires…

« Il vous faudra bien apprendre à gérer la presse », hurlait l'autre jour, Norbert Lacaze, le manager du club. « Gérer », quel verbe idiot !

Il s'allonge, cherchant dans la relaxation un peu de paix. Depuis un an maintenant, on leur enseigne diverses méthodes de relaxation, méditation, visualisation, techniques PNL, à même de les aider à prévenir le stress, à modifier leurs comportements, à privilégier ce qu'ils nomment, dans le sabir des psys, « une positive attitude ». Il excelle dans ce domaine. N'était ce foutu bégaiement qu'il n'arrive pas à corriger en toutes circonstances. En état de relaxation avancée, il parvient même « à sortir de son corps », comme disent les spécialistes de la chose. Au début, cela lui a provoqué une frousse bien légitime, mais il s'est habitué et, depuis, il lui arrive de se voir allongé sur son lit, son esprit planqué dans un angle du plafond, avec la même acuité que s'il s'agissait d'une caméra. Il commence, aujourd'hui, par se décontracter le visage, les épaules, le dos... Toute la difficulté consistant, comme dans la course, à ne pas laisser l'esprit fuir vers d'autres lieux, d'autres idées et il cherche à se recentrer sur le silence. Du dos, il passe à la poitrine, puis au ventre. Il formule intérieurement le souhait de voir son corps s'enfoncer un peu plus dans le moelleux du lit à chaque expiration. Il songe à relaxer les jambes, mais une brume, bientôt, se lève. Il rêve de courses, de soutiens, d'attaques parfaites. Son drop de samedi passe magistralement entre les poteaux... Il n'a pas le temps de se persuader qu'il doit lutter contre le sommeil que, déjà, il s'écroule.

Il se réveille une demi-heure plus tard l'esprit embrumé et pense à son grand-père. Il a dû déjeuner depuis déjà un bon bout de temps et doit se trouver devant la maison, assis sur le banc de pierre face à la montagne. Il peut rester là des heures à regarder le paysage, sans pratiquement bouger, un petit sourire, comme un simple pli, à la commissure des lèvres. Alexandre culpabilise toujours à l'idée de n'être pas allé le voir. Lui, pour le coup, est réellement seul dans son trou de verdure et aurait été heureux de sa visite. Il se dit qu'il pourrait foncer ce soir vers le village, après l'entrevue, il y serait en deux heures.

*

Quand il se dirige vers le siège du club attenant au centre proprement dit, un peu avant dix-huit heures, toute la chaleur du jour paraît se projeter sur l'asphalte. La porte d'entrée est restée fermée et un profond silence se dégage de l'endroit. Alexandre qui a revêtu le costume du club pour la circonstance crève de chaud sous son pantalon. Il ôte la veste qu'il suspend à son épaule. De quoi a-t-il peur ? Il arpente le petit passage qui donne sur l'entrée et formule dans sa tête toutes sortes de réponses à des questions imaginaires. Mais il redoute plus que tout de ne pouvoir parler, d'écorcher les mots comme il lui arrive sous le coup de l'émotion. Il s'assied, se relève, s'assied de nouveau, marche sur quelques mètres. Maintenant il transpire et des taches se dessinent sur sa chemise à hauteur du plexus solaire. Le président n'arrive qu'une bonne demi-heure plus tard, en jean et chemise, ce qui ne lui ressemble guère. D'une main rapide, il salue Alexandre sur son passage tout en ne lui décochant aucun sourire. Alexandre en est déstabilisé.

— Attends-moi là, dit Michel Ferreri en lui montrant le hall d'entrée, j'en ai pour deux secondes…

Il file vers son bureau dont il ferme la porte derrière lui. Dans le silence de cloître qui baigne le hall menant aux divers bureaux vides à cette heure, Alexandre l'entend téléphoner. Des mots, des bribes de phrases sans cohérence lui viennent de la pièce voisine. Un quart d'heure passe. Comme Alexandre n'entend plus un bruit, il hésite à frapper à la porte, ne le fait pas. Un autre quart d'heure s'écoule, quand le président daigne enfin se manifester.

— Entre, dit-il !

Alexandre tremble. Une frousse maladive le tient comme devant un examinateur à l'oral du bac. Au vrai, il ne croit pas, il n'a jamais cru à la légitimité de sa réussite sportive. Il était mort de honte, à quatorze ans, lorsque *Midi Olympique* avait publié un article tout à son avantage intitulé : « Alexandre Vrac, l'ouvreur de demain ! » Il n'avait pas osé sortir de chez lui et était resté reclus deux journées entières, refusant même de se rendre à l'entraînement de son club formateur.

Autour de lui, au Centre de formation du club, sont rassemblés toutes sortes de joueurs sûrs de leur fait, bien dans leur peau. Des taureaux ! Que le doute n'effraie pas. Des lions, que la gloire appelle. Il n'est pas des leurs. Le sera-t-il jamais ?

— Vous vouliez me voir, dit-il d'une voix mal assurée en s'asseyant sur un des deux fauteuils placés devant le bureau de Michel Ferreri ?

—Vraiment ? dit le président.

Alexandre regarde sans les voir les tableaux, photos, objets divers disposés sur le mur derrière la table du président. Une photo accroche son regard : on y voit Michel Ferreri en compagnie de Jacques Chirac à une garden-party de l'Élysée, le 14 juillet 2002. La date figure sous le socle. Le président est-il de droite ? Encarté UMP ? Ou simple capitaine d'industrie invité par le président de la République ? Pour l'instant, Michel Ferreri cherche un document dans les tiroirs de son bureau, penché sur le côté, bougonnant des onomatopées incompréhensibles. Il se redresse. Fixe Alexandre, un léger sourire à la commissure des lèvres.

— Pas brillant, hein, ton premier match de la saison ?...

C'était donc ça, se dit Alexandre !

— Ce n'est pas grave, reprend Ferreri, dont les yeux verts accrochent pour la première fois le regard d'Alexandre... Tu te ressaisiras, pas vrai ?

Alexandre opine de la tête. Michel Ferreri sourit toujours avant que son visage ne se rembrunisse.

— Ce qui est plus grave, Alexandre, ce sont les finances du club. Le modèle économique d'une équipe comme la nôtre n'est pas stable. J'attends autre chose, je ne te le cache pas, des droits télévisés par trop insuffisants que nous procure la Ligue. Et cela a des conséquences sur notre gestion. Ce que j'ai à te dire n'est pas facile, mais il faut que je rogne sur ton salaire. C'est une question de vie ou de mort…

Il sourit à nouveau, d'un sourire complice, avenant, en total décalage avec les propos qu'il vient de tenir. Alexandre reste muet. « Il doit me juger tarte », pense-t-il.

— Rogner… De combien, demande-t-il ?

— De moitié ! Je n'ai pas le choix. C'est à prendre ou à laisser !

— Vous vou… lez dire ?

— Que ma décision est prise. Je ne reviendrai pas dessus. Ton nouveau contrat est prêt.

Il le tient sous le coude.

— Tu n'es pas le seul dans ce cas, je te rassure…

Alexandre lit rapidement le contrat.

— Mais je n'ai plus que 1 500 euros brut…

— Tu bénéficiais d'un contrat espoir de 3 200 euros et d'une prime nette, dite de droit à l'image, de 2 000 euros. Mais c'était au temps où nos finances nous permettaient ces petites fantaisies. Aujourd'hui, je suis obligé de supprimer la prime…

— Et de… de re… voir le contrat de moitié ?

— Je sais, dit Ferreri. Cela ne m'amuse pas. Réfléchis bien. Tu n'es pas obligé d'accepter. Mais, sans te froisser, qui voudra de toi désormais ? Tu as lu la presse, j'imagine ? On me somme de te remplacer. Je n'en ferai rien, si tu acceptes ce nouveau deal… J'ai confiance en toi. Je suis persuadé que tu sauras te reprendre. Et, d'ailleurs, rien n'est définitif. Ton contrat, si tout va bien, sera revu à la hausse dans six mois. Un an tout au plus. Mais, pour l'heure, mon pauvre Alexandre…

Un silence se fait. Malgré la chaleur qui règne dans la pièce, Alexandre a soudainement froid. Un frisson passe sous ses aisselles. Il cherche à se ressaisir.

— Mais enfin ! De plus de 5 000 euros, je passe à 1 500…

Michel Ferreri ne répond pas. Il se contente de tourner dans ses mains une petite boîte en plastique posée sur son bureau. Un autre silence se creuse.

— Je ne me suis pas dérangé un 15 août pour passer ma soirée à négocier, Alexandre Vrac ! Tu acceptes cette proposition, tu signes ce contrat, ou tu quittes cette pièce. Le syndicat des joueurs te trouvera bien un avocat pour défendre tes droits…

La froideur extrême de ses paroles glace Alexandre. Il signe, confus, honteux, en proie à une désespérance soudaine qui ne doit rien à l'argent reçu, mais au peu de considération qu'il croit lire dans le regard de son président. Un joueur de vingt ans ne joue pas pour de l'argent. S'il en touche, tant mieux, mais l'essentiel est ailleurs. Michel Ferreri le sait et abuse de la situation. Alexandre le quitte comme un automate. Après l'article dans la presse, son président l'abandonne. Il songe à téléphoner à Luc Ramirez, son agent. Mais que lui dira-t-il ? Il est sous la coupe de Ferreri et n'osera rien pour lui qui puisse le contrarier. Une diagonale de soleil, en sortant du bureau, l'atteint malgré l'heure tardive, le ciel chargé de nuages noirs à l'ouest, et l'aveugle. Il manque de trébucher. Le président, au même moment, fait ronfler le moteur de sa puissante voiture. On l'attend : « Un dîner chez des amis », dit-il à Alexandre qui ne demande rien. Lui pense un peu ingénument à son grand-père. Il espérait pouvoir engager une dame de compagnie à même de lui préparer les repas, de lui faire le ménage, de l'accompagner dans diverses tâches quotidiennes. Il comptait lui en faire la surprise dès qu'il aurait trouvé la personne idoine. Il a déjà contacté deux dames d'un village voisin, dont l'une aurait égayé ses vieux jours. Mais il doit désormais renoncer à ce projet.

« C'est humiliant », pense-t-il ! Les nuages venus de l'ouest recouvrent tout maintenant et l'orage menace. Le ciel zébré d'éclairs immobiles semble à l'œil un feu d'artifice. Alexandre n'ose pas retourner au village. Il regagne son studio et se couche sur le lit sans même se déshabiller. Bientôt, le grondement du tonnerre se fait entendre. La pluie va tomber, songe-t-il, la pluie rédemptrice.

Alexandre reste cloué sur son lit, désespérant de lui-même, de son avenir, de ses moyens. Il pense toujours à son grand-père. Il se rassure en se disant qu'un ours sommeille en lui, un vieil ours solitaire qui n'aime pas tant que ça que l'on brise sa solitude. Ils en avaient ri un jour. « Ton père aussi était comme ça », avait dit le Vieux avec une forme de contentement dans la voix. « Il ne parlait pas beaucoup lui non plus… » Mais il s'était tu, mesurant probablement à quel point l'évocation de son père suscitait d'émotion chez Alexandre. Ils devront vivre avec ça, le grand-père et le petit-fils ! L'absence ! Et même, si singulier que cela puisse paraître, la culpabilité de l'absence.

2

Gabriella, en nage, abandonne son vélo contre un arbre du jardin et se jette dans le frais de la maison. Michel, s'il daigne lui rendre visite, ne sera pas là avant vingt-trois heures. Dans le cas contraire, il téléphonera ou expédiera un texto – laconique, le texto ! Elle a plusieurs heures devant elle pour se remettre au travail. Elle boit donc deux grands verres d'eau fraîche, prend une douche rapide et ressort dans la chaleur étouffante du jardin. Quand elle ouvre la porte sur sa thébaïde, un éternel émerveillement la saisit. Il y a trois semaines à peine, elle se levait chaque matin pour se rendre à la boulangerie de la rue Rose et y travailler en continu huit heures de rang. Quand elle en sortait vers seize heures, il lui arrivait de filer vers le cours de sculpture de Mme Michon, où épuisée, affamée, elle tentait de tirer d'elle un reste d'énergie pour pétrir, coller, sculpter, peindre de toutes petites choses. « Vous avez du talent, Gabriella ! Ce qu'il vous faudrait, c'est une pièce, chez vous, pour poursuivre le travail entrepris en cours. » Une pièce ? Elle vivait dans un studio de quarante mètres carrés et aurait été bien en peine de dégager le moindre espace. Pourtant, depuis les Beaux-Arts, elle ne rêvait que de ça ! Peindre, sculpter, découper ! Et Michel est arrivé !

Fait-elle la pute ? L'expression qu'elle s'adresse à elle-même la heurte, mais il lui arrive de le penser. On ne se fait pas entretenir à vingt-six ans par un homme qui a le double de son âge, sans penser à ce genre de chose.

— Je ne t'entretiens pas. Tu es totalement libre ! Si tu étais ma femme, la question ne se poserait même pas. Pourquoi culpabilises-tu ?

— Parce que je ne suis pas ta femme, justement…

— Mais j'ai des sentiments pour toi. Notre histoire ne se résume pas à la bagatelle…

Des sentiments ? Elle le regardait de ses yeux byzantins. De quelle sorte de sentiments s'agissait-il au juste ? Elle se gardait de poser la question. Bien sûr, il ne se moquait pas d'elle. Il lui prêtait la maison du Plateau et, attenant à celle-ci, ce vaste grenier à foin de plus de soixante mètres carrés, d'une hauteur vertigineuse, où elle avait établi son atelier. Refuser cela ? Il y avait aussi cette carte bancaire et ce compte courant sur lequel il entendait mettre trois mille euros par mois.

— Je ne veux pas de ça !

— Ne fais pas l'idiote ! Pour moi, ce n'est rien. Et puis quoi ! Tu vas repartir chaque jour à la boulangerie pour vivre ?

— Je vais garder des enfants. Tous les soirs, de dix-huit à vingt heures. J'ai passé une annonce sur le Net et j'ai eu une réponse dans les quarante-huit heures.

— Et tu vas gagner ?

— Suffisamment pour vivre.

— Permets-moi au moins de t'offrir, de temps en temps, un voyage, une robe…

Résiste-on à cela ? Ce vertige du fric – les robes qu'il lui aurait achetées par brassées si elle n'y avait mis bon ordre, les restaurants et les hôtels où il l'entraînait, les voyages qu'il lui proposait ? Et par-dessus tout cet atelier, prêté, offert et tout le tralala qui va avec : les gouaches, les tréteaux, les toiles, les peintures, les bombes acryliques et toutes ces choses qu'elle était dans l'incapacité de s'offrir et dont elle rêvait ?

Il lui arrive de se sentir sale, mais jamais très longtemps. Michel a cinquante-cinq ans, mais c'est un beau mec et, avec lui, jamais elle ne se force. Il la rassure, la séduit, la surprend, de sorte que, à ses côtés, elle ne s'ennuie jamais. Elle l'a croisé un jour de juin lors d'un vernissage auquel une de ses connaissances du cours de Mme Michon l'avait conviée. On le lui a présenté. Il prétendait la connaître, l'avoir vue travailler à la boulangerie de la rue Rose. « Je n'ai aucun mérite, on ne voyait que vous dans cette boulangerie. » Flatteur, attentionné, elle a été subjuguée par sa voix et ce regard qui vous fixe, vous tient en laisse, charbonne et brûle. Il l'a invitée le soir même au dîner qu'il donnait en l'honneur de l'artiste. Elle a été frappée par la révérence avec laquelle les gens lui parlaient. Tout se passait, ce soir-là, comme si les personnes présentes, toute cette armée d'artistes, de secrétaires, d'apprentis sorciers, impressionnés, soucieux de ne pas lui déplaire, l'abordaient comme on le fait d'un homme prestigieux. Surtout, ne le réveillez pas, ne le brusquez pas, ne faites rien pour lui déplaire ! On lui portait des toasts. On lui approchait des verres. À son contact, la voix des gens changeait et les phrases prenaient des tournures singulières, langage châtié, apprêté, jamais vulgaire. Les attitudes mêmes devenaient guindées, jouées, fragiles. Il était riche sans doute, patron d'une entreprise qui comptait plus de mille employés, mais cela suffisait-il à en faire ce personnage intouchable, inaccessible ? Il ne lui a pas parlé du dîner, ou très peu, se souciant seulement de son bien-être. Il laissait faire le temps et toute cette comédie sociale autour de lui, pour l'impressionner. De fait, elle l'a été. C'est ce soir-là qu'elle a appris qu'il était également président et premier actionnaire du club de rugby local dont elle ne savait rien. Son voisin de table lui prêtait un avenir en politique. « Il serait déjà maire, s'il l'avait voulu. Pour l'équipe de rugby, il donne, tous les ans, de sa poche, des millions d'euros... » Un riche, quoi ! Auquel, disait-on, on ne résistait pas.

Et, de fait, elle était dans ses bras deux semaines plus tard. Entre-temps, il l'a invitée à quatre reprises et a dû insister pour qu'elle accepte cette somme de dîners – elle n'était jamais libre pour déjeuner, satisfaisant à ses horaires de « vendeuse de pain », selon sa propre expression. Il ne la draguait pas, au sens commun que l'on prête à ce terme. Jamais un mot de trop, une déclaration équivoque ! Jamais non plus de flatteries inutiles. Il se contentait de la dévorer du regard, avec, au fond des yeux, l'assurance de celui qui sait devoir obtenir ce à quoi il aspire. Il la faisait parler d'elle, mais très peu : on sentait que très vite son attention se dérobait. Un soir, il lui a dit : « Les mots ne comptent pas. Savez-vous qu'une étude scientifique a démontré que, lors d'un échange entre deux êtres, les mots prononcés comptent pour rien ou pour une part dérisoire dans l'attirance qu'exercent, l'une sur l'autre, les personnes concernées ? »

De manière générale, il joue de sa voix – modulée, grave, à la tessiture parfaite – et de son regard comme d'une arme absolue. Il joue de ses secrets aussi. Il aime que personne ne sache ce qu'il a en tête et brouille les pistes à dessein. Le pouvoir et le plaisir à ses yeux résident peut-être là : dans le goût du secret, dans la capacité qui est la sienne à ne rien laisser transpirer de ses sentiments, idées, idéaux. De fait, il ne parle jamais de lui, de son passé, de son enfance et elle serait bien en peine de comprendre qui il est vraiment. Mais son apparence lui suffit. La seule chose qu'elle sait de lui, c'est qu'il est marié et n'a pas d'enfant. Il lui a tenu, un soir, un discours tellement négatif et réducteur sur l'éducation qu'elle en aurait pleuré : « Quand je vois l'acharnement des parents, disait-il, à élever leurs enfants, élever au sens littéral, bien sûr – et il faisait le geste des mains comme on élève un vase en poterie, on monte un objet en sculpture –, les lectures le soir, les révisions à l'école, les dialogues lors des repas visant à éduquer, à sensibiliser, à modeler. Quand je vois le temps passé, l'attention portée au développement d'une pensée éclairée, autonome et l'indifférence qui, derrière, s'ensuit, je suis vacciné, merci bien !

— L'indifférence ?

— Comment appeler ça autrement ? Les enfants ne viennent plus voir leurs parents à partir d'un certain âge, ou seulement par culpabilité, une fois par mois, comme on remplit son office. Ah non, quelle horreur, la famille !

— On n'élève pas les enfants pour soi. Mais pour eux. C'est un don, dont on ne doit rien attendre en retour…

— Cela, ma chère Gabriella, c'est virtuel. Tu as lu trop de livres, vu trop de films. Je t'aime parce que tu m'aimes. L'amour appelle l'amour. Si l'un des deux cesse d'aimer, c'est fini… Regarde autour de toi !

Elle a été soufflée par son pessimisme et ce regard qu'il porte sur la vie, si étranger au sien. Nonobstant, elle a été cette idiote qui, le même soir, aveuglée par son autorité, un peu ivre aussi – mais cela constitue-t-il une excuse ? – rendue à ses peurs de l'enfance, à l'appréhension du père, au souci de répondre à son attente, de ne pas le décevoir, à son besoin d'être rassurée, protégée, à ce désir parfaitement stupide de lui démontrer qu'elle appartient à cette classe de filles libres, évoluées, en phase avec leur société : elle a été cette idiote qui s'est retrouvée dans son lit sans autre forme de procès. Comme ça ? Oui, comme ça, après qu'il a promené délicatement sa main à hauteur de ses genoux, que ses doigts ont joué sur elle une partition imaginée et qu'on eut aperçu au loin les lumières de la ville, senti monter par la fenêtre ouverte des odeurs d'herbe fraîchement coupée et de printemps. Ils se sont embrassés. N'a-t-elle rien fait de pire ? Oh si, bien sûr, mais pourquoi avoir cédé si vite ? Il allait, en bonne logique, la mépriser.

Mais il ne l'a pas méprisée. Il s'est même montré d'une rare prévenance les heures et les jours qui ont suivi. Jusqu'à l'inviter à passer une semaine à New York à la fin du mois de juin. Là-bas, elle en a pris plein les yeux, plein le cœur. De leur hôtel, situé sur la 5e Avenue, elle partait, le plus souvent seule et à pied, vers les musées environnants. Et c'est au Guggenheim qu'elle a vu pour la première fois de son existence une exposition de Louise Bourgeois qui, littéralement, l'a fascinée. Voilà ce qu'elle voulait faire, voilà le chemin qu'elle entendait prendre ! Ce fut une révélation telle qu'elle passa la journée à monter et redescendre la spirale de la grande maison, à suivre virage après virage, pas après pas, fendant la foule et l'oubliant, les divers objets qui composaient l'exposition et dont elle redessinait les contours, avec une application de potache, sur un grand cahier à dessins qu'elle avait acheté pour l'occasion. Elle y était revenue le lendemain et le dernier jour encore de leur séjour. Et, quand elle n'était pas là, elle se trouvait sous les baies immenses du musée d'Art moderne, qui donnait, à l'arrière, sur la 54e Rue.

Elle a trouvé immédiatement dans la grande ville si subtile, si fascinante, un rythme propre qui lui convenait. Le matin, elle partait courir dans les allées de Central Park, pleine d'une allégresse qu'elle ne pensait plus pouvoir connaître, passait ses journées à visiter les musées, les galeries, à peaufiner dans sa tête ses sculptures à venir, à fomenter des programmes, mais répugnait, le soir, à accompagner Michel dans ces restaurants trop chics où il comptait toujours se rendre.

— Dans le fond, lui dit-il, tu es une solitaire !

C'était vrai. Elle aurait voulu manger sur le pouce un énième hamburger et se remettre aussitôt, à moitié nue, vautrée sur le grand lit à baldaquin, à ses dessins, à ses projets. Il s'étonnait qu'elle ne veuille pas se rendre dans ces grands magasins où il aurait aimé l'entraîner pour lui offrir tous les vêtements dont elle aurait pu avoir envie, mais elle s'en moquait.

— Je n'ai besoin de rien, répétait-elle.

Cette façon de voir le changeait. Il ne détestait pas qu'elle soit cette fille passionnée d'art, caressante mais sans trop, qui ne vivait à ses crochets qu'à la seule fin de peindre, de sculpter, ne visait pas sa fortune, un éventuel divorce, un nouveau mariage, des toilettes incessantes…

— Tu es de tout repos, a-t-il dit.

Le sens de l'expression lui échappait, mais elle n'en avait cure. Toutes ses pensées revenaient à Louise Bourgeois, au plan des petites maisons qu'elle entendait mettre sur pied dès leur retour en France. Des soirées, des concerts ? Il l'a entraînée, deux soirs de suite, à des concerts de jazz. Elle a apprécié. C'était un autre lieu où rêver.

3

Alexandre quitte le centre de formation et marche vers la cité universitaire toute proche. Il espère trouver une de ces jeunes étudiantes qu'ils ont l'habitude, lui et ses copains, de croiser au hasard de leurs pérégrinations. Il lui semble que le seul fait d'échanger avec quelqu'un suffirait à atténuer son vague à l'âme. Peut-être pourrait-il revoir la jeune fille blonde aperçue l'autre jour avec Éric. Elle était la bonne humeur même et sa présence l'avait rasséréné. Comme il avait du mal à finir ses phrases et que les mots se heurtaient dans sa bouche, elle lui avait dit avec un naturel confondant : « Tu devrais prendre des cours pour ne plus bégayer. Il y a des techniques de respiration pour cela. C'est très facile, tu sais ! » Il avait aimé sa réaction. La plupart du temps, les gens feignent de ne pas s'apercevoir de son bégaiement et se gardent de faire le moindre commentaire. Elle avait mis les pieds dans le plat avec un bel aplomb et il lui en avait su gré. Mais il a beau faire le tour de la fac écrasée de chaleur en cette fin d'après-midi, il ne la trouve pas. Il croise deux jeunes filles noires, hautes, superbes, dans une des allées qui séparent deux immeubles, mais elles n'ont pas un regard pour lui. Un jeune étudiant passe en sifflant, un pied posé sur une trottinette, l'autre impulsant l'avancée. La fac est déserte pour un bon mois encore et Alexandre choisit de filer lentement vers la ville, prenant le 22 au premier arrêt de bus, le nez plissé par l'odeur pestilentielle qui s'en dégage.

Luc Ramirez, son agent, l'a appelé, ce matin, pour lui servir des banalités. Il avait eu Ferreri, lequel lui avait certifié que le club était dans une mauvaise passe financière mais que tout cela ne durerait pas, son contrat serait revu à la hausse à la première occasion... Ramirez était pressé, fébrile, mal à l'aise et a prétexté un appel urgent pour raccrocher. Il le rappellerait très vite... Il l'a embrassé au moins trois fois par téléphone, ce qui décontenançait Alexandre peu habitué à tant d'effusions...

Au Glacier, le café où généralement les joueurs de l'équipe se retrouvent, il croise Jean, assis, seul, à la terrasse. Le pilier gauche du club, trente-sept ans à l'automne, cultive un air de baroudeur au long cours. Cheveux décimés, taillés court, nez de condottiere, immobilité minérale, il n'est pas à proprement parler ce que l'on nomme « un bel homme », mais il ne laisse personne indifférent. Est-ce cela le charisme ? Cette faculté qu'ont certaines personnes à attirer le regard des autres, à provoquer chez autrui tout un questionnement que ne suscite jamais le commun des mortels ? Alexandre observe beaucoup Jean en temps ordinaire, cherchant toujours à percevoir quelle est la part, chez lui, de comédie et d'inné. Son courage le rassure, sa morgue le venge. Mais les silences si parlants dont il s'enveloppe en toutes circonstances, jusqu'à ce que quelqu'un, n'y tenant plus, l'interroge, sont, il le jurerait, calculés, voulus ! Comme est travaillée sa façon de regarder l'autre dans les yeux, sans ciller ni rien dire, passant outre aux silences qui s'instaurent, la gêne bientôt visible dans le regard de son interlocuteur. Est-ce sa façon, un peu sadique, de mettre l'autre mal à l'aise, de lui imposer de facto un rapport de force singulier ? Alexandre incline plutôt à croire que c'est, chez Jean, une façon de se rassurer, de cacher sa propre timidité sous le masque de l'assurance. Tous ceux qui ont lu son autobiographie savent à quel point sa vie fut mouvementée, riche, contrastée et à quel point aussi sa sensibilité fut mise à mal. Il en a gardé le goût des phrases fortes, des envolées lyriques, des références, citations, aphorismes qui laissent voir sa culture. Joueur de rugby, soit ! Mais avec des lettres, un bagage !

Que fait-il, ici, à cette heure ? Alexandre est impatient de savoir ce que Jean fera après le rugby. Continuera-t-il d'écrire ? Se tournera-t-il vers la radio, la télé ? Déjà, RMC et Canal + se l'arrachent. Alexandre le croit trop ambitieux, au sens le plus noble du terme, pour accepter une vie de consultant sportif. Il lui a dit un jour vouloir créer un ranch en montagne et faire traverser les Pyrénées à cheval. Un autre jour, il entendait se lancer en politique, fort du soutien d'il ne sait plus quel ministre socialiste…

On dirait que la ville, ce samedi 16 août, est silencieuse comme après un séisme. Une famille avec deux enfants a pris possession d'une table un peu éloignée de la leur. Un couple sur l'âge s'est assis un peu plus loin encore. Quand Alexandre tourne la tête, il aperçoit encore une jeune fille seule, à l'autre extrémité de la terrasse, tapie dans un coin d'ombre en train de lire. Une passée de soleil au-dessus de la cathédrale voisine suffit à éclairer les pages de son livre. Comme elle semble belle ! Elle a des gestes rares, élégants, malgré la solitude où sa position sur la terrasse l'a conduite. Elle a des cheveux longs, noirs, tombant en pluie sur les épaules, un visage fin sur un cou haut perché. Alexandre, que la présence d'un platane sur la terrasse gêne, la dévisage pourtant avec attention. Des bribes de femme, pense-t-il dans un sourire, comme l'arbre en découpe les formes. On dirait celles d'un collage. Il voit mieux ses jambes, musclées et longues, brunies par le soleil d'été, maintenant qu'elle les croise sur le côté de sa chaise dans un mouvement que le préparateur physique du club qualifierait de « parfaite dissociation jambes-tronc ».

— Il y a deux sortes de femmes, lui dit Jean qui a suivi son regard et probablement le cheminement de sa pensée. Les femmes qui ont des seins et celles qui ont des jambes. Certaines, les veinardes, ont les deux ! On en fait des stars de cinéma. Les autres se contentent d'un seul attribut.

— Et celle-là d'après toi serait plutôt...

— Jambes et cul ! L'un va généralement avec l'autre et c'est justement le cas. Les filles qui ont des jolies jambes ont le plus souvent de jolis culs. Quant à la psychologie qui va avec, elle est caricaturale mais simple. Les femmes aux seins lourds sont maternelles, sereines, posées. Les femmes aux jambes longues et aux culs rebondis sont dynamiques, mouvantes, un rien masculines... Gabriella confirme cette assertion.

— Gabriella ?

— La fille que tu mates depuis cinq minutes.

— Tu la connais ?

— Un peu ! C'est la maîtresse du président...

Alexandre doit avoir l'air idiot s'il se fie au regard que lui jette Jean.

— Ne t'étouffe pas... Cela fait deux bons mois qu'il est avec elle.

— Et... et... co... comment tu sais ça, toi ?

Jean sourit, se rengorge, évite de répondre pour – croit Alexandre – ne pas l'obliger à accrocher davantage les mots. Il voudrait surtout laisser penser qu'il est dans les petits papiers de Michel Ferreri qu'il déteste et admire tout à la fois. Il le déteste au nom de ses propres convictions gauchistes que heurtent chez lui les attitudes, mépris, piétinements de Ferreri. Mais il admire en secret son énergie et sa verve, ses connaissances, son pouvoir et cette façon si personnelle de passer outre aux embûches pour construire un monde selon ses vœux. À ce jour, le président aimerait voir Jean arrêter sa carrière de joueur pour lui voir prendre d'autres prérogatives au sein du club. C'est qu'il est sensible au charme que dispense Jean, à sa dialectique, à sa façon toute consensuelle d'arrondir les angles. Il flaire chez son pilier un homme de sa race. Gauchiste, soit ! Mais depuis quand la gauche s'interdirait-elle les accommodements, arrangements, que le pouvoir autorise ? Manager général du club ? Lui proposera-t-il ce poste ? Jean, pour tout dire, n'en sait rien. Ferreri est trop madré pour avancer ses pions aussi simplement. Il laisse entendre, espérer et voit qui veut bien mordre à l'hameçon.

Comme Jean se tait toujours, Alexandre considère la fille qui ne peut les apercevoir, mais avec, cette fois, une sorte de rage nouvelle liée à son statut de maîtresse du président. Pour un peu la brune altière de tout à l'heure, dont il appréciait la grâce des gestes, lui semblerait trop maigre, gitane, anguleuse sous sa robe noire légère.

— Le président souhaite que je prenne en main la mêlée de l'équipe première dès cette saison. J'ai eu beau lui dire qu'il me serait peut-être difficile d'être à la fois juge et partie, il a insisté, prétextant que Lacaze était une bille dans le domaine…

Jean, comme de juste, reprend le dé dans la conversation au moment où Alexandre s'y attend le moins. A-t-il lu la presse ces derniers jours et l'article si dur dont lui, Alexandre, a fait l'objet ? Si oui, il faut croire que cela l'indiffère…

— Mais j'ai fini par accepter… À une condition : que l'on fasse passer des scanners à tous les joueurs de première ligne pour juger de leur rachis cervical…

Alexandre ne comprend rien au propos de Jean mais feint quand même de l'écouter avec attention. Jean insiste, dit quel sera son mode de travail, les exercices qu'il entend mettre en œuvre. Que cherche-t-il à travers cette expérience ? Quelle progression ? Quel retour ? Puis, comme il doit percevoir le regard d'Alexandre de nouveau dirigé malgré lui vers la jeune fille à l'autre bout de la terrasse, il dit tout à trac :

— Ne te fais pas trop d'illusions avec Gabriella... Je la crois très amoureuse de Michel.

— Tu l'appelles Michel ?

— Comment voudrais-tu que je l'appelle ? Monsieur ? On m'a dit comment avait débuté leur aventure. Une grande entreprise de séduction d'un soir, lors d'un vernissage, quai Bory. Elle connaissait le peintre qui exposait ses toiles, lequel l'a présentée à Michel, à la demande de ce dernier... Elle l'a trouvé très chic, très séduisant. On devine la suite : l'homme pressé, différent... Un de ces hommes dont les femmes se disent : « Il dort cinq heures par nuit, tyrannise le monde sur son passage, mais baise comme un Dieu... »

— Psychanalyse à deux balles, non ?

— Peut-être. Mais elle est mordue, j'en suis sûr... Au moment de leur rencontre, étudiante aux Beaux-Arts, elle bossait dans une boulangerie pour pouvoir survivre. Inutile de te dire qu'il lui a changé la vie...

— C'est une pute de luxe, en somme ?

— Le président, c'est un mec qui doit baiser les femmes sous la douche ou sur le capot d'une voiture, dans un placard à balais ou dans un refuge de montagne... Baiser vite parfois, j'en suis sûr, dans l'urgence, mais en y mettant tant d'envie que les femmes finissent par calquer leur jouissance sur la sienne.

— On dirait que tu l'admires...

— Détesté comme personne, caressé dans le sens du poil par la majorité de ces concitoyens qui paieraient pour qu'il les considère, mais présent partout. Il aurait pu être maire...

— Il représente quand même tout ce que l'on n'aime pas, reprit Alexandre : le... le profit, la ri... chesse, la suffisance bourgeoise des privilégiés, la morgue des Ca... Casanova de province à qui personne ne résiste...

— La ragazza que tu regardes a dû penser ça aussi. Mais il lui plaît... Peut-être parce qu'il donne l'impression de brûler la vie par les deux bouts. De ne tenir à rien. C'est un drôle de mec...

— C'est... C'est bien ce que je dis, tu... Tu l'admires !

Jean, qui ne répond toujours pas, marque un silence :

— Je suis sûr qu'il trafique avec Wilfrid, l'agent de joueurs qui l'abreuve d'appels, d'invitations, de rendez-vous à Londres, Paris, Cape Town. Un type pressant, les cheveux enduits de gel à la façon des mafieux de Corleone. Tu ne vois pas ? Toujours tiré à quatre épingles mais selon les codes du mauvais goût. La semaine dernière, je l'ai entendu dire au président : « Avec Van der Berg, tu ne prends pas de risque. Coup de pompe monstrueux, passe vissée de trente mètres... Capable de jouer ouvreur aussi. C'est le poste qu'il tenait avec les Sharks dans le Super 14. » Le président demandait le prix et tu sais ce que l'autre a répondu : « Le prix, je te l'ai dit, on s'arrange. Je te file 10 % en Andorre comme dab ! Il est un peu cher, bien sûr, mais j'ai des frais... » Et le président a rétorqué : « 15 % pour moi. C'est à prendre ou à laisser. Et tu ne montes pas le prix... »

Un silence soudain se fait. Dans la tête d'Alexandre, en une seconde, tout s'est imbriqué : la baisse de son propre salaire et l'arrivée de Van der Berg qui doit coûter une fortune. Comment suis-je aussi con ? Mais l'information selon laquelle le président souhaite recruter un joueur à même de lui prendre sa place ne l'affecte pas plus, à l'instant, que l'annonce du fait que ce dernier se « sucre » sur les transferts de ses joueurs.

— C'est un salaud, alors...

Des traits de l'enfance passent encore sur le visage d'Alexandre, dont la naïveté fait sourire Jean.

— Il y a de ça, dit ce dernier dans un rire...

La jeune femme s'est levée au bout d'un petit moment et a fui vers la place.

— Viens, dit Jean, allons dîner chez Fernande.

Le restaurant est quasiment vide en cette soirée d'août et les deux hommes s'installent en terrasse où un garçon accourt aussitôt. Bientôt deux jeunes femmes les rejoignent qui les saluent en minaudant et s'assoient à une table toute proche.

— Mauvais genre, dit Jean à voix basse, mais baisables...

— Tu les connais, demande Alexandre ?

— Un peu. Groupies de Marco, de Jean-Luc. Elles aiment les rugbymen.

Ils rient. Jean a tôt fait d'inviter les filles à les rejoindre à leur table, bientôt dans un pub tout proche où les deux hommes continuent de se noircir le museau. Alexandre surtout. Jean, plus avisé, plus maître de lui-même, fait en sorte de garder son self control. Alexandre boit sans plus penser à rien ni à personne. Les filles l'accompagnent dans sa hâte de l'ivresse, buvant avec une fièvre partagée. Celle qui conduit aux gueules de bois, aux lendemains qui déchantent, aux souvenirs vagues, épars, mélancoliques. Une excitation nouvelle les pousse bientôt à se rendre dans une boîte de nuit toute proche. Personne là encore, n'était une poignée d'habitués, et Jean profite du silence relatif pour s'enfoncer dans un recoin ombreux en compagnie de Melina, l'aînée des filles. Ludovine, la plus jeune, reste seule avec Alexandre, remplit leur coupe de champagne, le pousse sur la piste de danse où il ne tient pas plus de dix minutes. Ont-ils échangé trois phrases depuis leur arrivée à la terrasse du restaurant ? Alexandre a beau chercher, il ne trouve pas. Quel intérêt alors ? Pour lui, il sait ! Boire pour oublier. Mais elles ? Mais Jean ? Le sexe seul justifie-t-il toute cette comédie ? Dans une heure, comme il est probable, elle l'invitera à la raccompagner chez elle, malgré l'esprit brumeux, le regard perdu, la démarche hésitante. Elle lui offrira son corps.

Jean revient un sourire aux lèvres. Tout à l'heure quand Alexandre lui a demandé pourquoi il continuait à jouer à bientôt trente-sept ans, alors qu'il eût été si simple pour lui de finir sur sa dernière finale et les éloges où son retour l'avait conduit, il a rétorqué :

— Pas toi ! Tu ne continues pas tes études pour rien, si ?

— Quel rapport ?

— Tu dois bien avoir une idée des raisons qui poussent un homme à faire du sport de compétition à mon âge, non ?

— Si je le savais vraiment, a dit Alexandre que l'alcool guérissait de tout bégaiement, je ne te poserai pas la question… C'est un défi de plus, c'est ça ? Une façon d'aller plus loin que les autres ? De ne pas leur ressembler ?

Il y a eu un silence. Puis, soudain :

— C'est la mort que je dompte, a-t-il répondu d'une voix caverneuse… La vieillesse que je cherche à faire reculer… Des clichés, en somme !

C'était dit sur un ton de gravité lasse qui ne lui ressemblait pas.

Il boit une nouvelle coupe de champagne et Alexandre l'imite. Il se garde à cette heure de la nuit de lui poser des questions sur sa vie et pourtant il meurt d'envie d'en savoir plus. Ce qui le fascine chez son aîné, c'est le passage de l'extrême sensibilité à l'extrême force, de la gentillesse au mépris, de l'empathie à la violence. Comment peut-on, tout à la fois, être à ce point sensible aux détails de la vie, à la propre futilité qui recouvre le quotidien et donner aussi bien le change sur l'autre versant de l'existence : la force de caractère, le courage, l'arrogance ? Quelque chose ici ne tient pas.

— J'ai lu l'article dans *Le Journal de B.*, dit-il froidement.

Mais il ne regarde pas Alexandre, son regard se porte ailleurs et cette attitude décontenance son cadet. Quand il le regarde enfin, Alexandre doit avoir l'air perdu, parce qu'il ajoute :

— Il ne faut pas te laisser abattre. Il faut t'en servir, au contraire. Pour forcer le destin. Le plus terrible avec les journalistes, c'est qu'ils n'ont jamais complètement tort. Ce qui blesse, c'est l'ironie du propos, le manque de tact, ou la caricature. Mais, sur le fond, c'est un bon miroir qu'ils nous tendent...

Cette dernière phrase suffoque Alexandre.

— Et tu me conseilles quoi ?

Il regarde Alexandre étrangement.

— C'est à toi de trouver les solutions. Si ces écrits te blessent, il faut que tu puises en toi la force de devenir un gros défenseur. Ce n'est pas une question de taille, de poids... C'est une question de détermination.

Il a raison et Alexandre se tait. Une jeune femme passe tout au fond de la piste de danse désormais vide. Une chaleur lourde plombe l'atmosphère. Les filles à côté d'eux parlent comme en cachette. Un couple survient, s'assied à une table pas très éloignée de la leur. La fille est jeune, plutôt jolie, l'homme pourrait être son père. Il ne l'est pas, de toute évidence.

— On commande une autre bouteille ?

Alexandre dit oui par peur de perdre Jean. Par peur qu'il rentre se coucher s'il ne l'accompagne pas. Sa présence le rassure et l'apaise. Il a besoin d'un ami. Pour autant, il regarde Ludovine. « On y va », lui dit-il. Elle sourit. Il pense à son corps que bientôt il tiendra dans ses bras. L'alcool, comme toujours, lui redonne confiance, fait de lui un autre homme. Il pense à Jean. Un grand frère ? Trop solitaire et égocentrique, Jean, pour s'affubler d'un frère. Un copain, un bon copain et voilà tout. Ludovine dans un petit moment va se lever. Alexandre se sent seul. Il finit sa coupe qui lui procure, à cette heure avancée de la nuit, des aigreurs d'estomac et tape du poing sur celui de Jean.

— À demain, dit-il.

— À demain, rétorque Jean...

Dans la nuit de B., Alexandre baisse un peu sa garde. Comme il l'avait prévu, la fille l'entraîne chez elle. Un petit appartement dans une rue proche de la place Sainte-Thérèse, aux couleurs blanches, inhospitalières, dans lequel règne le froid.

— J'arrête la clim, tu veux ?

— Je veux bien...

Il a le regard perdu sur les murs, le plafond.

— Tout ce blanc, dit-il...

— Je ne suis pas là depuis longtemps. Mais c'est pratique. Je ne suis pas loin de mon job.

— Tu fais quoi ?

— Je travaille dans une boîte informatique.

— Tu y fais quoi ?

— Assistante... Secrétaire, quoi !

Elle prononce la phrase sur un ton de regret, presque d'excuse. Alexandre ressent une pitié lointaine pour cette fille qu'il ne connaît pas, qu'il ne connaîtra pas et avec laquelle pourtant il va faire l'amour. Comment s'appelle-t-elle déjà ? Ludovine, c'est ça... Elle est sympa, Ludovine, et plutôt jolie. Qu'attend-elle de lui ? Elle ne semble pas très assurée d'elle-même depuis qu'elle a quitté la boîte et n'est peut-être pas cette fille facile, rieuse, qu'il pensait qu'elle était. Elle lui offre à boire et il accepte. Pourquoi boit-il autant ? Parce qu'il y a les autres, que les autres l'angoissent. Parce que les autres lui font peur. Parce qu'il n'est pas armé et ne l'a jamais été pour affronter les autres, tenir sa partie dans la vie, jouer des coudes. Parce que les autres sont des miroirs qui reflètent ses paniques et ses doutes. Parce qu'il est seul.

— À l'oubli, dit-il en levant son verre !

Et comme Ludovine le regarde avec étonnement.

— Je bois pour oublier, dit-il.

— Tu veux oublier quoi ?

— Les autres. Moi...

— Tu es malheureux ?

— Pas malheureux, non. Associal, fragile...

— Je suis comme toi, dit-elle. J'ai tout le temps peur...

— Peur de quoi ?

— Des autres, de la vie...

Elle tremble soudain et semble triste, comme si cet aveu réveillait chez elle des souvenirs anciens, une terreur enfantine. Il pense qu'il devrait se taire, qu'il a trop bu.

— Tu dois me prendre pour une salope ? dit-elle.

— Une salope ?

— Une fille qui couche facile...

— Et toi, tu me prends pour un salaud ? Un type qui couche facile ?

Elle sourit.

— Je ne suis bien que seule, dit-elle et je m'arrange toujours pour être accompagnée...

Alexandre lève les yeux vers elle.

— Tu es rigolote, dis donc...

— Je t'ennuie ?

— Pas du tout. Je ne t'imaginais pas comme ça, c'est tout.

— Tous les garçons pensent que je suis une salope.

Des larmes coulent sur son visage, et Alexandre est soudainement ému par elle.

— Pourquoi dis-tu ça ?

— Parce que c'est vrai. Ils viennent me voir pour coucher, c'est tout.

— Si ça ne te plaît pas, pourquoi tu acceptes ?

Ludovine hausse les épaules, en proie à un tremblement plus prononcé que tout à l'heure. Et comme elle éclate en sanglots, Alexandre la prend dans ses bras et cherche à la calmer.

— On a trop bu, dit-il. Ça rend les idées noires.

Ludovine s'essuie le visage, renifle.

— J'accepte pour ne pas les décevoir…

Elle semble parfaitement démunie, et Alexandre se trouve ridicule. Il voudrait poser des questions, mais n'a plus la force de le faire. Pourquoi se laissait-elle faire ? La question ne sera jamais posée. Il a froid et il a sommeil. Il espérait pourtant faire l'amour. Il comptait sur une nuit facile auprès d'une fille sans problème. Et le voilà embarqué dans une conversation sombre, déroutante.

— Il faut absolument que tu arrêtes, alors…

Elle pleure. Ludovine pleure et Alexandre ne sait plus quelle position adopter. Soudain, elle se penche vers la table basse du salon, prend le verre de whisky qui se trouve devant elle et le vide d'un seul coup, la tête cassée en arrière, sans qu'il ait seulement le temps de réagir.

— Tu ne devrais pas, dit-il…

— Je ne suis rien, dit-elle. Je n'existe pas. Au travail on me méprise… Personne ne me considère, personne…

— Moi si, dit-il sans réfléchir.

Elle le regarde, étonnée. Il la prend de nouveau dans ses bras, comme on le fait aux enfants qu'une angoisse tenaille.

— Tu vas dormir, dit-il et demain tout ira mieux.

Elle le regarde, attendrie.

— Tu es gentil, dit-elle.

Elle ferme les yeux. Elle semble ivre. Il dépose un baiser sur sa joue. Elle n'a pas ouvert les yeux. Dort-elle déjà ou est-elle seulement triste ? Il se lève à grand-peine, file dans le couloir. Dans son dos, Ludovine dit quelque chose. Il se retourne.

— Merci, murmure-t-elle.

Il sourit et s'esquive. La chaleur de la nuit, au dehors, le saisit comme une oppression. D'où vient alors qu'il frissonne ? D'où vient, à vingt deux ans, qu'il soit si triste ?

4

Gabriella aime ce qu'elle fait, la vie d'ascète qu'elle mène. Elle goûte jusqu'au fait de ne pas savoir quel chemin emprunter et s'autorise le droit de tâtonner, d'hésiter, de revenir en arrière. Elle passe des heures à alterner peintures et sculptures, dessins et collages, sans jamais comprendre où tout cela peut la mener, quel sera le fil conducteur de son histoire. « Je fais mes gammes », pense-t-elle. Mais elle s'étonne que cela soit dans un tel état de sérénité. « Tu as trouvé ton élément », lui dit Michel, mais sans vraiment savoir, et finalement étranger à tout ce bric-à-brac qui doit lui paraître enfantin. Il semble pourtant à Gabriella que les choses se décanteront d'elles-mêmes, que, comme dans un vase sale, les déchets finiront bien par se poser au fond et qu'il ne restera plus, à la surface, que la partie la plus claire, la moins polluée de son aventure. Elle a du temps pour cela.

Son optimisme – qui la surprend elle-même, qui lui ressemble si peu – doit probablement beaucoup au rythme de vie qu'elle s'est imposé et qui a, pour elle, le goût de la liberté. Elle se lève tôt le matin et, après avoir avalé à la hâte un thé, des fruits, s'immerge dans son atelier qui a les couleurs de l'Éden. Là, elle entreprend de dessiner, un meuble, une figurine, le visage d'un homme, des corps, des têtes. Puis elle se lance au gré de ses envies et reste de la sorte, figée, concentrée sur la toile ou sur la terre meuble, les rocs de granit qu'elle entreprend de modeler, deux heures durant, rarement plus. Après quoi, elle sort courir, malgré la chaleur qui déjà enveloppe la campagne environnante. Elle a déniché un sentier empierré derrière la maison, qu'empruntent seulement les tracteurs agricoles des fermes voisines, les joggeurs du dimanche matin et qui contourne sur une dizaine de kilomètres la colline dominant le « plateau » proprement dit. En cette saison, le chant des grillons accompagne celui des oiseaux, des odeurs de garrigue, de terre sèche montent jusqu'à elle et composent alentour un univers protégé. Elle aime courir : c'est sa façon d'évacuer ses pensées, de faire le vide, de sortir de la glu où ses exercices du matin la laissent.

Quand elle revient, elle prend une douche, déjeune, s'allonge en lisant une petite demi-heure et repart dans son atelier, la tête toute frémissante d'envies nouvelles, de projets à poursuivre. Vers seize heures enfin, un peu lasse et comme vidée d'une partie d'elle-même, elle abandonne sa tanière et regagne la ville pour y retrouver Manon et Théo qu'elle va chercher à l'école, à la crèche aux alentours de dix-sept heures et garde jusqu'au retour des parents. Lesquels ne retrouvent jamais leur domicile avant vingt heures, vingt heures trente. Elle leur fait prendre un bain, les fait dîner, leur lit des histoires et joue avec eux. Ce ne sont alors que rires et tremblements de joie. Manon a cinq ans, Théo deux et demi. Et elle, c'est « Gabelle ». C'est Théo qui l'a surnommée comme ça. Et c'est un déchirement, tous les soirs, de les quitter quand leur mère réapparaît.

— Tu ne souffres jamais de solitude, s'inquiète Michel quand il lui arrive de la retrouver en fin d'après-midi ?

— Jamais.

— Jamais, jamais ? En dehors de ces gosses, tu n'as pas d'amies, des copains que tu aimerais voir ?

Elle bouge la tête en signe de négation, relativise aussitôt, parle d'une ou deux filles qu'elle a connues aux Beaux-Arts, qu'elle revoit parfois avec plaisir. Léa notamment, qu'elle n'a jamais vraiment quittée et avec laquelle elle nourrit une forte complicité. Elle redit combien le fait de retrouver ces gosses chaque soir est, pour elle, un bonheur constant. Mais il ne l'écoute déjà plus. Pense-t-il à ce garçon dont elle a placé le portrait, dans un cadre, sur une étagère de la bibliothèque et à propos duquel il n'a pas souhaité poser de questions ? Un amour déçu ? Il n'allait quand même pas s'abaisser à demander des comptes, à feindre la jalousie, à attendre des réponses. Au reste, il s'en fout ! Il s'étonne et voilà tout. Cette solitude lui est si étrangère.

— Quel âge as-tu, demande-t-il ? Vingt-cinq ?

— Vingt-six déjà...

— Et tu mènes la vie d'une grand-mère...

— Je dois prendre cela comment ?

— Aucun jugement de valeur, ma chérie, je m'étonne d'un état de fait qui semble si éloigné de la vie des gens de ton âge. Quand je vois les joueurs à côté. Ils ne peuvent rien faire seul...

Gabriella ne lui en veut pas de ne pas chercher à savoir ce que fut sa vie avant lui, de ne jamais poser de questions. Que sait-il de ses frasques antérieures, de ses errements, de cette vie la nuit qu'elle a aussi connue ? Elle met son indifférence à savoir, à comprendre, sur le compte de son égoïsme. Mais n'est-elle pas, elle-même, indifférente ? Cela fait six jours qu'elle ne l'a pas vu, six jours qu'ils communiquent par téléphone, textos, e-mails et on ne saurait dire qu'il lui manque vraiment. Elle lui sait gré de tout ce qu'il fait pour elle, comme elle est le plus souvent ravie de le voir rappliquer le soir, une bouteille ou un bouquet à la main, cravaté malgré la chaleur, pressé, élégant, cabotin. Il lui est simplement difficile de passer en un instant, quand il arrive au dépourvu ou qu'elle se retrouve en ville, après ses longues heures de travail, de la vie rêvée à la vie « utile », d'un monde onirique à un monde réel. Dans l'atelier, elle cède aux délices de la solitude, des projections, des chimères. Avec lui, elle redevient attentive au monde qui l'entoure, à la vie qui bat, aux dernières informations qui secouent la planète. Mais, toujours, un malaise s'installe qui dure peu, contre lequel elle doit lutter.

L'amour physique ? C'est un bel amant, attentif, précis, avide. Elle aime voir ses yeux posés sur elle, croit deviner qu'il fomente dans sa tête des choses fortes et interdites, qu'elle ne repousse pas, qu'elle n'élude pas. Elle a toujours aimé les hommes plus âgés qu'elle. Elle n'est pas la seule. Ses deux amies des Beaux-Arts étaient dans le même cas, qui fantasmaient sur les poils blancs que l'on voyait émerger de la poitrine des hommes de quarante-cinq ans et plus. Et elles riaient de leur innocence. Dans les bras de Michel, elle est rassurée et se laisse guider, prendre, dominer. C'est ce qu'il attend, c'est ce qu'elle veut.

— J'aime te sentir partir, jouir… Tu ne feins pas, au moins ?

Elle rit. Non, jure-t-elle. Et c'est vrai. Mais ce n'est pas vraiment cela qu'elle attend : cet amour fugitif, presque irréel, ne pèsera pas lourd sur son existence. Elle le sait bien, pourtant. C'est un passage. Elle songe, sans transition, à ces phrases de Louise Bourgeois qu'elle a faites siennes depuis bientôt un mois et qui la ramènent à l'essentiel. Comme celle-là dont elle fait son miel : « Mon enfance n'a jamais perdu sa magie, elle n'a jamais perdu son mystère, ni sa dimension dramatique » ; qu'elle accompagne de cette autre : « Il faut abandonner le passé ou bien l'accepter. Et si on n'y arrive pas, on devient sculpteur. » Ou encore de cette autre : « Pour exprimer des tensions familiales insupportables, il fallait que mon anxiété s'exerce sur des formes que je pouvais changer, détruire et reconstruire. »

Elle les relit sur ce grand livre acheté à New York, dont les pages, à force d'être lues, finissent par être écornées. Elles pourraient être écrites pour elle et l'identification à cette femme qu'elle juge formidable lui semble totale. Elle y pense encore, en sortant sur la terrasse, par ce bel après-midi d'août que la pleine lumière assomme. Elle aurait pu, comme Michel le lui a proposé, se rendre quelques jours en mer. « Un ami est prêt à nous accompagner en voilier. On pourrait filer vers la Corse, la Sardaigne... » Mais elle a refusé pour les raisons que l'on subodore, pour la rage de peindre et de sculpter, de ressembler à cette femme qui l'inspire. Elle va dîner ce soir, seule, sous une treille, « comme une grand-mère », et un rire lui vient, qui est de gratitude et de bonheur.

5

Alexandre a retrouvé dans ses affaires un vieux cahier dans lequel il a consigné, plus jeune, des articles sur le rugby. Certains le concernent, mais pas tous. Entre deux interviews de ses joueurs préférés – et il a souligné au Stabilo certaines phrases liées au travail, à la rigueur du travail –, des analyses techniques sur le poste de demi d'ouverture, figurent trois articles qui lui sont dédiés. Il les relit ce matin comme on cherche à recouvrer confiance. Ce joueur que célèbrent trois journalistes différents, saluant tour à tour, à des périodes diverses, son talent, sa vision du jeu, son élégance balle en mains, c'est lui ! Alexandre s'imprègne de ces phrases écrites pour effacer celles qui sont parues dans *Le Journal de B.* et gagner en sérénité. Il ne peut pas, se répète-t-il, être devenu mauvais du jour au lendemain. L'entraînement en opposition de mercredi dernier l'a d'ailleurs conforté sur son état de forme.

Moyennant quoi il sacrifie, ce matin, à une séance de visualisation dans laquelle il s'imagine tenant le beau rôle dans le match de cet après-midi. Il repasse sur l'écran de son esprit les coups de pied de renvois idéalement ajustés, les longs dégagements, les bottés tactiques par-dessus la défense, les passes longues et vissées présidant à certains lancements de jeu, les passes plus subtiles, relevées, dédiées à un décalage ; imagine les pires situations dans lesquelles, toujours, il se voit maîtriser gestes et attitudes, afin de jouer le plus juste possible. Il accompagne ses « visions » d'une lumière blonde ainsi que le lui recommande le préparateur mental au service du club depuis bientôt deux ans.

Il ne parvient pourtant pas tout à fait à se défaire d'un poids qu'il porte sur la poitrine, cette peur tangible qui l'accompagne où se confond l'échec. Il la chasse comme on le lui a enseigné. « Un grand sportif, clame Lacaze à longueur d'année, sait passer outre à ses peurs paniques, sait se surpasser dans les situations importantes. » L'assertion est juste, bien sûr, mais quel est le secret pour y parvenir ?

Il n'a pas faim lors du déjeuner d'avant-match pris avec toute l'équipe mais se force à grignoter. Il avale, à même le plat, deux ou trois fourchettes de carottes râpées et une petite assiette de pâtes pour sa ration de sucres lents. Il ne touche pas en revanche à la viande. Du blanc de poulet selon toute apparence. Il se plaît tout du long à regarder les autres comme on se fuit soi-même : la décontraction jouée et rieuse de Jean contrastant avec l'extrême austérité de Doudou, enfermé dans son match à plus de deux heures du coup d'envoi. Le repliement d'Éric dans la lecture d'un livre excluant l'enthousiasme de Brique désireux de disputer une partie de pétanque. Bientôt, Norbert Lacaze et Philippe Verger vont les convoquer afin d'évoquer pour la énième fois de la semaine les grands desseins tactiques et stratégiques du match. Le premier de la saison en championnat de France. « Celui qui préfigure de tout », dira Lacaze. Après quoi le groupe monte dans le car qui le conduit au stade et le dépose sur un petit promontoire situé à une cinquantaine de mètres de l'entrée du tunnel conduisant aux vestiaires. De là, des supporters rassemblés en masse attendent les joueurs et leur font une haie d'honneur jusqu'à l'entrée du tunnel. Des cris d'encouragements, des applaudissements, des conseils fusent de ces voix anonymes, de ces visages et de ces corps peinturlurés de rouge et de noir (les couleurs du club), que la passion éclaire. Un iPod vissé aux oreilles, Alexandre choisit de ne rien entendre. Il craint trop la phrase lourde de sous-entendus qui sèmerait le trouble dans son esprit, ruinerait sa performance.

Il est prêt ! Quand Doudou lui assène une grande tape dans le dos au sortir de l'échauffement, il ne vacille pas. Il est dans son match, comme ils disent ! Par quoi il faut comprendre qu'il est parvenu, dans sa préparation, à un juste dosage de concentration et de décontraction. Assis sur le banc des vestiaires, il ne regarde pas les avants se serrer les uns aux autres et pousser, comme de coutume, ces étranges cris de primates qui les rassurent. Il entend éviter toute chose à même de le perturber. Rien ne serait pire, pour lui, que de s'abandonner à l'émotion. Il songe à l'enfant qu'il a été, aux rêves qui étaient les siens de pouvoir un jour évoluer dans une équipe de première division. Il revoit le stade de la petite ville de S. dans lequel il se rendait à vélo. Il n'aurait raté un entraînement pour rien au monde. Même l'hiver quand la neige recouvrait tout et qu'il manquait, dix fois, de tomber. Il rentrait, la nuit venue, retrouver son grand-père dans la ferme familiale. Quinze kilomètres aller et autant au retour. Comme il aura souffert pour pouvoir pratiquer ce jeu, pour pouvoir réussir dans l'univers de ce jeu ! Sait-on cela : la morsure du froid sur les mains, les jambes lourdes, le guidon du vélo qui tremble, les roues qui menacent sans cesse de glisser sous la pluie ou la neige ? Et cette hargne en lui, cette volonté panique de réussir. L'enfant ne tremblait pas comme le jeune homme qu'il est devenu. Alexandre veut retrouver cette sérénité de l'enfance. Ce naturel qui fit que ses premières sélections en équipe de France junior furent accueillies par lui comme une aubaine, mais aussi comme le fruit d'une juste récompense. À quel âge s'est-il mis à douter ? À chercher, sous couvert de réflexion, les points noirs sur le visage ? Il se dit que l'enfant en lui ne comptait pas en rester là. Il s'était promis de réussir. Il avait quatorze ans. Se pourrait-il qu'il trahisse l'enfant qu'il a été ?

Alors voilà, il est prêt ! Prêt, autant qu'on peut l'être !

*

Pour B., tous les commentateurs l'indiqueront, l'affaire avait rudement bien démarré. Un essai superbement construit du pack sur maul pénétrant laissait déjà entrevoir l'empreinte de Jean sur son équipe. C'est lui qui avait guidé le mouvement de la voix et du geste. Et comme Alexandre avait fait claquer un drop-goal, la victoire pour B. semblait devoir se dessiner assez rapidement. 10 à 0 à la mi-temps, c'était même inespéré face à une équipe de Perpignan dont on redoutait l'enthousiasme des débuts de rencontre et qui semblait, pour le coup, cueillie à froid, au point d'avoir du mal à refaire surface. Hélas pour B. comme pour Alexandre, la deuxième période devait être d'une tout autre veine.

*

Alexandre, n'a rien vu venir. Un K-O, au reste, comment l'appréhender ? Il ne se souvient de rien. Ou plutôt si : les paroles ouatées comme une berceuse de Charles, le kiné du club ; l'eau que l'on a versée sur son visage et ce type, en bord de touche, le long de la main courante, qui criait : « Tu ne vas pas faire ton cinéma, non ? » Son cinéma… Il se revoit se lever en tâtonnant, zigzaguer un peu, les appuis incertains comme après boire. Il souriait, pourtant ! Il constate ça en regardant les images de la rencontre ; en repassant en boucle le moment où sa tête heurte à hauteur de la tempe le genou du troisième ligne adverse… Béat, le sourire. Et, en même temps, une flamme lui occupe le visage. Mais pas de souvenir. À quoi était donc occupé son esprit ? Stuporeux, endormi, corticalement lisse, l'esprit ! Et l'âme itou ! Sur les images on le voit se positionner à dix mètres d'une touche, la démarche plus assurée, mais ce n'est pas lui, cela crève les yeux. Cet homme qui s'avance, les épaules soudainement bloquées, la tête en l'air, comme on le voit aux touristes dans les villes à l'architecture parfaite, la narine frémissante, l'oreille tendue, cet homme qui, malgré la position arrêtée, semble rechercher son souffle, est soûl, ou drogué, ou comateux. Un enfant verrait cela. Mais pas l'arbitre. Pas Charles, le kiné. Pas le médecin du club. Tous l'ont autorisé à reprendre ce match qu'il a traversé dans une brume constante, mû par des réflexes anciens, des habitudes antédiluviennes, jusqu'à cette passe de la soixantième minute, dans les vingt-deux mètres de Perpignan, qu'il a offerte littéralement à ses rivaux pour un essai en contre de soixante mètres. Pourquoi s'est-il arrêté ? Et d'où est venu que dans son semi-coma il choisisse de relever la balle pour son second centre qui, bien sûr, ne s'y attendait pas ? Molle, un peu haute, la balle a volé un instant dans l'air de B. jusqu'à ce qu'une main catalane s'en saisisse et impulse le contre fatal. Un embrasement de soixante mètres ! Tous les joueurs de B. figés, incrédules, à la remorque.

À 10 à 7 en faveur des leurs, le match n'était évidemment pas perdu, mais tout a viré au cauchemar quand Alexandre, au sortir d'une mêlée tout à l'avantage des siens, a décidé de botter une chandelle. La balle qui, dans le meilleur des cas, aurait dû s'envoler très haut et mettre l'adversaire sous pression est montée de deux petits mètres dans les airs et serait retombée à l'endroit même où elle avait été tapée, amorphe, ridicule, si un centre catalan, profitant de l'aubaine, ne s'était emparé du faux missile pour mener un nouveau contre décisif en solitaire.

De 10 à 7, le score passait alors à 14-10 en faveur de Perpignan avec la transformation réussie par l'ouvreur catalan et ce n'était alentour que des cris de fureur, des hurlements qu'Alexandre toujours groggy percevait mal. On l'a prié de quitter le terrain, de regagner les vestiaires. Ce qu'il a fait sous les sifflets. Une phrase lui revient, prononcée par un spectateur assez proche pour qu'il s'en souvienne : « Ce Vrac, putain, quelle déception ! »

Il en a pleuré et a, depuis, le triste privilège de faire rire la France entière. C'est que les images ont été montrées sur Canal +, reprises sur France Télévisions et laissent croire à un gag.

Il s'étonne pourtant que pas un dirigeant, ni aucun journaliste, n'ait souhaité évoquer le K-O manifeste qui l'a jeté dans la nuit de ce jeu. D'autant que l'humiliation a perduré dix bonnes minutes. Quand une bête est blessée, on s'acharne sur elle. Les images à cet égard provoquent un haut-le-cœur. On devine entre les deux essais catalans, entre les deux offrandes faites à l'adversaire, malgré la prise de vues assez éloignée, l'état d'appréhension où il se trouve, la retenue qui émane de chacun de ses gestes, la peur soudaine qui se lit sur son visage.

Alexandre ne se souvient plus de l'après-match, du retour aux vestiaires, des propos qui y ont été tenus. Parlait-on de lui ? D'où venait qu'aucun de ses compagnons n'ait eu un geste à son égard ? A-t-il oublié ? Se sont-ils désolidarisés à jamais ? Doudou et Jean, Brique et Éric ? Il croit se souvenir que le médecin est passé le voir, mais il ne le jurerait pas. S'est-il douché ? Si oui, comme il a joué : dans un rêve.

La mémoire est revenue au sortir des vestiaires, comme un horrible mal de tête lui frappait les tempes. Il n'avait pas mis un pied au-dehors que des invectives pleuvaient sur lui. Des visages déformés par le ressentiment le vouaient aux gémonies. Et pas un dirigeant pour seulement atténuer la portée de cette révolte, lui taper le dos d'une main amicale, repousser les belligérants. Quand il est arrivé au salon VIP, dans le bâtiment situé tout à côté du stade, où avait lieu la réception d'après match, il a vu des gens très chics se détourner sur son passage, des visages se fermer, une femme, la mère d'un joueur, s'approcher de lui, hérissée, vulgaire et lui jeter à la face, à voix suffisamment forte pour que tout le monde entende : « Quand on n'a rien dans le slip, on ne joue pas au rugby ! » (et son sourire entendu alors, cette fierté à avoir « dit » les choses, à être dans son bon droit !), de sorte qu'il est reparti aussitôt vers le centre. Accablé, coupable, définitivement seul.

Il n'a recouvré vie que vers vingt-deux heures, quand on a frappé à la porte de son studio. Doudou, Brique et Éric se tenaient sur le pas de la porte, chacun tenant une bouteille de champagne à la main.

— Tu permets, dit Doudou en poussant la porte du pied...

Et comme il devait avoir l'air hébété.

— On a pensé que ce serait plus sympa de se la coller avec toi qu'avec tous les cuits qui traînent au Glacier, lança Brique en pénétrant dans la pièce...

« Se la coller », « les cuits » : tout cela, qui va sans dire, appartenait à leur langage commun, au sabir d'une bande de copains dont Alexandre appréciait, à l'instant, la délicatesse. Éric plaça deux bouteilles dans la partie haute du réfrigérateur et Doudou sans plus d'explication déboucha la troisième. Une gêne ombrait le regard d'Éric. Brique souriait et Doudou, avec le naturel qui était le sien, faisait mine de croire qu'il ne s'était rien passé. Alexandre alla chercher quatre verres dans un placard de la cuisine.

— C'est sympa d'être venus ! dit-il.

Ils levèrent leur verre. Une émotion passait dans leurs regards.

— À la tienne, moche ! dit Brique.

Ils burent. Et les trois bouteilles y passèrent. Ils les avaient cueillies au buffet d'après match et enfouies en toute discrétion dans leur sac de sport. C'est à peine s'ils s'enquirent du K-O d'Alexandre, à peine s'ils parlèrent du match. Ils refusaient de faire de lui une victime sur laquelle le sort s'acharnerait. Doudou de sa voix caverneuse, au fort accent provençal, professait que chacun connaissait ses périodes difficiles et que le propre d'un champion était justement de laisser passer la vague pour rebondir. La conversation roula sur les filles qui traînaient le soir même au sortir du stade ; sur Clara, l'amie d'Éric, qui loin de s'émouvoir de son départ l'avait incité à aller retrouver Alexandre ; sur « Bœuf », ce deuxième ligne de leurs amis dont ils se gaussaient avec tendresse. Alexandre n'avait pas dîné et Doudou avec une gentillesse de petit frère se proposa de lui faire frire deux œufs. Le champagne et les rires aidant, son mal de crâne se dilatait. Au vrai, ils restèrent près de cinq heures en sa compagnie, à écouter de la musique, à surfer sur le Web, tous les quatre vautrés sur le lit où Alexandre tenait son ordinateur portable allumé, à rire de tout et de rien. Bientôt, Alexandre leur parla de Simon, ce paysan d'une trentaine d'années, longtemps considéré comme le fou de son village d'enfance, voué à la solitude et à ce que les villageois présupposaient être de la sorcellerie. Image infondée, excessive, ridicule même. Simplement, Simon parlait aux arbres, aux bêtes, prétendait lire dans la lune, ce qui suffisait largement à faire peur au commun des mortels. Un jour, il y a déjà très longtemps, comme des vaches meuglaient dans une étable, il prétendit que le feu allait s'y installer et que les vaches meuglaient à l'idée de mourir brûlées. On n'accorda évidemment aucun crédit à ses enfantillages, jusqu'à ce que le feu ne se déclare, dans la nuit, porté par un violent orage, embrasant tout, bêtes et habitation. Des histoires de cette teneur, des prédictions de cette sorte, le village en était plein. Certaines étaient avérées. D'autres fausses. D'autres encore terriblement exagérées. Simon, n'avait pourtant jamais cherché à faire commerce de ses prédispositions. Pour un peu, il les aurait cachées.

Pourquoi Alexandre leur parlait-il de Simon ? Un sourire, où passait de la moquerie et de la tendresse, se dessina sur le visage de Brique. Un peu de lassitude se lisait sur le visage des autres. Il était presque quatre heures du matin…

6

Elle est partie seule comme chaque matin. Et, comme chaque matin, elle a fait quelques mètres sur le chemin de Lhios, salué un voisin qu'elle ne connaît pas, mais qui se fait un devoir, désormais, d'être dehors à l'heure où Gabriella passe devant ses cyprès d'une foulée ample et quitte le chemin privé pour emprunter, sur la gauche, le petit sentier qui court autour de la montagne. Aguichante, sa jeune voisine ? Le mot est mal choisi, juge-t-il, qui laisserait croire à un souci, chez elle, de plaire. Mais belle, oui, avec ses cheveux attachés qui laissent deviner un visage d'un bel ovale et ses longues jambes nues qui semblent glisser sur le chemin de terre et de caillasse, sans jamais laisser cette impression de lenteur, de lourdeur, que l'on voit souvent aux filles dans la course. Le voisin, la cinquantaine avenante, se rince donc l'œil autant de fois qu'il est possible à l'observation de ce corps un peu trop mince à son goût mais d'une finesse et d'une sauvagerie qui empruntent à l'extrême jeunesse et l'émoustillent en retour.

Gabriella a pris cette habitude après ses premières heures passées dans l'atelier à se colleter avec la matière. « Atelier », « matière » : les mots la heurtent qui évoquent implicitement les maîtres, leurs œuvres et la laissent, juge-t-elle, à quai, illégitime, hors jeu. Elle revient néanmoins de ses footings matinaux plus légère et comme délestée d'un poids de tensions. Et si elle rit d'elle-même (les tensions, l'atelier), elle ne changerait rien à cette programmation qui lui fait, au sens propre, la jambe plus légère.

Elle ne court jamais plus d'une heure, mais varie en revanche d'intensité et de lieux. Il lui arrive de courir en côte, ou de sacrifier à des accélérations plus ou moins soutenues, sur des laps de temps différents. De sorte qu'elle change souvent de trajet comme pour brouiller les pistes sur un chemin qui justement se prête à ça : plat tout autour de la colline, il devient aussitôt pentu ou accidenté dès lors que l'on affronte plus ou moins directement le sommet.

Ce matin-là, comme tous les matins, elle a fait suivre avec elle son MP3 et mis ses écouteurs aux oreilles, ce qui lui interdit d'entendre les mouvements de la nature environnante – chant des oiseaux, froissement des bêtes dans les fourrés alentour. Qu'écoute-elle ? Cold Play, Santana, Al di Meola. Le rythme des musiques la porte, qui lui autorise parfois des accélérations soudaines, impromptues, cocasses. Exception faite des week-ends, il n'y a personne sur ces chemins, n'étaient, de loin en loin, un couple en promenade, des cueilleurs de champignons, des agriculteurs de passage. L'air encore frais du matin et les odeurs émanant des sous-bois participent de cette petite magie purificatrice où l'entraîne la course. C'est sa façon, avec l'acharnement mis à sculpter et à peindre, à s'astreindre des heures entières sur l'objet de sa quête, de repousser l'éternelle culpabilité qui lui vient à l'idée d'embrasser cette nouvelle vie de privilégiée. Qu'on ne puisse pas dire un jour que tout cela n'aura servi à rien. Qu'elle n'est pas allée au bout de ses envies, de ses fantasmes… Songe-t-elle qu'il y a un risque pour une jeune femme seule de courir de la sorte dans des endroits déserts, des lieux désaffectés ? Les médias sont pleins d'échos semblables, de faits divers sanglants où des joggeuses sont prises à partie, violées, tuées par des dingues embusqués dans un sous-bois quelconque. Cette idée seule soudain lui fait peur et l'incite à redoubler de vigilance. Mais il n'y a personne ce matin d'été sur les chemins pentus où son pas fait lever de la poussière et d'où monte, des bois de pins, tout un vase de parfums.

C'est ce jour-là que Michel déboula vers dix-sept heures, pressé, ardent, impénétrable : il tenait à ce qu'elle l'accompagne, le soir même, chez des amis qui donnaient « une petite fête », non loin d'ici, dans « un petit château », et c'était sans appel. Elle se vêtit donc pour la circonstance de cette robe noire qu'il lui avait offerte quelques semaines au préalable et lui donnait, disait-il, « une silhouette de déesse ». On arrivait au château par une longue allée de cyprès qui laissait deviner, en vue cavalière, la masse d'une cathédrale bâtie en 1350, allégée par l'élancement de quatorze contreforts parfaitement appareillés. D'où tenait-elle cette science ? D'un panneau lu à l'entrée du village pendant que Michel, comme souvent, téléphonait, sa grosse berline garée sur un coin de route où, par bonheur, les communications passaient. Deux molosses les attendaient derrière le portail électrique qu'un gardien arrêta dans leur course. Michel gara sa grosse voiture parmi d'autres grosses voitures. Un homme vint à leur rencontre ; c'était le maître des lieux que Michel embrassa. « Magnifique ! », s'extasia-t-il en apercevant Gabriella, qu'il embrassa d'une même fougue rageuse.

— Édouard, dit Michel ! Le Seigneur des hautes terres... Et voici Gabriella !

- Je l'aurais deviné, dit Édouard.

Les hommes riaient, comme on les priait de gagner une cour, puis un salon d'été, où se tenaient une trentaine de personnes sur des banquettes de cuir clair auprès desquelles étaient disposées des tables de marbre blanc veinées de gris. Des spots, des faux cailloux translucides, allaient, la nuit venue, éclairer ce lieu à ciel ouvert, toujours inondé à cette heure par la lumière rasante du soir. Michel tenait Gabriella par les épaules, marchant derrière elle comme il l'aurait fait d'un bouclier humain. On se pressa vers eux. Des dames aux yeux lumineux, des hommes dont on devinait au premier regard qu'ils devaient appartenir au gratin du lieu : du barreau, de la banque, des entreprises, de la politique. Il y avait même là un psychiatre de belle renommée, un écrivain dont le nom ne disait rien à Gabriella, mais qui remarqua les yeux fuyants de la jeune fille, marqués d'une taie inquiète, par où deviner la gêne qui la traversait. Que faisait-elle ici et pourquoi Michel avait-il tenu à ce qu'elle vienne ? Vantardise de quinquagénaire ? Un serveur leur tendit une coupe de champagne qu'elle s'empressa de saisir comme on trouve une contenance. Elle était impressionnée par l'indifférence absolue de Michel aux gens qui l'entouraient et semblaient venir lui faire l'aumône d'une conversation. Elle devina une bibliothèque à l'entrée du château dans laquelle elle s'engouffra. Des jeunes gens s'y tenaient, parlant à voix silencieuse. Elle jeta un œil distrait sur les livres devant elle. Que des classiques pour autant qu'elle ait pu en juger.

D'où venait qu'elle se sente mal à l'aise en pareille circonstance ? De cette sorte de sauvagerie qu'elle traînait, après elle, depuis l'enfance ? De cette forme de misanthropie, où la jetaient les longues heures de solitude ? Les jeunes gens dans la bibliothèque passaient devant elle en pouffant. Parlait-elle toute seule ? Elle voudrait réfléchir aux raisons profondes qui lui font aimer la solitude. Une addiction ? Pareille à de l'alcool, du tabac ? On dit que les peintres et les écrivains n'aiment rien tant que de se réfugier dans la solitude de leur travail.

Michel s'approcha d'elle, le regard interrogatif.

— Tu admires les livres ?

Elle sourit sans répondre. Dehors, le vent s'était levé qui faisait bouger les robes des femmes. Toutes les personnes qui croisaient Michel le suivaient un instant des yeux, indécises au moment de l'interpeller. Comme il remarquait le manège, il se tourna vers Gabriella :

— Tu leur fais peur, ma parole !

— Moi ?

Elle avait, pour dire le mot, une moue et une voix enfantines qui incitèrent Michel à l'envelopper de ses bras, sans scrupule ni gêne.

— Ils ne te savent pas marié ?

— Ils s'en foutent, répondit-il sur un ton bref.

Était-ce cela sa vie ? Elle but une nouvelle coupe de champagne, échangea quelques mots avec une jeune femme aussi perdue en apparence qu'elle. Combien étaient-ils maintenant ? Cent ? Cent cinquante ? Michel fumait un cigare. Il s'entretenait avec un groupe d'hommes et la conversation tournait autour du rugby. On lui prêtait l'intention d'ouvrir le capital du club.

— Pas jusqu'à devenir minoritaire quand même, pouffa un gros bonhomme...

Une vieille dame s'approchait de Gabriella.

— On me dit que vous peignez ?

— Moi ? s'enquit-elle.

— Vous voyez quelqu'un d'autre autour de nous ?

Elle sourit.

— Si vous aimez la peinture, suivez-moi !

La vieille dame, très alerte, entraîna Gabriella dans son sillage. Elles pénétrèrent très vite dans une aile du château où figurait sur l'un des murs en pierre du vaste couloir un grand tableau de Soulages qu'elle reconnut tout de suite.

— Vous connaissez, bien sûr ?

Elles restèrent là, un moment, à observer la toile.

— Un chanteur, Ferré, dit la vieille dame, disait : « À mon enterrement, je veux du noir partout à m'en crever les yeux… » Je pense toujours à lui devant ce tableau. Mais ce n'est pas de votre âge, bien sûr…

Elle l'entraîna dans une pièce voisine, où les murs étaient tapissés de gouaches, d'aquarelles, de dessins divers.

— Vous… Vous êtes…

— La mère d'Édouard, dit la vieille dame, pressentant la question. Michel, qui tenait tant à ce que nous nous rencontrions, m'a dit quel amour vous aviez de la peinture. De la sculpture aussi, ai-je compris ?

— Je débute, vous savez…

La vieille dame essuya la phrase d'un revers de main.

— Même les plus grands, un jour, ont débuté…

Gabriella savait gré à la vieille dame de l'avoir amenée jusqu'ici et de lui témoigner pareille gentillesse, mais de l'ennui montait en elle, l'entourait comme un lierre. Elle s'en voulait en même temps d'être à ce point étrangère au monde des autres. Même ces tableaux, placardés sur des murs, privés de vie propre, ne représentaient rien pour elle. Ils étaient beaux, naturellement, mais présentés de la sorte, encadrés de cette façon, dans cette pièce fermée où personne, jamais, ne devait entrer, marquaient l'ironie de l'art, la fin de tout.

Elle s'ennuya gaiement tout au long de cette soirée. Gaiement, parce que l'alcool en elle provoquait quelques rires improbables, quelques reparties savoureuses et que deux ou trois personnes alentour apportèrent une touche de douce folie à la fête qui l'amusa. Le meilleur était d'ailleurs à venir : quand Michel, enveloppé d'audace et d'ivresse, l'entraîna sur le chemin du retour, dans un sentier pierreux qui embaumait la menthe, l'herbe rase des bas-côtés, l'été et la bouscula sur le capot de sa voiture, phares éclairés comme il se doit, dans une hâte délicieuse.

7

Le président a convoqué Alexandre dès le lundi matin dans son bureau où se tenaient également Jean, Lacaze, Verger et Ramirez, son agent. Alexandre qui s'était refusé jusque-là à lire la presse, mais qui savait à quoi s'attendre, n'en menait pas large. Pour se rassurer, il accrochait désespérément son regard aux yeux de Jean puis à ceux de Ramirez, assis côte à côte autour de la table ronde où Michel Ferreri les avait priés de s'asseoir, mais l'un et l'autre ne lui renvoyaient que des visages fermés, où la lassitude le disputait à l'indifférence.

— Comment peut-on se tromper à ce point ? pestait Ferreri au souvenir des contres catalans.

— C'est affaire de maturité, répondait Jean.

— De maturité ?

— Eh oui, répliquait Ramirez, parfaitement ! On ne peut pas lui en vouloir…

— Pas lui en vouloir ? s'époumonait Ferreri. Mais il est responsable tout de même !

Les autres baissaient le regard, à court d'arguments. Pourquoi Alexandre n'intervenait-il pas ? Il était incapable de parler, ses mots se bloquant dans sa gorge : moitié culpabilité – cette défaite était la sienne – moitié impressionnabilité devant la froideur de son président. Mais il s'étonnait une fois encore que personne dans le bureau ne vînt à son secours et ne mentionna son K-O, l'impossibilité où il était justement d'y voir clair. Le président préconisait qu'il prenne une semaine de repos, loin de tout, de façon à faire sérieusement le point sur lui-même. « Tu ne peux pas, ajoutait Jean à la grande surprise d'Alexandre, te poser toujours en victime. » La phrase le sonna comme une gifle. Il n'avait pas dit un mot mais pensait, oui, pour une fois, que rien de tout cela ne se serait passé s'il n'avait été mis hors circuit par ce choc avec le troisième ligne adverse. Était-ce cela, « se poser en victime » ?

— Personne n'a remarqué que j'étais K-O ? demanda-t-il en désespoir de cause à Ramirez comme il quittait le bureau.

— Écoute, rétorqua l'autre, rien de grave... Tu prends cinq jours de vacances. Tu t'en vas chez ton père, là-bas, à la montagne, tu te refais la cerise et hop ! c'est reparti pour un tour. Dans un mois tout est oublié...

Il tapa fièrement sur l'épaule de son joueur, s'excusa – il était pressé – et déjà courait vers sa voiture. « Tu t'en vas chez ton père... » La phrase fouaillait Alexandre comme une blessure. Comment avait-il pu accorder sa confiance à un type pareil ? Et que foutait-il dans ce club ? On venait de lui infliger une sorte de mise à pied informelle pour ce qu'ils devaient considérer être une faute professionnelle. Était-elle justifiée ? Il aurait dû consulter un avocat pour cela, mais était incapable de faire la démarche. Il songea à regagner l'équipe de S., son village, ses copains d'enfance. C'était là-bas qu'il avait grandi, qu'il s'était construit. Sa culture, son accent, ses atavismes : tout lui rappelait à chaque instant son appartenance à cette terre de montagne. S'en séparer ? Pour quel profit ? Des salles de cinéma plus accessibles, comme le sont les lieux de consommation : bouffe, fringues, livres, musique ? Il l'avait longtemps cru, mais, à l'heure d'Internet, même ces avantages-là perdaient de leur signification. Et puis ? Plus de monde dans les rues, plus de filles dans les bars ? C'était vrai, bien sûr. Et sûrement pas négligeable. Mais enfin il était permis d'envisager aussi le revers de la médaille : plus de pollution, plus de stress, plus de superficialité dans les rapports. Jamais on ne l'aurait traité avec cette indifférence hautaine dans son village. Jamais. Là-bas, il ne gagnerait plus l'argent que lui octroyait le club, mais il ferait autre chose. Quand il était junior, on lui avait proposé un poste d'éducateur à la mairie. Il y réfléchit deux secondes. Dans l'allée, le silence tombait comme en pleine nuit. Un vent lassé – « un vent de fin de série », pensa-t-il très vite – passait par instants sur les feuillages des arbres qui bougeaient et s'immobilisaient aussitôt. « Même le vent est fatigué », se disait-il...

*

Il arriva vers deux heures au village, laissant sa voiture sur la place et fit, à pied, comme de coutume, le kilomètre qui le séparait de la ferme de son grand-père. Le sentier grimpait, abrupt, longeait trois ou quatre maisons basses aux volets repeints de frais pour les vacances, qui sortaient du brouillard de pluie où l'averse et la brume du matin les avaient isolées. Des près couraient le long de la forêt pentue. Des vaches y paissaient, rassemblées par petits troupeaux. Sur sa droite, la mer de la forêt encapuchonnait la montagne de nuances vertes courant sur le bleu. Il marchait vite, traînant son sac de sport d'une épaule sur l'autre. Il aimait les odeurs de buis qui se dégageaient du chemin. Derrière le rideau d'arbres longeant le mur de l'ancien presbytère et sa chapelle attenante, son œil s'accrocha à ce lieu mythique de son enfance, figé dans une rigidité mortuaire depuis l'incendie provoqué par la Gestapo, un jour d'août 1944, en représailles aux maquisards qui en avaient fait leur siège. Le sentiment d'urgence anxieuse qui le tenait depuis le matin avait disparu au contact de ces lieux familiers et une sorte de joie singulière s'emparait de lui. Un mur de lauzes de faible hauteur, moucheté de lichen sombre, barrait le sillon étroit par où accéder à la chapelle abandonnée dans laquelle, solitaire, il avait passé mille après-midi de son enfance. Une lumière lourde d'automne précoce giflait les murs en ruine, le toit crevé d'où tombaient les poutres épaisses. Il resta là un moment sans bouger : le vent semblait courir le long des dalles mouillées où se devinait la nef. Sur le mur attenant, démoli, marbré de taches noires, des morceaux de fresque se laissaient encore voir. Comme il avait aimé cet endroit, enfant ! Il s'y était attribué tous les rôles de la vie...

Un gris d'usure et d'abandon tombait du ciel quand il sortit de la chapelle pour rejoindre la ferme. La lande, devant lui, se fripait sous les passées de vent. Allait-il pleuvoir de nouveau ?

*

« Tu n'es pas responsable, tu sais... »

Le Vieux, qui parle peu, a pris sur lui pour répondre à l'anxiété persistante d'Alexandre et tenter de le rasséréner. La neige recouvrait-elle la route d'une épaisseur importante, ce 16 novembre 1991, comme le souvenir en était gravé dans sa mémoire ? Alexandre n'avait que quatre ans et ne saurait dire. Son grand-père ne se souvient pas davantage. Des images éparses lui reviennent quand il voudrait un film dans sa continuité. L'inquiétude de son grand-père, le soir, comme on le priait d'aller se coucher. Le visage de Mme Charpentier penchée sur lui dans son petit lit d'enfant. Les fous rires de son père et de sa mère dans l'après-midi. Il croit encore entendre la voix de son père lui signifiant qu'il était grand maintenant et qu'il n'avait plus besoin de son « ours ». Pleurait-il ? C'est plus que probable. « Tu hurlais, oui, lui dit le Vieux. C'est d'ailleurs pour ça que je suis intervenu... »

Alexandre, étonnamment crispé, essaie pour la énième fois de sa vie de refaire l'histoire, le trajet parcouru par ses parents ce dimanche de fin novembre. Leur absence, parfois, lui est insupportable et l'étouffe littéralement. Il doit sortir alors, respirer à grandes gorgées l'air du dehors. C'est le cas aujourd'hui. Il lui arrive encore de se réveiller la nuit, étranglé d'angoisse, au point d'être obligé de se lever, de marcher, d'ouvrir les fenêtres.

Il avait donc oublié son petit ours en peluche dans un restaurant de S. où ses parents l'avaient conduit pour un déjeuner en famille. À leur retour, la neige s'était mise à tomber sur la montagne. Quand ils s'aperçurent de l'oubli, son grand-père était intervenu pour que François, son propre fils, le père d'Alexandre, retourne le chercher. Qu'avait-il dit ? Alexandre, à l'instant, imaginait une phrase possible : « Vous n'allez quand même pas laisser ce petit pleurer toute la soirée... Il faut aller chercher cet ours... »

Les parents, dans un rire, étaient redescendus à pied jusqu'au village. La neige ne les effrayait pas. N'étaient-ils pas nés, eux aussi, dans les Pyrénées ? De là ils avaient repris la voiture pour S. Avaient-ils seulement songé au froid de la nuit, au gel toujours possible sur ces routes de montagne ?

— Ils étaient contents. Tout le temps. Ils riaient pour rien. On aurait dit deux gosses. Ton père était métamorphosé depuis sa rencontre avec ta mère...

Alexandre voulait les accompagner. Son grand-père l'avait retenu. « Viens, on va aller voir les vaches... » Alexandre adorait les vaches.

— Pourquoi maman a-t-elle accompagné papa ?

Son grand-père haussait les épaules.

— Papy, dis-moi...

— Ils étaient amoureux. Elle ne voulait pas le laisser seul...

Il se tait de nouveau. Se lève, fait quelques pas à grand-peine dans la cuisine mal éclairée.

— Pourquoi tu repenses à tout ça maintenant ? Tu n'es pas responsable, tu sais... Ou alors je le suis au moins autant que toi. C'est moi qui ai insisté pour qu'ils repartent...

Ils étaient bien repartis en effet, pour ne jamais revenir. Des hommes du village, prévenus par le Vieux, avaient retrouvé leur voiture en pleine nuit. Elle était enroulée à un arbre, dans un ravin, à cinq ou six mètres en contrebas de la route. Les deux corps n'étaient pas dans l'habitacle. L'espoir perdura une partie de la nuit. Peut-être étaient-ils sortis à temps de la voiture ? Peut-être avaient-ils pu éviter le choc ? Mais quand, à cinq heures, le Vieux constata qu'ils n'étaient toujours pas rentrés, il pria les femmes et les hommes qui s'étaient joints à lui, de rentrer chez eux. « Quand il nous a laissés sur le pas de la porte, dit un jour une voisine à Alexandre, le Vieux pleurait. »

On retrouva les corps le lendemain matin. Ils avaient été éjectés l'un et l'autre à plusieurs mètres de la voiture. « Morts sur le coup », avait dit le médecin. Qu'en savait-il ?

Alexandre sort au grand air. La lune s'est dégagée des brumes et donne du plateau une image plus claire, ouatée, seulement traversée par le cri des effraies. La lumière qu'elle dispense prête aux prairies voisines la douceur élastique d'un parcours de golf, d'un terrain de rugby. Le corridor d'entrée, lavé de fond en comble par Mme Charpentier, dégage par la porte restée ouverte des odeurs fortes de cire et d'ammoniaque. Pourquoi n'est-il pas mort avec ses parents ?

Il fait quelques pas en direction de l'étable, vide désormais de toute présence animale. Une clarté blanche illumine les bois, la maison, le plateau. Dans l'étable, les odeurs de naguère ont disparu. Un peu de foin stagne encore derrière le râtelier de bois. Cinq ans maintenant que le Vieux a vendu ses dernières vaches. Dix-neuf ans que ses parents sont morts. Alexandre appuie ses mains contre le mur en pierre et reste là, dans la pâle lumière jaune de l'ampoule fixée au plafond, le regard droit, songeur, légèrement hostile, à observer ce lieu où nulle vie désormais ne circule plus. Il croit revoir la foule pressée devant la maison. La foule, vraiment ? Il se souvient en tout cas avec précision de tous ces gens qui allaient et venaient dans leur demeure. De ses parents qu'on avait couchés sur le lit. D'un ami de son père qui s'était allongé près de lui et l'embrassait en pleurant. Il avait voulu voir sa mère, la toucher : on le lui avait interdit. « Ils dorment, sais-tu ? » La phrase lui revient, irréelle ! On l'avait habillé « en dimanche ». Mais il n'était pas allé à l'église et encore moins au cimetière. C'est Mme Charpentier qui l'avait gardé. Dix-neuf ans. Dix-neuf ans déjà...

« Tu n'es pas responsable, tu sais... »

Quand il rentre dans la maison, le Vieux n'est toujours pas couché. Que fait-il ? Il a de plus en plus de mal à se déplacer et vient de se faire bouillir de l'eau pour se préparer une tisane.

— Tu en veux ?

Alexandre fait oui de la tête. Ils ne parlent pas, ou très peu. « Taiseux ! » Son grand-père est un « taiseux ». Il a appris le mot, en ville, à la lecture des journaux sportifs. Alexandre, toujours, s'en étonne qui connaît la culture de son grand-père, son intelligence, son humanité même. Pas plus serviable que lui. Pas plus disponible. Mais il ne parle pas. Ou le strict minimum. Il est pourtant permis de se demander ce qui se passe dans la tête de ce vieux monsieur de quatre-vingt-dix ans à cette heure avancée de la nuit ? Que pense-t-il de ce petit-fils qu'il a élevé seul – sa propre femme est morte alors que François, le père d'Alexandre, n'avait que sept ans – et qui tour à tour l'aura ému, chagriné, emballé ? Il le juge fragile ces derniers temps pour des raisons qui lui échappent. La ville ? Cela fait trois ans maintenant qu'il vit à B. Une femme ? Un chagrin d'amour ? Il n'y croit pas. Alexandre ne porte pas la passion amoureuse sur son visage. Alors le Vieux se tait. Il sait que les dés en sont jetés et qu'il ne pourra plus, le voudrait-il, influer sur le cours des choses. Alexandre est un adulte maintenant. Et lui va mourir. Bientôt. Pas tout de suite, mais bientôt. Il le sait, il le sent. Au reste, quelle aubaine ! Il a de plus en plus de mal à marcher et sa vie n'est plus que ce tout petit filet d'eau qui consent encore à couler alors que la source est tarie. Il a trop aimé la vie, malgré les grands malheurs, pour se familiariser avec cet ersatz d'existence. Il ne devancera pas l'appel. Pas besoin. Tout cela va venir. Tout est déjà là. Mais, pour Alexandre, le mal et le bien sont faits. Il lui a donné ce qu'il lui était possible de donner. C'est sans doute très insuffisant. Cela l'est d'autant plus qu'aucune présence féminine n'est venue compléter son éducation. Mais le secret de mieux faire ?

Le Vieux a tort de culpabiliser. Alexandre place au-dessus de tout les « valeurs » de son grand-père. Cette sorte de sagesse qui ne dit pas son nom. Sa générosité, mais aussi cette façon de ne pas déroger sur certains principes de vie : l'honneur, l'orgueil, l'humilité (lesquels ne sont pas contradictoires), un certain courage physique et intellectuel, le respect de l'autre quel qu'il soit, en toutes circonstances, la fidélité aux siens, au passé, au village. Le Vieux a été un veuf exemplaire, au deuil intraitable ! Il ne sait pourquoi Alexandre lui en sait gré. « Mon grand-père, a-t-il dit un jour à une amie, il est pauvre, solitaire et heureux. » Par quoi il fallait comprendre : il est formidablement libre et riche, bien sûr, d'une existence selon son cœur. Il pense : « Jamais je ne pourrai arriver à sa hauteur ! Je suis inquiet, ce qu'il n'est pas. Je suis fragile, ce qu'il n'est pas. Je suis peureux, ce qu'il n'est pas. » « On ne naît pas courageux, disait pourtant le Vieux désarmant de naturel, on le devient… »

Alexandre se lève et l'embrasse.

— Je vais me coucher, dit-il.

— Bonne nuit, répond son grand-père.

Alexandre se retourne en quittant la pièce, regarde son grand-père à la dérobée. L'autre surprend son regard et ils se comprennent sans se parler. C'est une des dernières fois, bien sûr, et ils le savent. Alexandre monte les marches de l'escalier de bois lentement, les jambes lourdes. Il prend sur lui de ne pas sangloter. Pourtant, sa chambre a l'odeur de son enfance. Une odeur indicible et pourtant reconnaissable entre toutes, quand l'humidité des premiers jours de l'automne se mêle aux parfums entêtants de la terre, aux odeurs suries de bétail. C'est comme si rien n'avait changé…

Il entend plus tard le pas lourd de son grand-père monter l'escalier. Une inquiétude le tient qui ne renonce pas. Le temps coule vers une saison noire. « Il faut que je me reprenne, que je réagisse ». Il se lève, colle le front contre la vitre. La nuit est là, calme et tranquille. La brume s'est levée depuis un bon moment déjà et donne au plateau des teintes cristallines que la lune renforce. « Je suis d'ici », pense-t-il. Il regagne son lit, attentif maintenant à la qualité du silence qui le rassure, à ces différentes marques sur les murs qu'il déchiffre dans le noir et le renvoient de facto à son enfance. Se souvient-il de ses rêves éveillés ? De cette façon qui était la sienne de parler à ses parents après leur mort ?

— À qui parles-tu ? demandait Mme Charpentier qui le surprenait dans la grange ou sous l'escalier.

— À maman, disait-il.

La brave dame n'osait rien dire. Moitié tendresse, moitié suspicion. Un jour, une vieille au village a dit, parlant de lui : « Le petit du Vieux, il est fou ! » Parce qu'il parlait aux morts et professait, dès le cours élémentaire, « que la mort n'était pas la fin de la vie, mais sa suite ». Était-ce dit comme ça ? C'est le souvenir qu'il en garde. Quand il y repense aujourd'hui, Alexandre se dit qu'il a vécu toute sa vie avec la mort pour compagne.

8

Son iPhone retentit en pleine nuit, la tirant d'un sommeil profond. Le nom de Michel s'inscrit sur le cadran et une peur soudaine lui fait battre le cœur. Quelle heure ? Quand elle décroche, la voix à l'autre bout de la nuit est lourde, pâteuse, qui laisse deviner une soirée arrosée, tumultueuse.

— J'ai eu un accident... Rien de grave... Mais la voiture est dans le fossé...

Elle part, à quatre heures du matin, nue sous le pull et le jean qu'elle a enfilés à l'aveugle, sur cette route sinueuse qui conduit vers les lacs et les montagnes. Michel ne voulait pas appeler sa femme et encore moins son chauffeur – « on a un peu bu, tu comprends » – de sorte qu'elle est toute désignée pour se rendre à sa rescousse. Elle n'a aucun mal à trouver la berline, tous feux allumés, sur une route perdue, les deux roues de droite déversées dans un fossé profond comme on en trouve à la campagne. Mais là, à son plus grand étonnement, Michel est vautré sur le siège qu'il a rabattu vers l'arrière, la chemise remontée sur les bras jusqu'à la saignée du coude, la cravate de travers, le col ouvert, bâillant... Dormait-il ? Un haut-le-cœur lui vient qui a le visage de la trahison. Un sentiment de dégoût l'envahit devant ce type qu'elle devine à moitié ivre, avachi et qui traîne, la nuit, sur des routes désertes.

Michel a du mal à déplier sa longue carcasse. Il tire sur un cigare qu'il vient de rallumer, les yeux rougis, cernés, le teint pâle sous la lumière blême de la veilleuse qui provient du tableau de bord.

— Comme tu le vois, dit-il, on a un peu exagéré...

Il pouffe, se raidit.

— Que comptes-tu faire ? demande-t-elle ?

— Rentrer.

Il se lève tant bien que mal. Il sent l'alcool, le tabac, la fille...

— Il faut que tu me ramènes à B., dit-il.

Gabriella ne dit rien, se contentant de lui ouvrir les portes de sa propre voiture. « Il pue la cocotte », se dit-elle en souvenir de l'expression qu'utilisait l'une de ses grands-mères. Puis elle se dirige vers la berline de Michel afin d'en éteindre les phares.

— Laisse tomber, dit-il d'une voix d'outre-tombe. On la verra comme ça.

— Tu n'auras plus de batteries, dit-elle.

Il essuie la remarque d'un revers de main. Et, bien qu'elle ne demande rien, précise le lieu où il a passé la nuit.

— Au château, chez Édouard... Une p'tite soirée entre amis... Pleine de coke et de drame...

Il rit. De la référence à Brel ? Elle s'en moque et ne répond pas. Ou plutôt si...

— Tu es content ?

— Content ?

— De ta soirée ?

Il ne répond pas, plus sombre soudain. Gabriella conduit, indifférente à cet homme dont les extravagances maintenant la laissent de marbre. Elle se force à penser qu'en rentrant elle ne se recouchera pas, mais foncera vers l'atelier. Les premières heures du jour sont favorables à la création. Elle a envie de sculpter : des boîtes dans lesquelles elle enfermerait tout un monde imaginaire. Des collages, des bibelots, une poupée déchirée qu'elle compte assombrir de larmes en polyuréthane. À quelles fins ? Elle ne sait pas encore. Michel rallume son cigare dans la voiture et une odeur pestilentielle s'épand dans l'habitacle. Elle ouvre une fenêtre. L'air frais de ce petit matin de fin d'été passe à travers. Il a le regard posé sur elle.

— Tu me juges mal ?

Elle hausse les épaules.

— Tu te demandes peut-être ce que je peux bien rechercher dans des soirées pareilles ?

Et comme elle se tait, toujours.

— Le rire et l'oubli, Gabriella ! Un vrai besoin de disjoncter…

— Je ne te demande rien.

— Mais tu n'en penses pas moins. Dans le fond, tu es pleine de principes. Une vraie petite-bourgeoise…

— Et toi un aventurier, c'est ça ?

Il ne répond pas, rumine dans son coin une colère froide tournée sur lui-même.

— Excuse-moi, dit-il.

Elle est confuse devant ces fléchissements d'ivrogne où Michel semble glisser. Et cette odeur de fille qui lui colle à la peau. A-t-il baisé ? Et, si oui, qui ? Une pute ? Une autre maîtresse dont elle ne saurait rien ? Il se redresse sur son siège. Paraît recouvrer un peu de dignité.

— Ma vie est stressante, dit-il. J'ai besoin parfois de casser le morceau.

Elle n'ajoute rien. De quel droit après tout ? Alors ils roulent en silence, tandis que monte du dehors un parfum détonant de ciste, de garrigue et d'herbe coupée. Ils arrivent très vite à B.

— Tu comptes rentrer chez toi ? demande-t-elle.

Il la regarde d'un air enfantin.

— Tu penses qu'il vaudrait mieux…

Gabriella ne répond rien mais décide pour lui et s'apprête à faire demi-tour pour regagner les hauteurs.

— J'ai un rendez-vous à dix heures au bureau.

— Je te réveillerai, dit-elle.

Il ferme les yeux sur son siège, semble harassé. Elle le regarde d'un œil rapide et le trouve paradoxalement beau dans cet état de nudité extrême où le laisse une nuit sans sommeil. À qui lui fait-il penser ? À quel acteur, dans quel film ?

Au Plateau, Michel traîne quelques minutes dans la cuisine où elle boit un verre de jus de fruit, avale des grains de raisin qu'elle égrène avec nervosité. Que cherche-t-il ? À s'excuser ? À se justifier ?

— Tu veux que je te fasse du café ?

Il fait oui d'un mouvement de tête. Il a l'air d'un petit garçon que la culpabilité ronge et cette attitude si surprenante chez Michel la décontenance.

— J'apprécie, dit-il, que tu ne me juges pas ou que du moins tu n'en laisses rien paraître.

Elle sourit.

— Dans le fond, dit-il, je ne sais rien de toi.

Elle pose un bol sur la table, apporte du sucre. Michel s'ébroue un instant en se frottant les yeux.

— Ça va aller, dit-il. Je me sens mieux.

— Tu ne veux pas dormir ?

Il fait non d'un mouvement de tête. Elle lui apporte du pain, du beurre, des madeleines au chocolat…

— Je n'ai pas vraiment faim, dit-il. On a bu, on a « tapé »…

Elle se sert également un bol de café bien noir.

— Tu ne veux pas te recoucher ? demande-t-il.

— Je voudrais sculpter.

Il prend son bol, sort de la cuisine et se laisse choir sur le canapé d'angle du salon.

— Je dois te sembler ridicule, dit-il.

— Seul.

— Pardon ?

— Tu me sembles surtout seul. Et même un rien pathétique. Mais c'est la première fois que je te perçois comme ça.

— Et alors ?

— Rien. Ou plutôt si : tu recouvres apparence humaine...

Il sourit, pose son bol, ferme les yeux. Elle l'observe quelques secondes. Il tombe de fatigue. Son visage se creuse, sa mâchoire tombe, sa bouche s'entrouvre. Un vieux, se dit-elle. Qui donne le change. Mais pour combien de temps encore ? Elle, le sommeil l'a parfaitement désertée. Hier, elle a retrouvé Léa son amie des Beaux-Arts, avec laquelle elle a déjeuné dans une brasserie de la ville, avant de se rendre au cinéma. Léa est amoureuse d'un joueur de rugby. Il s'appelle Théo, comme son Théo à elle. Il faudra qu'elle pense à demander à Michel, qui s'est endormi, de qui il s'agit. Les deux filles ont promis de se retrouver au soir du prochain match.

— Il faut que je me rapproche de lui, dit Léa. Tu peux m'aider pour ça.

La chose lui semble irréelle. Gabriella ne se voit pas tomber amoureuse d'un joueur. La plupart sont beaux, c'est vrai, mais ils lui semblent immatures, souvent grossiers. Mais elle aime bien Léa et fera ce qu'elle lui demande.

Michel ronfle sur son canapé. Elle va chercher un plaid dont elle lui recouvre le corps. Puis elle allume machinalement la télé et regarde défiler sans les voir des images d'un jeu inepte. Elle éteint le poste de télévision et sort dans le jardin désert, qu'un croissant de lune, à la même heure, arrose d'une lumière tendre.

Elle est triste à proportion du désarroi où la laisse Michel. Mais qu'espère-t-elle, aussi ? Que fait-elle avec lui ? Pourquoi se ment-elle ? Sa propre faiblesse l'écœure et elle reste ainsi un long moment, désœuvrée, incrédule, en proie à des sentiments contraires. Quand il la rejoint une heure plus tard, deux tasses de café à la main, douché, rasé, changé, il l'étonne par cette sorte d'énergie qui l'habite en toutes circonstances. Comment fait-il ? C'est peut-être la raison majeure de son attachement pour lui. Il lui tend une tasse mais semble avoir perdu la parole. Il garde l'œil humide et trouble du type qui n'a quand même que peu dormi.

— Pourquoi ne t'es-tu pas couché ? demande-t-elle.

Il ne répond pas, secoue la somnolence où malgré lui il flotte.

— Je ne sais pas ce que je cherche, dit-il. Je ne sais pas ce que je veux. Je cours après quelque chose, mais quoi ?

— Ta jeunesse ? Ta réalité ?

— Ma réalité ?... Tu parles ! La vie est stupide. La mienne en tout cas...

Elle sourit. Il a l'air d'un gosse qui vient de résoudre un problème d'arithmétique.

— Tu es sombre, ça ne te ressemble pas.

— La meilleure réalité, répond-il à contretemps, c'est celle qu'on s'invente.

— Intéressant, dit-elle.

— Intéressant ? Un type qui se refait est intéressant, mais moi, aujourd'hui, j'ai plutôt l'impression de couler...

— Intéressant quand même !

Il la regarde par en dessous.

— Tu es trop intellectuelle pour moi.

— Intellectuelle, moi ?

Il fait quelques pas.

— L'avantage, dit-il, c'est qu'en changeant de pièce, de maison, je change de rôle...

Elle fait une moue dubitative. Il croit comprendre ce qu'elle pense.

— Ma réalité, reprend-il en terminant sa tasse de café, c'est d'être multiforme. Et je crains, hélas, que je ne changerai pas…

Sur quoi, il lui claque un baiser sur la joue, reprend les tasses d'une main, la remercie d'avoir accepté de lui rendre ce service et s'évanouit dans le jardin où le chant des oiseaux n'entame pas la mélancolie qui étreint Gabriella.

9

Alexandre gravit les marches qui mènent aux tribunes présidentielles sous les yeux attentifs des spectateurs. Il croit lire de l'intérêt dans le regard des femmes, souvent sensibles à la plastique des jeunes joueurs et une forme de méchanceté revancharde dans celui des hommes, qui lui reprochent en sourdine le match raté de l'autre semaine, un comportement qu'ils doivent juger « en dents de scie », pour reprendre une tocade du journalisme sportif. En foi de quoi, les voilà satisfaits de le savoir hors circuit. « Même pas remplaçant ? », l'interroge un type qu'il croise dans les tribunes et qui doit se goberger devant sa mine triste, ses yeux tirés. La question le taraude : d'où vient cette jalousie masculine ? D'où vient que les hommes aimant le rugby soient toujours dans l'excès ? Les jugements qu'on lui adresse depuis sa première sélection en équipe de France junior sont soit complaisants, admiratifs, soit chargés d'une sorte de colère rentrée pour une passe manquée, une prestation médiocre.

Un homme dans les travées voisines allume un cigare et Alexandre replonge en une seconde dans le stade de son enfance quand, le dimanche, il regagnait les modestes tribunes de S., après son match disputé avec les minimes puis les cadets du club. Les parfums de cigares y étaient au moins aussi prégnants que ceux du camphre dans l'environnement des vestiaires voisins. Ce n'étaient probablement pas là des havanes de grande qualité ! Il s'agissait le plus souvent de modestes cigarillos aux odeurs âcres et robustes. Mais ces senteurs, qui avaient partie liée avec le jeu de son enfance, restent gravées en lui comme au premier jour.

Son regard se porte au loin, vers la bouche de la tribune Puysségur d'où sourdent des dizaines de personnes, quand il aperçoit ce qu'il croit d'abord être une jeune Asiatique, aux longs cheveux noirs rejetés en arrière. La démarche adolescente, androgyne, la jeune fille capte son regard pour la beauté hiératique qui émane d'elle. Que fait-elle ici ? Comme elle semble perdue ! Un homme auquel elle paraît poser une question lui montre la tribune voisine. Sourit-elle ? Remercie-t-elle ? Elle se retourne soudain, lève la tête, plisse les yeux dans sa direction. « Là-bas », semble lui indiquer l'homme en montrant les tribunes présidentielles. Alexandre est fasciné à proportion de la surprise où le renvoie ce visage. La jeune Asiatique supposée n'est autre que Gabriella, la maîtresse du président, qui disparaît aussitôt sous les tribunes, pour réapparaître une poignée de secondes plus tard, grave et silencieuse. Comment ne l'a-t-il pas reconnue ?

Comme elle monte les travées des tribunes où il se trouve, vive et lente, ses cheveux mouvants autour de ce visage oriental, aux yeux oblongs, qui l'avait séduit au premier regard porté sur elle, c'est la jeunesse qui passe et la beauté et l'insolence. Le voit-elle ? Elle paraît surtout gênée par la somme de têtes tournées vers elle et qui la dévisagent avec une manière de gourmandise mâtinée de jalousie, de rancœur maladroite. « Bienvenue au club », pense Alexandre dans un sourire. Un homme hésite, jette des coups d'œil aux places voisines, se lève et l'interpelle. Il s'agit de l'un des loufiats de

Ferreri, chargé d'accueillir les VIP dans les tribunes présidentielles. Gabriella tend une invitation, s'avance vers lui, souriante, désolée de devoir obliger des hommes et des femmes à se lever pour pouvoir s'asseoir à la place que vient de lui attribuer le bonhomme en question. Elle porte un petit sac avec elle, en accord parfait avec la robe sombre qui découvre ses bras et laisse deviner jusqu'aux genoux des jambes superbes. « Un canon », Gabriella, comme le laisse entendre à voix moqueuse, rocailleuse, l'homme assis à côté d'Alexandre ? C'est déjà trop dire ou pas assez. Elle est belle bien sûr, comme savent l'être les filles de vingt-cinq ans. Mais ce qui bouleverse Alexandre et qu'il serait bien en peine de définir, c'est cette sorte de grâce anxieuse qui émane d'elle, où la modestie de l'attitude – regard qui vacille, gêne perceptible – le dispute au port solennel d'une princesse... On dirait d'une danseuse, d'une de ces jeunes filles de bonne famille auxquelles le siècle dernier apprenait à se tenir droites, à donner de l'allure au moindre geste. Une bourgeoise, Gabriella ? Alexandre mesure à quel point il est ignorant d'elle. N'étaient quelques considérations de son cru, Jean ne lui a rien dit qui puisse l'éclairer. Alors il lui invente des vies, comme ça, à la dérobée, en quelques secondes, entre deux poignées de main et les redoutables digressions de l'homme au micro qui hurle par sono interposée toutes sortes d'admonestations plus affligeantes les unes que les autres à l'usage des supporters. Comme il s'agit de savoir si « on est là » – « Vous êtes là, aujourd'hui ? », crie l'animateur de foire –, Alexandre se perd sur le dos et la nuque de Gabriella, assise, quatre rangées devant lui, sur sa gauche. Il essaie de pratiquer, en silence, recentré sur lui-même, le petit jeu de son enfance qui consiste à fixer la nuque de quelqu'un en souhaitant que celui-ci se retourne. Mais Gabriella ne mord pas à ses sommations et un peu de désillusion lui vient. Bientôt, devant elle, vient s'asseoir Mme Ferreri, l'épouse du président. Des sourires se lèvent alentour, des regards grimacent. Comme le monde est décevant.

Pour B. la première mi-temps du match est une formalité. Il est vrai que l'équipe de Brive qui lui est opposée est privée de deux de ses meilleurs joueurs. Mais pour B. le jeu s'enchaîne comme dans un rêve. Brique à deux reprises, puis Éric cinglent magnifiquement dans la défense adverse. Quatre essais sont marqués au cours du seul premier acte et le public, debout, fait une ovation à son équipe. « Ce Van der Berg est épatant… », siffle, admiratif, un dirigeant du club à son voisin de tribune.

Alexandre est anéanti. Jamais plus il ne reviendra dans ce groupe. Une boule se forme en lui. Le sol se dérobe sous ses pieds. Dans la loge voisine, à la mi-temps de la rencontre, il commande une bière. Autour de lui un espace se creuse. Les gens l'évitent : des dirigeants, des partenaires, des notables locaux invités par le président à rejoindre dans la tribune présidentielle les joueurs mis au repos et il est mû par l'angoisse. Cette angoisse lente, familière qu'il connait si bien. « Un loser, pense-t-il. Je dois passer pour le loser de service », que les gens dédaignent. En est-il sûr ? Un peu de parano le guette. « Les gens aiment bien vous avoir à leur côté, leur avait signifié le président en début de saison. Vous voir. Parler avec vous. Je veux que tous ceux qui ne jouent pas se rendent dans les tribunes présidentielles pendant les matchs. Et rasés, s'il vous plaît, cravatés, en costume. »

Gabriella est là pendant la mi-temps d'un quart d'heure. Elle est seule, comme Alexandre, boit un verre d'eau minérale un peu à l'écart du bar où se ramassent la plupart des invités. Elle fait quelques pas dans la loge où un couple sur l'âge vient lui parler. Elle leur répond avec de larges sourires. Peut-elle ne pas ressentir le regard d'Alexandre si souvent posé sur elle ? Si tel est le cas, elle n'en montre rien. Bientôt, frappée d'ennui, elle allume une cigarette dont elle tire des volutes bleutées. Peut-on fumer dans les loges ? C'est le moment où elle se tourne vers Alexandre, l'observe deux secondes et, sans qu'il ait le temps de seulement réagir, lui décroche un sourire de tout le visage. Il se trouve stupide, désemparé. Le plus beau sourire du monde… Et aussitôt : « Comme je dois avoir l'air con ! » Il s'en veut de rester là, figé comme un imbécile, incapable de trouver un mot, une phrase, une boutade quelconque à lui adresser. C'est si rageant qu'une minute s'écoule avant que le président ne la rejoigne, lui glisse quelques mots à l'oreille. Gabriella l'écoute sans manifester une quelconque émotion. S'interroge-t-elle sur cet amant qui papillonne de sa femme à sa maîtresse, de sa maîtresse aux élus, des élus aux partenaires, sourire forcé, l'allure droite, un bon mot pour chacun ? Les mots ne lui manquent pas, à l'amant, ils lui viennent en foule, les mots ! Goguenards ou savants, triviaux ou techniques lorsqu'il s'agit du jeu. Ferreri est dans son élément et les gens l'admirent pour tant de maîtrise, de facilité. « Comment peut-on accepter cette comédie sociale ? », pense Alexandre. Et qu'est-ce qu'une fille de vingt-cinq ans peut-elle donc trouver à un type de cette espèce ? « Ce que tu n'auras jamais, imbécile ! lui souffle une petite voix : l'argent, le pouvoir et le rayonnement qui va avec ! » Du charme ? Oui, sans doute. Ferreri aurait pu faire du cinéma. Une belle gueule de cinquantenaire sur un corps entretenu. Alexandre sent une bouffée de jalousie monter en lui. Une dame s'approche.

— Vous jouez aussi ? demande-t-elle.

— En temps ordinaire, oui.

— Comme ce jeu est formidable. Je n'y comprends rien, je dois dire, mais les hommes sont si beaux…

Alexandre sourit. La dame le quitte pour un autre homme que lui.

— Oh, madame la présidente, s'enquit l'homme !

Soudain, il voit le regard de Gabriella de nouveau posé sur lui et il s'efforce de sourire. Elle répond à son sourire mais de manière rapide, gênée cette fois, à la façon de quelqu'un qui aurait la tête ailleurs. Elle se retourne alors et lentement, précautionneusement, laissant passer les gens devant elle, regagne son siège. Il échafaude aussitôt toutes sortes de scenarii dans sa tête. Serait-il possible qu'il lui plaise ?

Le match va reprendre et les gens se pressent vers les tribunes. Gabriella se retourne un instant de son siège et semble regarder à nouveau dans sa direction. Est-ce lui qu'elle observe ? Le cœur lui cogne comme à un gamin de douze ans. Mais bientôt Ferreri passe devant elle, tend une main dans son dos, dont elle presse les doigts. Il lui sourit, s'esquive. Et c'est comme si l'on plantait un couteau dans le cœur d'Alexandre...

La deuxième mi-temps est plus lente, moins aérée que la première. B. inscrit néanmoins deux essais supplémentaires qui portent le score à 38 points. « Formidable ! s'exclame Ferreri à la fin du match à l'adresse des personnes qui l'entourent. Je sens bien que nous sommes repartis sur de bonnes bases. » Et, sur ces paroles, invite « ses chers amis » à rejoindre la loge où les attendent petits-fours et champagne.

Alexandre boit une coupe puis une autre. Le sang lui bat les tempes. Il répond avec le plus d'empathie possible à un homme qui lui pose des questions sur le jeu, mais ne voit plus que Gabriella. Il a chaud. L'été joue les prolongations en ce mois de septembre et une chaleur lourde plombe la ville.

— Le problème, dit l'homme, c'est que les rugbymen sont de plus en plus costauds. Aura-t-on toujours de la place dans une équipe pour de jeunes lutins ?

Alexandre se force à sourire, arrache de lui les mots qui composent une réponse. Il boit une troisième coupe de champagne que lui tend son interlocuteur. Petit à petit, les joueurs arrivent, posent leur sac de sport à l'entrée de la loge et se mêlent aux partenaires et aux élus. Ferreri tape sur son verre pour faire le silence mais n'obtient aucun résultat. Il demande donc le micro baladeur et invite ses « chers amis » à se rendre à l'étage au-dessous, « dans une salle autrement vaste et pratique ». Les moutons aussitôt se mettent en route, riants et piaillants. L'interlocuteur d'Alexandre l'abandonne pour Brique. En descendant à l'étage inférieur, sans qu'il l'ait voulu, Alexandre se retrouve à côté de Gabriella dont il frôle le bras en passant. Elle se retourne. Ils échangent des sourires polis. Puis elle fond vers un angle de la pièce, entraînée par un agent de joueur, proche de Ferreri. Doudou, l'arcade ouverte durant le match, est maintenant affublé d'un pansement qui lui barre toute la partie droite du visage. Ferreri a repris le micro. Que dit-il ? Il parle à son homologue briviste, revient sur le match de l'après-midi. Alexandre, qui attaque sa quatrième coupe de champagne, regarde ailleurs et se désolidarise du discours présidentiel.

— Tu connais la dernière de Doudou, glisse Brique à l'oreille d'Alexandre ? Tout à l'heure, en plein match, il se tourne vers un gars hors jeu sur un regroupement et lui dit tout de go : « Oh, tu le sais toi qu'il n'y a pas que les bonbons qui font tomber les dents ?... »

Un fou rire généralisé aurait traversé l'équipe. Même l'arbitre aurait ri. Lacaze, en revanche, était furieux à l'idée qu'il puisse déconcentrer ses partenaires. Mais le secret de calmer Doudou, venu de Toulon il y a deux ans et porteur de tout le folklore provençal ? Alexandre, dès qu'il le peut et comme mû par un réflexe incontrôlable, jette un œil vers Gabriella : la peau brune, le nez aigu, la bouche si parfaitement dessinée, le bleu des cernes sous les yeux... « Je suis ridicule, songe-t-il. Déjà ivre et parfaitement ridicule... » Nicolas se rapproche de lui. Émilie, son amie, vient de le rejoindre, accompagnée de Clara, la compagne d'Éric. Ils se rapprochent des autres qui boivent des bières à l'écart des partenaires et des dirigeants. « Gros cochon » et « Bœuf » passent commande. « Gros cochon » ? « Bœuf » ? Ce sont les surnoms donnés à Arnaud et Marco, pilier et deuxième ligne de leur état.

— Tu veux une bière, demande « Bœuf » à Alexandre ?

Il montre sa coupe de champagne.

— T'emmerde pas, dit-il. Tu fais le VIP…

Brique commande à boire.

— C'est peut-être suffisant, comme ça, non ? s'inquiète Clara à l'endroit d'Éric qui ingurgite là sa troisième bière.

— Tu connais la repartie de Kessel, dit Brique : « L'alcool, c'est du petit-lait pour les lions. »

— Tu connais Kessel, toi ? s'étonne Clara.

— C'est Alexandre qui me l'a fait découvrir…

— Hé qué ! surgit Doudou, parce que tu crois qu'il dort, Brique !

— Doudou tu nous fatigues avec tes hé qué ! intervient Éric.

Clara regarde Alexandre avec attention. Un homme survient qui embrasse Brique et Doudou en de chaudes effusions.

— Tu connais le gros de la troupe ? dit Doudou en montrant « Bœuf », d'un regard goguenard.

« Bœuf », qui n'a pas vu le regard de Doudou porté sur lui, ne comprend pas. Les autres rient. Un peu strict dans un costume de bonne coupe, l'homme dénote au regard de la chaleur qui imprègne le lieu, de la relative désinvolture manifestée par les dirigeants et les partenaires.

— Mon ami, dit Doudou en montrant la calvitie débutante de l'homme qu'il tient par l'épaule, a une tête qui ne lui sert qu'à se peigner…

De nouveaux sourires se lèvent sur les visages. L'homme réagit en riant. Clara se tourne vers Éric.

— Il est toujours comme ça ? demande-t-elle en parlant de Doudou.

— Toujours, dit Brique. Un vrai dingo de Toulonnais !

— Il sait qu'il nous fait rire, alors il en rajoute, dit Éric. Mais il est beaucoup plus profond qu'il n'en a l'air.

— Je l'espère pour lui.

— Il ne te fait pas rire ?

Clara lève les yeux au ciel.

— Cinq minutes peut-être...

— Tu as tort, dit Éric. Toute la drôlerie est dans le comique de répétition. Quelqu'un dit : hé qué ! Personne ne fait attention. Mais si ce quelqu'un le répète cent fois en une heure, tu lui sautes dessus ou tu éclates de rire. Et Doudou il a pigé ça.

— Superbe découverte, sourit Clara.

Ils boivent en silence. Doudou allume une cigarette.

— Tu fumes ?

— Les soirs de match, comme ça...

— Qui est le bonhomme, à côté de toi ?

— Raoul ? Tu ne connais pas Raoul ? Un seigneur ! Brindezingue, capable de boire des tonneaux, mais bourré de thunes... Il vend des tapisseries d'Aubusson, des choses comme ça... On va lui demander de nous offrir le champagne...

— Chez lui ?

— Bien sûr.

*

Que fait Gabriella, à cette heure, en compagnie d'un couple beaucoup plus âgé qu'elle – des amis de Michel qu'elle ne connaît pas –, à boire du champagne et à égrener des banalités dans ce bar où se retrouvent, après chaque rencontre, les joueurs de rugby ? L'homme la drague de façon ostensible. Il a un poste haut placé dans une entreprise de communication dont il se rengorge. Sûr de lui, arrogant, il monopolise la parole. Michel lui a conseillé de rester avec eux. Drôle d'idée. Elle attend que Léa, qui avait une course à faire, vienne la rejoindre. Léa comptait voir Théo, mais celui-ci jouait cet après-midi avec l'équipe espoir qui se déplaçait à Toulouse. Elle espère l'apercevoir à son retour.

Dix fois, depuis tout à l'heure, Gabriella a senti posé sur elle avec insistance et timidité le regard de ce jeune gars de l'équipe qui l'émeut, peut-être parce qu'il semble étrangement esseulé parmi les autres. Alexandre, c'est cela ? Elle n'a pas le temps de s'appesantir tellement son voisin de table cherche une nouvelle fois à capter son attention.

— Vous n'êtes pas d'accord ?

De quoi parle-t-il ? De qui ? Heureusement, Léa pénètre au même moment dans l'établissement et fait diversion.

*

Il est vingt-deux heures quand Doudou, Brique et Alexandre retrouvent Éric et les autres au Glacier. Le bar est toujours plein. Où étaient-ils passés pendant tout ce temps ? Deux heures au bas mot que les autres joueurs ont perdu leur trace. Ils sont ivres et cela se voit : au regard un peu vague qu'ils promènent sur les choses et les êtres, aux yeux rougis, à la bouche que l'on dirait pâteuse, au débit des mots beaucoup plus lent. Les autres rient de les voir dans cet état. Comme souvent en pareil cas, Alexandre « philosophe » selon l'expression de Doudou. Le monde à son aune n'est jamais assez bien fait, la vie assez drôle. Le paradoxe veut qu'il place sur tout une chape de noirceur à désespérer ses amis. L'alcool le rend triste. Seul Éric semble suivre de manière générale son cheminement de pensée et l'accompagner dans son délire.

— Qui était ce mec chez qui vous êtes allé ? demande Éric.

— Raoul, un copain de Doudou et de Brique... Un fou !

— Il nous a montré des livres, s'amuse Brique.

— Des photos érotiques, dit Alexandre à l'adresse d'Éric, corps mélangés, enchevêtrés, superposés... Mais superbes.

— D'où les tenait-il ?

— D'un bordel toulousain a... avant guerre. Que des amateurs, prétendait-il, pas une pute. Des gens de la rue. Comme si le café... Les gens du café... Ce soir... faisaient une géante partouze.

Alexandre a du mal à parler. L'abus d'alcool mais pas seulement.

— L'Apocalypse revue par un fou...

Il commande à boire.

— Arrête, suggère Éric, tu vas être malade.

— La nausée est déjà là, dit-il. Pas physique, non, ce serait trop simple : métaphysique... Je vois cette fille-là et j'ai mal à l'âme. Tu comprends ça ?

Cabot, théâtral, il s'invente un rôle.

— Je comprends surtout que tu es bourré, dit Doudou qui revient vers eux.

— Quelle fille, demande Éric ?

— Gabriella, la pute du président...

— Tu es fou ! s'indigne Éric !

— Pourquoi fou ?

— Parce qu'elle est intouchable...

Alexandre tourne à nouveau les yeux vers la salle et tombe sur le visage de Gabriella, assise à la grande table où l'accompagnent maintenant une dizaine de personnes.

— Putain, qu'elle est belle !

— Elle te regarde, dit Éric...

Alexandre est fasciné par l'éclat lumineux de ses yeux. Il finit par passer commande. Pourquoi Gabriella le fascine-t-elle et l'énerve-t-elle tout à la fois ?

— Tu voudrais qu'elle soit avec toi, dit Éric. En fait, dans ta soûlerie, tu ne supportes pas qu'elle soit avec d'autres...

— Simpliste, mais pas faux, répond Alexandre dont les idées pourtant ne sont plus très claires.

Au même moment, un brouhaha se forme.

— S'il vous plaît ! crie soudainement Brique en fendant la foule, le visage nimbé de fierté, s'il vous plaît, nous avons retrouvé Brassens...

Rieur, cabotin, Brique montre, comme on salue, un homme d'une cinquantaine d'années, que tient Max. L'homme, ivre lui aussi, a du mal à soutenir le regard des autres. Clara a envie de partir. Pourquoi est-elle venue ? Elle ne connaît rien au rugby et ces soirées entre hommes auxquelles elle a déjà participé à quelques reprises (comme elle était amoureuse d'Éric alors !) l'insupportent désormais comme une faute de goût. N'étaient quelques paroles échangées ici ou là, tout lui semble vulgaire, comique, décalé. Brique entraîne un petit groupe de joueurs après lui dans l'arrière-salle.

Alexandre observe toujours Gabriella. Que pense-t-elle de tout ce cirque ? Il y a quelques mois, au sortir d'une soirée semblable, ses copains et lui s'étaient promenés dans la nuit de B. Il ne pleuvait pas mais le ciel très noir au-dessus de leur tête laissait présager la tempête. Ils s'étaient arrêtés devant la vitrine d'un magasin. Une douche de lumière crue tombait d'un néon et accentuait l'atmosphère un peu louche, étouffée, où les plongeait une nuit sans lune. Ils riaient, éternellement portés par la joie d'être ensemble.

— Vous savez ce qui me plairait, avait dit Doudou ? C'est qu'on loue un immeuble et qu'on vive tous dedans… On aurait chacun son appart ! Mais on partagerait tout…

— Tu es un grand romantique, s'était moqué Éric.

C'était une belle nuit d'automne que la pluie seulement menaçait. Soudain, un groupe d'hommes, comme sortis de la brume, avait été sur eux. C'étaient des jeunes comme eux, mais leurs intentions ne prêtaient guère à confusion. Ils voulaient se battre à l'aide de couteaux.

— Ça va, avait dit Éric ! On va pas se filer…

Il n'avait pas eu le temps de finir sa phrase. Le poing de Doudou s'était écrasé sur la tête du premier des belligérants qui avait reculé d'un mètre en arrière, comme on le voit faire aux acteurs, dans les films, sous l'effet d'une balle. Dans le même temps, avec une précipitation aussi soudaine, Arnaud allumait deux types d'un coup de tête et d'un coup de poing, qu'il laissa sur le carreau. Sommés de réagir, Alexandre, Éric et Nicolas s'étaient jetés dans la bataille avec une rage que décuplait la peur. Mais le combat en question s'était avéré beaucoup plus léger qu'ils ne l'avaient subodoré au préalable. En trois coups de poings et quelques cris, l'affaire fut même entendue. Étonnés par la virulence des rugbymen, le groupe des visiteurs reculait, quand ils ne tombaient pas comme des mouches sous les coups répétés de Doudou et d'Arnaud. Alexandre était admiratif de leur courage et de leur force. Lui, quand il frappait, il avait l'impression de ne toucher personne et, quand il parvenait à ajuster sa cible, l'idée lui venait que l'autre ne ressentait rien, qu'il frappait à blanc, ou pis : dans du coton.

— Arrêtez, avait crié un de membres du groupe, arrêtez…

Les gars étaient partis en courant, impressionnés, pantelants. L'un avait perdu sa chaussure. Les cinq copains riaient sans pouvoir se retenir. Des gens hurlaient aux fenêtres voisines. Il était tard… Et tout ce bruit… Doudou s'excusait. Ils s'étaient arrêtés sur un banc, au centre d'une place mal éclairée.

— Vous voulez que je vous dise, avait dit Doudou, cet immeuble je pourrais le dessiner tellement j'en ai rêvé…

— T'es trop fort, avait dit Nicolas. On vient de se bastonner avec des types armés de couteau… J'en tremble encore, je vais en rêver pendant des mois, en parler pendant des années et, toi, tu es déjà passé à autre chose…

Ils riaient. Les premières gouttes de pluie s'étaient fait sentir.

— Va falloir rentrer, avait dit Éric, comme la pluie, déjà, redoublait.

— On est bien, avait répondu Doudou, attendons encore un peu…

Ils s'étaient tus et leur silence avait quelque chose de religieux.

— Tu sais quoi ? avait dit Doudou. On doit tous être un peu pédés pour être aussi bien ensemble…

Alexandre et Éric avaient éclaté de rire.

— Pédé ? avait dit Nicolas. Tu veux dire homosexuel ?

— Pédé, pédé, disait Arnaud.

Doudou tapait sur l'épaule de Nicolas, l'embrassait sur la joue.

Alexandre revoit son regard perdu sur les flaques d'eau de la place de l'église où la pluie tombait dans un crépitement d'élytres. La tête lui tourne. Il a envie de se battre. Il a beaucoup trop bu. Dans la glace en face de lui, derrière le bar, il aperçoit toujours le profil de Gabriella. À une ou deux reprises, il a vu les yeux de la jeune fille regarder dans sa direction. « Je veux savoir, dit-il pour lui-même. Faire la lumière sur tout ça. » Il se lève du tabouret sur lequel il s'est assis, se concentre deux secondes et fond sur elle.

— Je voudrais vous parler, dit-il.

Elle le regarde étonnée. Les gens autour d'elle semblent gênés.

— J'en ai pour deux secondes.

Elle sourit.

— Je vous écoute…

— Je voudrais vous parler à part.

— Écoutez, dit-elle, je suis avec des amis et…

— Tu as bu, Vrac ! dit un homme sur sa gauche, dont Alexandre pense qu'il est partenaire du club. Ça se voit… Tu ne t'en rends pas compte, mais là tu nous déranges…

Des gloussements se font entendre. Des gloussements ? C'est du moins l'interprétation qu'en fait Alexandre.

— Toi, je t'emmerde, dit-il alors. C'est à elle que je parle…

La réplique fuse, surprenante :

— Dans ces conditions, « elle » aussi vous emmerde, dit Gabriella.

Alexandre manque de renverser la table où reposent leurs consommations mais n'en fait rien. Il prend une ample respiration et repart, malgré les sourires qui se lèvent autour de la table et décuplent sa fureur. Dans le bar, personne n'a rien vu, rien entendu et la vie continue comme de si rien n'était.

— Qu'est-ce que tu lui as dit, demande Doudou ?

Alexandre a du mal à marcher, à parler. Il est sur ce versant de l'ivresse où le moindre geste demande une énergie considérable. Il s'aperçoit derrière la glace du bar et son regard lui fait peur. Un visage déformé, creusé par la fatigue, d'une pâleur maladive. Qu'est-ce qui lui plaît tant chez cette fille ? Son visage ? La lumière de son regard ? Cette certitude où il est maintenant de l'avoir toujours connue ? Cette lumière qui lui parle tout à la fois d'énergie et de tendresse, de chaleur et de passion. Il commande un autre whisky. Les autres ne veulent plus rien. Il s'en fout. Plus rien au monde ne compte que les yeux de Gabriella. Il évite de tomber du tabouret, en perte d'équilibre.

— Rien ne compte plus que la lumière dans les yeux de Gabriella, dit-il à Éric.

Éric sourit.

— N'exagère rien, dit-il. Elle est jolie, c'est vrai. Elle a du charme, comme dit ma grand-mère, mais ce n'est quand même pas...

Il ne finit pas sa phrase. Entre-temps, les gens assis à la table se sont levés et Gabriella passe devant eux, si proche qu'Alexandre pourrait la toucher.

— J'étais en train de dire que plus rien au monde ne comptait que la lumière que j'ai lue dans votre regard...

Elle semble surprise qu'il l'aborde de nouveau et comme apeurée. L'a-t-elle seulement entendue ? Ses paroles étaient-elles seulement audibles ? Il se lève et la saisit par le bras. Elle se retire de son emprise d'un mouvement sec. Il revient à la charge.

— Fous le camp, imbécile, dit-elle dans un mouvement de recul et de peur mêlés...

Il se raidit, meurtri et comme dessoûlé.

— Tu me traites d'imbécile ? Toi ? Toi, la grosse salope qui se fait entretenir par le président, tu me traites d'imbécile ? Tu te prostitues pour un peu de gloire sociale et tu me traites d'imbécile ?

La gifle est partie sans qu'il n'ait rien vu venir. Elle l'a armée de toutes ses forces et sa main a frappé sa joue avec une violence dont elle se serait crue incapable. Il encaisse le coup sans broncher ni chercher à se rendre. Il l'insulte simplement. Il l'insulte de nouveau. Avec une férocité mauvaise. Doudou et Éric veulent le faire taire, le calmer. Il bouscule un gars qui veut prendre la défense de Gabriella. Elle le regarde encore et de la peur se lit maintenant dans son regard. La colère d'Alexandre est froide mais les mots qu'il emploie sont d'une férocité extrême. Un type, à côté de Gabriella, lui décoche un coup de poing. Doudou retient Alexandre et l'empêche de répondre. Les femmes hurlent.

— Débile, crie un gars. Pauvre mec !

Le petit groupe fond dans la nuit.

— T'es jobard ! dit Éric. Pourquoi tu lui as dit des choses pareilles ? T'es vraiment le dernier des beaufs quand tu t'y mets…

Qu'a-t-il dit ? Il ne le sait même plus. Il se souvient de la première phrase, mais plus du reste.

— T'es vraiment con… dit Patoune.

Si eux aussi le disent. Ils se désolidarisent de lui physiquement, prenant leur verre et s'écartant sur la droite.

— T'es cuit, dit le barman. Casse-toi !

Il se lève avec peine de son tabouret. La colère en lui est retombée et il se sent abattu, ridicule. Heureusement il a sommeil et va sombrer sitôt rentré au centre. Il se persuade de ça, toise les autres du regard, jette un billet de cinquante euros sur le zinc et sort du café.

10

Raoul, l'ami de Brique et de Doudou, montre les photos à Alexandre. Des corps nus, enchevêtrés qui copulent et soudain s'animent. Une femme aux seins lourds chevauche un jeune homme qui est, en vérité, le trois-quarts centre de l'équipe de Brive entrevu hier. Que fait-il sur ce cliché pris en 1913 dans un bordel de Toulouse ? Raoul se marre. « Vie antérieure, dit-il. » Une fille, sur une autre photo, boude, comme on le dit d'un enfant, tandis qu'une partouze géante prend corps autour d'elle. Pourquoi est-elle triste ? Alexandre voudrait lui parler, comprendre. Mais une érection le tient et il ne peut décemment pas aller la voir dans ces conditions. « Écrivez-lui ! », dit Raoul. Lui écrire ? Si ce n'était le mal à la tête qui lui brise le crâne, peut-être pourrait-il plus simplement entrer dans la photo, rejoindre la fille. D'où vient que les esseulés l'attirent ? La fille n'est pas belle, mais elle l'émeut. Comment s'appelle-t-elle ?

Des cris montent dans le couloir. Des cris ? À la violence des battements de son cœur, Alexandre comprend qu'il s'éveille. Ce sont les joueurs du centre qui rentrent de l'entraînement. « Oh, non ! », dit-il dans un râle. Le cœur au bord des lèvres, le crâne harassé de coups de marteaux, le corps replié sous l'effet de la peur qui le gouverne, il repousse quelques secondes encore les évidences qui dérivent vers lui. Hier soir… Gabriella… Le scandale du Glacier… Il ferme les yeux et crispe les paupières. Compter jusqu'à cinq. De la main, à tâtons, il cherche son portable sur la table de nuit, fait tomber un livre, une boîte, un verre… Le portable est là, fidèle ! Nom de Dieu, sursaute-t-il, il est presque midi. Il a raté l'entraînement du matin réservé aux remplaçants et à ceux qui ne jouaient pas le match de la veille. Les autres, le dimanche matin, sont au centre de thalasso, en séance de récupération. À quelle heure est-il rentré ?

Il se lève avec difficulté. La tête lui cogne avec une âpreté redoutable. Pas de textos sur son portable ni de messages sur son ordinateur. Il se dirige vers la salle de bains, pour y dénicher un tube d'aspirine qu'il ne trouve pas. Il tergiverse un moment en proie à des sentiments contraires, où la honte se heurte à la colère. Il chauffe sa mauvaise humeur contre cette repartie qu'il a cru entendre : « Tu es cuit, casse-toi ! » La phrase fut-elle réellement prononcée ? Si tel est le cas, comment a-t-il pu se laisser insulter ? Mais, aussitôt, la question lui revient insidieuse : qu'ai-je dit à Gabriella ? Qu'ai-je fait ? De mémoire – mais la mémoire lui manque, justement –, Éric et Patoune lui ont reproché ses paroles. Doudou pourrait l'éclairer. Il en faut beaucoup pour ébranler Doudou. Des aigreurs lui labourent l'œsophage et la force même de rester debout lui manque. Se rasseoir ? Se recoucher ? Il projette de se doucher et se jette sans réfléchir sous la douche où coule une eau froide qui le fait tressaillir. Le dégrisement est brutal et la honte bientôt le submerge. Les choses lui reviennent par bribes, par flashs. Comment est-ce possible ? Comment un homme d'apparence sain de corps et d'esprit peut-il en venir à se comporter de la sorte ? Pourquoi avoir insulté cette fille qui lui plaît et dont il aurait pu – il ne le sait que trop – tomber amoureux ? Quel démon en lui le fait-il agir de la sorte ? Il s'assied sur son lit, ruisselant, les tempes oppressées, le cœur sur les lèvres. Sa vie est un gâchis dont il mesure à l'instant la portée dévastatrice. Et cette nouvelle façon qu'il a de boire ! Pourquoi boit-il ? La tête lui tourne mais tente quand même de percer le secret de l'ivresse ! Puise-t-il dans ses soirées arrosées une manière de réconfort ? L'idée en lui fait son chemin d'une personnalité double, vaguement schizophrène, que l'alcool assigne au courage, ramène à plus de confiance. L'être qu'il voudrait devenir, l'être idéal selon ses rêves, puise dans la chaleur de l'alcool des raisons d'exister. Une sérénité l'habite, tandis que se tait lentement la peur des autres. Alexandre relève la tête, entend le martèlement de la pluie au-dehors qui frappe les fenêtres de sa chambre. Des clichés, bien sûr. Des évidences. Et, tapies derrière tout ça, la lâcheté et la peur ! Je suis un pauvre type, démuni, incapable. Au moins le reconnaître. Avoir au moins ce courage-là.

Il regarde l'heure et se dirige vers le coin cuisine. Le réfrigérateur est vide ou peu s'en faut. Il déniche des œufs au fond du deuxième casier, qu'il fait machinalement cuire dans une poêle. Il n'a pas faim pourtant. Mais c'est l'heure ! L'heure de quoi ? De déjeuner ? Sa tête explose sous les coups de boutoir de cette bête inconnue qui lui vrille les tempes, pèse d'un poids inouï sur le haut de son crâne. Il ne boira plus, jamais ! Il en fait serment. Serment d'ivrogne.

Et puis non, une révolte le tient. Un sergent-chef, en lui, le somme de se ressaisir, de se reprendre. « Sois un homme, nom de Dieu ! » Presque tremblant, il appelle Doudou, qui ne répond pas. Il doit être au centre de thalasso.

Il songe alors à appeler le préparateur physique pour s'excuser de son absence et prendre le pouls de la situation. Justement, « Le bon Ded » – c'est le surnom dont l'équipe l'affuble – répond.

— Yves, c'est Vrac ! Je voulais m'excuser pour ce matin. J'ai trop bu hier soir et…

— J'ai appris ça, dit « le bon Ded » laconique.
— Me suis pas réveillé…
— Sois là demain à dix heures.
— Je te dérange ?
— Non, non, pas du tout…
— C'était juste pour savoir… Les autres n'ont rien dit ?
— Les autres ?
— Les copains… Les dirigeants…
— À quel sujet ?
— Sur moi ?
— Tu t'es engueulé avec la maîtresse du président, c'est ça ?

Alexandre acquiesce d'un borborygme.

— Politiquement, bien sûr, je ne jurerais pas que ce soit une bonne affaire…
— Qu'est-ce que tu veux dire ?
— Le président risque de mal le prendre…

Que répondre à ça ? Se taire. Se taire et assumer. Quand il raccroche, la tête lui fait toujours mal et l'on frappe à sa porte. Il enfile un short à la hâte. Un copain ? Mme Pelletier se tient sur le seuil du studio, encadrée par deux hommes. Une gêne lui ombre le regard.

— Ces messieurs sont des gendarmes, dit-elle. Ils souhaitent vous voir.

Alexandre n'est pas prêt à ça : la cuite qui lui ronge la cervelle, la culpabilité et maintenant les gendarmes ! Qu'a-t-il fait ? Il sent une fragilité s'installer en lui, les jambes ramollir et même, oui, comme le veut l'expression populaire, le sang se vider de son corps. Alors, plus pâle encore qu'au lever, il prend appui contre le mur d'entrée.

— Des… Des gendarmes ?
— Une histoire de plainte, dit-elle. Vous avez embouti une voiture hier soir ?

La tête lui tourne.

— Excusez-nous, Madame, dit le plus grand des deux hommes. Vous permettez ?

Il demande à pouvoir rentrer. Alexandre opine de la tête.

— Vous êtes propriétaire de la Mégane CL766 MK ?

Il semble réfléchir.

— C'est possible, dit-il, je ne connais pas bien mon numéro de plaque...

— Vous avez une carte grise ?

— Certainement !

Il cherche fébrilement dans un tiroir d'une commode, ne trouve pas. Les quatre yeux l'observent : fouineurs, suspicieux. Une ride au milieu du front leur confère un air revêche. Est-ce joué, voulu, ou n'est-ce que le reflet d'un caractère ?

— Dans la voiture, dit-il. Je vais la chercher...

— Pas la peine, dit le plus petit. Que faisiez-vous cette nuit ?

— Cette nuit ?

Un filet de transpiration lui coule sur les tempes. Les yeux injectés de sang, l'haleine chargée, le teint pâle, une barbe de deux jours lui mangeant le visage, Alexandre fait sale impression.

— Que cherchez-vous ? demande-t-il comme on fait diversion.

— Maître Valentin, avocat à la cour, vous accuse d'avoir enfoncé sa voiture cette nuit au cours d'une manœuvre irrégulière.

— Sa voiture ? Maître Valentin ?

— Vous le connaissez ?

— Non.

— Vous aviez bu ?

— Hier soir ?

Le plus petit des deux flics se frotte la tête.

— Vous ne voulez pas arrêter de répondre à mes questions par d'autres questions ?

— On a bu quelques bières après le match, avec les joueurs et dirigeants du club… On a dîné… Mais rien qui mérite…

— Vous finissez souvent vos dîners à deux heures dix du matin ?

Alexandre a le regard fuyant. Il paierait pour échapper à cet interrogatoire, au terrorisme de ces deux flics qui l'observent maintenant comme ils le feraient d'un assassin.

— Deux heures dix ?

Le flic approuve d'un mouvement du menton. Que fait-il dans le civil, le flic ? A-t-il une femme, des enfants ? Lui arrive-t-il de sourire, de rire, de pleurer ? Manifeste-t-il en telle ou telle occasion un semblant d'humanité ?

— On a discuté entre joueurs. On a bu une dernière bière au Gla…

Surtout ne pas parler du Glacier. Ne rien dire qui puisse accréditer la thèse d'une beuverie.

— Et donc, reprend le plus petit des flics, vous ne vous souvenez pas d'avoir enfoncé la voiture de quiconque à deux heures dix du matin ?

— Non.

Les deux flics s'observent.

— On peut voir votre voiture, dit le plus grand ?

Tendu, crêté, presque tremblant, Alexandre chausse des tennis qu'il enfile sans chaussettes et s'apprête à sortir.

— Vous comptez descendre comme ça ? suggère le plus petit des condés.

Il montre le temps au-dehors, la pluie qui tombe en rafale.

— Merde, dit Alexandre qui cherche un K-way dans son sac de sports.

Un déluge s'abat sur la ville.

— Les premières pluies de septembre, dit Mme Pelletier qui les retrouve dans le hall d'entrée du centre.

La pluie est bienvenue, qui autorise Alexandre à tâtonner un instant sur le pas de la porte. Il ne sait plus où sa voiture est garée. Il la retrouve dans le premier parking du centre, là où il espérait l'avoir laissée. Aucune trace apparente de choc ne semble endommager la carrosserie du véhicule. Les flics que cette visite exaspère tournent autour de la Renault en maugréant. Ils sont trempés comme des linges. Les cheveux du plus grand plaqués contre le crâne laissent percevoir le début d'une calvitie que la masse flottante des cheveux cache en temps ordinaire.

— Et ça, dit-il en montrant une trace de peinture rouge sur le pare-chocs arrière ?

— Ça, s'inquiète Alexandre ?

L'aile arrière droite aussi est froissée.

— Un vieux choc ! dit-il.

— Un vieux choc et il n'y a pas de trace de rouille ?

— Une semaine... Au parking du stade, après l'entraînement... J'ai reculé et...

— Ça va comme ça, dit le plus petit, sur un ton de morgue et d'ennui.

Alexandre pressent la suite.

— Quand on est rugbyman, on se croit tout permis, pas vrai ? On vous a pourtant à l'œil les rugbymen, je vous le promets. Et les consignes viennent d'en haut, si vous voyez ce que je veux dire...

Que veulent-ils dire ? On prétend depuis quelque temps que Michel Ferreri aurait maille à partir avec la police. Serait-ce vrai ? Ils ne lui laissent pas le temps de parler.

— Vous réfutez donc avoir endommagé, cette nuit, une voiture à l'arrêt ?

— Si tel fut le cas, assure Alexandre sans aplomb, je ne me suis rendu compte de rien. Peut-être qu'en reculant… Mais en aucun cas je n'ai enfoncé la carrosserie d'une automobile au point…

— Au point ?

— Au point… De… de mériter votre visite…

La pluie tombe en diagonale qui inonde les vêtements et complique tout. Les flics se regardent.

— Ça va, dit le plus petit. On vous recontactera…

Le plus grand des deux toise Alexandre du regard quelques secondes, comme s'il cherchait à le diminuer, à le réduire à rien.

— Pourquoi les soupçons se portent-ils sur moi, dit Alexandre tout à trac ?

— Parce que maître Valentin a relevé votre plaque d'immatriculation, après avoir entendu un grand choc. Parce que vous êtes resté dix minutes sans bouger, tous phares allumés, au milieu de la rue où fort heureusement il n'est passé personne…

Alexandre, anéanti, n'ose même pas les contredire. Les deux flics filent déjà récupérer leur voiture. Il ne se souvient de rien et une envie d'abandon, de fuite, le submerge. La pluie redouble de violence portée par un vent d'ouest qui prête au paysage des airs d'apocalypse.

— Ils n'ont que ça à foutre, dit Mme Pelletier qui semble l'attendre à l'entrée du hall. Ah, s'il ne s'était pas agi d'un avocat, ils n'auraient pas fait tout ce tapage, j'vous jure…

Alexandre est trempé et il a froid.

— Vous voulez boire quelque chose ? dit-elle. Un thé chaud ?

Il remercie d'un mouvement de la main et monte à l'étage, les jambes lourdes, l'estomac brouillé.

Là, il se change, se jette sur son lit et s'abandonne presque instantanément au sommeil. Quand il se réveille une heure plus tard, la pluie a cédé la place à un paysage brumeux, tremblé, que le vent a délaissé. Alexandre songe qu'il pourrait faire un footing dit de récupération – ce qui serait le plus sûr moyen de se refaire une santé physique et morale. La seule chose qui puisse le remettre d'aplomb. Alors, sans plus attendre, il prend un tee-shirt sur une étagère, enfile un short un peu plus sec que le précédent, des chaussettes et sort dans la brume de ce début d'après-midi. Les flics le recontacteront. S'il faut payer, il paiera. Mais il n'est même pas sûr d'être responsable. Pas sûr ? Il ne se rappelle rien et songe à Jean Dauger, cet ancien très grand trois-quarts centre qui disait au seuil de sa vie : « Je n'ai plus de mémoire, je n'ai que des souvenirs. » Jolie formule. Quelques jeunes joueurs arpentent le centre, mais ils sont peu nombreux un dimanche. Alexandre passe d'un terrain à l'autre et file le long des berges du petit ruisseau qui court autour de la partie sud de la ville. La tête lui cogne toujours, mais le corps est dans son élément et recouvre presque aussitôt un rythme naturel. Le mal de tête ne disparaît pas totalement, mais cette course se révèle vite être le bol d'oxygène qu'il appelait de ses vœux. Il court sans s'arrêter, une heure et quart, sur un rythme lent, et rentre se doucher. Au vrai, c'est un autre homme ! N'était la culpabilité qui le tient toujours (quelle image de lui a-t-il dû donner ?), il se sentirait presque bien. C'est à ce moment-là que le téléphone retentit.

— C'est Doudou, tu m'as appelé ?

— Ouais, tout à l'heure... Voulais savoir où en étaient les choses...

— Les choses ?

— Les commentaires... Sur moi... Après l'incident d'hier...

— L'incident ? Qué incident ? rit Doudou. On va pas faire un fromage parce que t'as soufflé dans les bronches de cette frangine... Oh ! Tu l'as vexée, ma parole !

— Vraiment ?

— Et vouais ! Ça fait pas plaisir aux filles quand on les traite de nymphomane à la solde du pouvoir… Où tu vas trouver tout ça, à trois grammes…

— Je l'ai traité de…

— Vouais, minot ! Sans rire… Éric, il était vert, peuchère… Je croyais qu'il n'y avait que les Toulonnais capables de se comporter de la sorte…

— Ne te fous pas de moi.

— Hé qué, c'est pas grave… De toute façon, c'est dit, alors…

— Tu imagines la gueule du président ?

— On s'en cague du président…

Doudou éclate de rire et son rire est une bénédiction pour Alexandre.

— La bise, dit Doudou. À domani… Je rentre pas au centre… Une visite… Un cœur en détresse…

— Je la connais ?

— Secret défense !

— Mariée alors ?

— Un peu…

— Embrasse-la quand même pour moi…

Alexandre aime bien Doudou. Ils sont si différents et si proches à la fois. Son appel l'a rasséréné. Pour un peu – le footing, l'appel de Doudou – la vie retrouverait des teintes acceptables. Sauf qu'il devra écrire à Gabriella, faute de savoir où la joindre. Écrire pour s'excuser, dire que tout cela, bien sûr, a totalement dépassé sa pensée… Il pense à lui faire envoyer des fleurs. Mais à quelle adresse ? Il repense à cette repartie que l'on attribue à Pierre Brasseur, lequel, ivre mort, aurait vomi, un soir, dans la maison d'une dame et lui aurait fait parvenir, dès le lendemain, un bouquet de fleurs avec ce petit mot d'accompagnement : « Les gerbes se suivent et ne se ressemblent pas. » Alexandre paierait pour trouver une formule semblable.

Qui saurait-il lui indiquer l'adresse de Gabriella ? Il pense à Thierry, le secrétaire du club et l'appelle aussitôt.

— Je me suis mal comporté, hier, avec une jeune fille prénommée Gabriella qui serait, dit-on, la maîtresse du président. Je voudrais lui envoyer un mot, des fleurs... Vous sauriez où me récupérer l'adresse ?

— Je crois qu'elle vit au Plateau, dit Thierry. Je ne le jurerais pas, bien sûr, mais j'ai cru comprendre que le président l'avait installée là-bas, où elle peint, paraît-il...

— Elle est peintre ?

— C'est ce que l'on dit.

Alexandre n'a plus qu'à attendre. Il s'assied, prend une feuille, un stylo, commence à écrire, déchire, recommence, se lève, prend un livre sur une étagère, cherche dans la littérature d'autrui de quoi nourrir son inspiration. Les mots, la petite musique des mots... Au bout d'un petit quart d'heure de tâtonnements, l'étudiant en lettres se jette à l'eau :

« *Mademoiselle* ». Il barre « mademoiselle » qui lui semble pompeux et prend une autre feuille. Il songe à écrire « Gabriella », mais la familiarité que cela suppose l'incite à ne rien mettre, à commencer sa lettre au galop. Se ravise. Un « bonjour » fera l'affaire.

« *Bonjour,*

Je ne sais ce qui m'a pris, hier soir, lorsqu'en état d'ivresse je me suis mis à vous insulter. Rien ne justifie cela et mon comportement est inacceptable. La gifle que vous m'avez assénée n'a fait que décupler la colère qui était en moi, dont vous avez été la victime, mais qui en réalité m'était adressée. C'est à moi que j'en voulais et à moi seulement. Je ne bois pas en temps ordinaire et je n'insulte personne. Je suis donc profondément navré de m'être comporté de la sorte.

Je crois me souvenir vous avoir dit, en passant, être fasciné par la lumière qui se dégageait de votre regard.

Avez-vous entendu cette phrase ? L'avez-vous mal interprétée ? Elle était pourtant sincère. Cela fait plusieurs jours que je vous vois, que je vous observe et j'avoue – mais comment dire cela, dans ces conditions, sans être parfaitement ridicule ? – être subjugué par l'animation de votre visage.

Cela n'explique pas mon comportement. Je paierais aujourd'hui pour n'avoir rien dit et souhaite seulement ne pas vous avoir meurtri.

Bien sincèrement

Alexandre Vrac »

Alexandre plie la lettre et la glisse dans une enveloppe.

— J'ai trouvé l'adresse du Plateau, lui dira Thierry un peu plus tard. C'est chemin du Mont-de-Lhios. Pas de numéro. C'est sur les hauteurs, tu sais, après le virage qui va vers Vire… En revanche, je ne connais pas le nom de la fille…

Alexandre n'hésite pas. Il prend sa voiture et file en ville où il connaît un fleuriste ouvert le dimanche. Là il achète un superbe bouquet de roses rouges et entreprend de se rendre au Plateau. Ce n'est pas si difficile. À cette heure, la route sommeille. La pluie a cessé et il ne croise que deux voitures au passage desquelles, sur cette route étroite, les vitres de sa Renault semblent froisser de l'air. Comment va-t-elle prendre son mot ? Et si c'est Ferreri qui découvre les fleurs, le mot ? Où va-t-il d'ailleurs les laisser, les fleurs, le mot ? Il ne va tout de même pas sonner. Il est fébrile. Le ciel gris du matin hésite sur la pente de l'après-midi. Quand il devine la maison, il saute très vite, sans réfléchir, la petite barrière de bois qui clôt la maison et se faufile comme un voleur le long du jardin détrempé. Il tend l'oreille. Aucun bruit ne vient de l'intérieur. Il pose délicatement le bouquet et la lettre sur le pas de la porte et fuit aussi vite qu'il est entré.

Quelle sera sa réaction ? Il revoit le visage de Gabriella, hier soir, avec une netteté que l'ivresse n'a pas déroutée. Et si elle déchirait sa lettre, jetait ses fleurs à la poubelle ? « Si c'est le cas, se dit-il, tu ne le sauras jamais. »

Il préfère à l'instant imaginer une autre version des choses. Elle sourit en lisant sa lettre et place les fleurs dans un grand vase. Il la voit réaliser ses gestes. « Visualisez toujours le meilleur scénario », martèle justement « le bon Ded » en temps ordinaire. Le meilleur scénario voudrait alors qu'elle l'appelle : « J'ai compris… Je vous remercie… Nous pourrions peut-être nous rencontrer ? » Il pense à ce que pourrait lui dire Doudou en pareille circonstance : « Tu ne voudrais pas non plus qu'elle s'excuse ?… »

Il sourit encore. On dirait que la ville est suspendue dans le silence et l'oubli. Pas un froissement de l'air autour de lui, ou seulement minime, le vent du matin est définitivement tombé, qui préfigure d'autres changements. Pas de voiture non plus, ni d'ailleurs de passants dans cette partie un peu éloignée du centre de B. où il vient de garer sa Renault. La ville est décidément déserte. Elle est pourtant sûrement là, se dit-il. À quelques kilomètres à peine. « Elle respire le même air que le mien, marche sur la même terre. » Les cloches d'une église voisine sonnent cinq heures. Alexandre, qui ne tient pas à se montrer, fuit dans un cinéma de quartier où il sait ne devoir trouver, un dimanche après-midi, que des personnes âgées, des étudiants désœuvrés. Le cinéma n'est plus très loin. Le visage de Gabriella l'accompagne. Peut-être a-t-elle, à cette heure, découvert son mot ? Serait-il possible qu'elle quitte Ferreri ? Je suis devenu fou… Il faut se calmer, accepter d'attendre. Alexandre revoit son visage hier dans les tribunes du stade. Il aime son sourire et même cette façon, où passent de la timidité et de la morgue, de se taire et d'écouter.

Un visage habité, pense-t-il. C'est cela : un visage qui vibre de l'intérieur, rayonne d'une lumière venue du dedans. En fait-il trop ? Au cinéma, il se rencogne, se pelotonne sur son siège et tombe, très vite, dans une sorte de somnolence que Gabriella seule meuble de sa présence. Une onde de curiosité le traverse, une petite flamme chaude, qui est comme le reflet de l'amour…

11

Gabriella aperçoit son voisin. Il a le visage boudeur, indigné, crédule, du type qui s'emmerde dans une vie minuscule. Elle lui sourit sans le regarder. Quand le téléphone sonne, elle rentre à peine de son footing. Un type au bout du fil l'appelle de la part de son père. De son père ?

L'homme marque une hésitation. Il a la voix rauque, cassée du fumeur de longue date.

— La chose est difficile à dire, mais votre père me doit de l'argent. Une assez forte somme… Qu'il prétend ne pas pouvoir payer…

— Et alors ?

— Votre père n'est pas un ami, mais c'est tout comme. On se connaît depuis longtemps. Je n'ai pas envie qu'il lui arrive des bricoles. Or, cet argent… Comment dire ? Il a pensé que vous pourriez peut-être l'aider… Vous êtes devenue riche d'après ce que l'on sait…

— C'est ignoble ! C'est lui qui vous a suggéré ça ?

— Si l'on ne peut pas compter sur les gens que l'on aime…

Incrédule, furieuse, Gabriella ne sait plus si elle doit hurler, rire ou raccrocher. Elle transpire au sortir de sa course, essuie les larmes de sueur qui lui coulent le long des tempes et voudrait boxer cet imbécile qui la déstabilise.

— Écoutez, dit-elle, mon père ne s'est jamais occupé de moi, alors qu'il aille se faire foutre !

Et elle raccroche d'un geste sec, autoritaire, qu'elle regrette aussitôt. Était-elle obligée d'être vulgaire ? Ses reparties, souvent, la dépassent. Ainsi cette gifle qu'elle a assenée, hier soir, à ce joueur qui l'insultait.

Mais l'homme rappelle aussitôt.

— Vous ne devriez pas prendre aussi mal la chose. Votre père a sûrement commis des erreurs – qui n'en commet pas ? – mais son affection pour vous est intacte. Il me disait récemment encore combien il regrettait de ne plus vous revoir...

— Je vous en prie, le coupe-t-elle.

— Cinq mille euros. Il me doit cinq mille euros. Ce ne serait pas très grave si j'étais seul concerné. Mais cet argent je le dois à un homme qui n'est pas du genre à attendre si vous voyez ce que je veux dire... Et qui cherchera à se faire payer par tous les moyens.

Il marque un silence, sûr de son effet.

— Voilà, vous connaissez l'histoire. Vous n'êtes obligée à rien, bien sûr... À vous de réfléchir. Si vous ne pouvez pas, évidemment...

— Dette de jeu ?

— Poker, oui.

— Je n'ai pas cinq mille euros, et même si je les avais...

Un silence se fait.

— Réfléchissez, dit-il. Je dois donner une réponse demain. Je vous rappellerai d'ici là.

Et il raccroche. Comme elle file vers la cuisine pour y boire un grand verre d'eau, les jambes de Gabriella tremblent. Un père et sa fille ! Elle a, sur le sujet, tout un passé de réflexions qui l'autoriserait à animer un débat, à écrire un livre. Du plus loin qu'elle se souvienne, son père qu'elle voyait peu et fut, sa vie durant, d'une parfaite indifférence à son endroit, sera toujours parvenu à la séduire par un regard de velours, deux vers dits à brûle-pourpoint, extraits d'elle ne sait quel poème, un texte de lui qui lui arrache des larmes... Pas un quart d'heure à ses côtés sans que le charme n'opère. Il est grand, il est beau, parle d'abondance, dit des choses sensées, souvent très belles qui la laissent comme en pâmoison. Mais sitôt quitté – deux baisers claqués du côté des oreilles, un regard redevenu froid, distant –, l'indifférence s'installe, morne et glacée, contre laquelle elle lutte depuis des années. Un père, ça ?

Elle l'appelle et pour une fois il répond. Voix chaude, légèrement voilée, dont il joue avec un art consommé de l'intonation. Comme elle aurait dû s'y attendre, il s'accuse d'être ce père absent, au rabais, qu'il a toujours été. Il se fustige de la laisser sans nouvelle, l'enveloppe de sa voix la plus chaude.

— Tu as le droit et même le devoir de m'en vouloir. Je ne suis pas un être accompli, tu sais. J'essaie de me reprendre aujourd'hui avec ma seconde fille, mais j'ai bien conscience de n'avoir pas été à la hauteur durant toutes ces années...

Elle voudrait pleurer mais s'y refuse. Avec lui, on se croirait toujours dans Shakespeare. Le roi Macbeth s'exprime et la plus petite réplique prend une grandeur théâtrale. Lui en vouloir ? Le haïr ? C'est au-dessus de ses forces. Il lui arrive de le plaindre, de le juger – un être égoïste, couvé par sa mère, qui n'aura jamais pensé qu'à lui. Mais le secret de le détester ?

— Quand même, dit-elle, comment oses-tu me demander de l'argent ?

— Tu as raison, dit-il. Ce n'est pas bien...

Il se tait, mais, comme elle devrait s'y attendre, c'est pour mieux rebondir. Et d'une voix sépulcrale, larmoyante, que néglige toute dignité, il entreprend d'évoquer sa vie actuelle : les difficultés qui sont les siennes à écrire et, par voie de conséquence, à nourrir sa nouvelle famille et, notamment, Juliette, « ce petit bout de choux qui te ressemble tant ».

— Je suis au fond, tu sais… À bout de tout. Victime d'une sorte d'inappétence fondamentale. Je me lève, le matin, et je déplore cette journée qui reste à tirer. Je me couche, le soir, et ne voudrais pas qu'il y ait de lendemain. Et, en même temps, je voudrais que tout cela continue, parce qu'il y a la peur tout au bout. Le temps qui passe. La mort inéluctable… Ton père est une toute petite chose, ma chérie…

« Ma chérie ! » L'a-t-il jamais appelée comme ça ?

— Tu as besoin de combien d'argent ?

— Cinq mille euros ! J'ai tout perdu aux cartes et je n'ai plus un centime. Sonia va me quitter… Je la comprends, tu sais. Comment peut-on vivre avec un être de ma sorte…

— Et ta fille ?

— Ta sœur… Elle ira avec sa mère. Je ne peux pas leur faire vivre l'enfer qui m'attend.

— L'enfer ?

— Ce sont des mafieux, des sales types… Mais laisse tomber, ma fille ! Cette démarche est indigne. Fais comme si on ne t'avait rien demandé…

Gabriella se tait et l'écoute. L'envie lui vient de lui crier dessus, de le sommer de se reprendre, de se relever. Mais elle assiste, éberluée, dévastée déjà, attentive, à l'effondrement d'un homme qui prétend ne plus pouvoir écrire – « sinon un article, ici ou là et encore ! Écrire un article, avant, c'était le temps de le faire. Les mots venaient en foule. Aujourd'hui, j'efface, je reviens, je transpire. Le robinet est vide… » – et assure que son existence touche à sa fin.

Chantage ? C'est probable, bien sûr. Il en fait des tonnes comme à l'accoutumée. Mais quelles que soient ses faiblesses, son absence de fierté, comment ne pas croire à sa dépression ? Elle le quitte après une heure de conversation, aussi triste, aussi insatisfaite qu'à quinze ans, quand elle espérait de lui un geste, un regard, une attention qui ne sont jamais venus. Que penser de cet homme qui lui inspire de la pitié ? Un type de soixante ans que plus rien ne protège, à vau-l'eau, qui cultive l'immaturité comme d'autres la hardiesse. Comme elle l'aura aimé, pourtant ! Comme elle lui aura pardonné ! Lui a-t-il jamais donné quelque chose ? Elle préfère ne pas fouiller dans sa mémoire. Trop de désillusions ! Trop de rancœur ! Un homme, ça ? Un ersatz ! Beau, intelligent et extrêmement doué certes ! Mais un cœur sec ! Incapable par surcroît de relever les défis que la vie, pourtant légère, aura déposés à ses pieds. Trop lâche pour ça ! Et beaucoup trop égocentrique.

Doit-elle se montrer magnanime, au nom de l'admiration paradoxale qu'elle a toujours eue pour lui ? Pour l'écrivain aux cinq romans, pour le poète dont certains de ses vers, appris par cœur dès l'âge de cinq ans, lui labourent le cœur ? Elle ne sait plus très bien.

Elle n'aura pourtant pas de mal, le soir venu, à faire venir Michel à elle et à extorquer de lui, entre deux conversations, deux caresses, les deux mille euros qui lui manquent et qui, ajoutés aux trois mille qu'elle sait posséder sur son compte en banque, composeront la somme idoine à reverser à son père.

12

Alexandre se lève du banc où il vient de réaliser une série de dix répétitions en « développé-couché ». Les pectoraux le brûlent et les triceps. Plus tôt dans la matinée, après un footing d'échauffement d'une demi-heure, il a sacrifié à des exercices visant à renforcer les épaules, les deltoïdes, les muscles du cou et de la nuque. Il a été le premier à pénétrer dans la salle de musculation du centre et s'est étonné de la quasi-indifférence avec laquelle ses compagnons d'infortune, plus tard, l'ont salué. Ne savaient-ils pas ? S'en moquaient-ils ? Comme toujours des blagues fusaient, grossières, salaces, auxquelles Alexandre ne donnait aucun écho. Brique et Éric l'ont rejoint sur le front de sévices, soulevant à leur tour des tonnes de fonte dans des râles atroces, des tremblements de tout le corps. Les deux lui ont souri d'un sourire complice, vaguement moqueur.

— Tu ne m'en veux pas trop ? demande-t-il plus tard à Éric.

— Pour samedi ? Je n'ai pas à t'en vouloir, je ne suis pas concerné… Et, d'ailleurs, j'ai mal réagi, je n'aurais pas dû te dire ce que je t'ai dit…

Comme il devine une interrogation dans le regard d'Alexandre…

— Tu ne te souviens pas ? Tant mieux... Rien de grave. J'estimais que tu poussais le bouchon un peu loin... Mais après tout on s'en fout. On ne la connaît pas cette fille...

— Ça ne fait rien, je n'aurais jamais dû dire ce que j'ai dit...

— Qu'est-ce qu'elle t'avait fait ?

— Rien... Enfin... Mes souvenirs ne sont pas clairs. J'ai voulu lui parler, je crois... Elle a... a... refusé...

Le bégaiement revient avec l'émotion. Éric dit qu'il vaut mieux passer à autre chose. Alexandre avoue lui avoir écrit pour s'excuser. Éric sourit.

— Tu fais quoi ? lui demande Norbert Lacaze, une forme de reproche dans la voix.

— J'ai fini, je suis là depuis huit heures, mais je vais quand même aux biceps cinq minutes, pourquoi ?

« Aller aux biceps », comme d'autres vont aux putes, pense-t-il en souriant.

— Tu sais, Alex... Ton problème, je vais te dire... Tu es trop doué et peut-être trop intelligent pour agir comme tout le monde... Tout a finalement été assez facile pour toi et tu n'as pas la culture de l'effort... Non, non, je t'assure... D'où ton manque de repères. Et comme tu n'as pas vraiment de repères, tu manques de confiance en toi. Crois-moi, je pense voir juste... Tu as été international junior sur tes seules qualités, sur le don... Mais le vrai talent, Alexandre, c'est 5 % de qualités et 95 % de travail... Faut s'y filer... Faut aller au bout de soi-même...

Il parle vite et, le souffle coupé, cherche une respiration. Mais pourquoi cette leçon de morale ? Qu'a-t-il fait ? Qu'a-t-il dit qui mérite cet aparté ? La brume se lève derrière les terrains d'entraînement.

Éric, comme Alexandre, répugne à la musculation. Brique, en revanche, adore ça. Après chaque séance, il prend un bol de protéines et assure aimer sentir ses muscles trembler sous l'effort, se tétaniser, voir son visage blêmir dans la glace et même sentir son corps défaillir comme en état d'hypoglycémie. Il sait que ce travail-là paiera tôt ou tard et la force de cette croyance le porte. Quelque chose en Alexandre néglige d'accréditer tout à fait cette thèse. C'est si vrai qu'il quitte la salle sans « aller aux biceps » et regagne ses pénates. Mais, sur la table basse du hall d'entrée qui mène aux chambres, il découvre une enveloppe et une écriture qu'il reconnaît tout de suite. Son cœur aussitôt s'accélère et un filet de transpiration coule de ses tempes. Il se précipite.

— C'est à toi ? demande Mme Pelletier.

Il fait oui de la tête et se jette sur la table de peur que quelqu'un ne prenne l'enveloppe.

— Il n'y avait pas de nom dessus, je ne savais dans quelle boîte aux lettres la placer... « Pour Gabriella », dit-elle, tu parles d'une adresse !

L'enveloppe est ouverte et Alexandre est surpris de retrouver sa propre lettre à l'intérieur, celle qu'il a envoyée, la veille, à Gabriella.

— Qui vous l'a remise ? demande-t-il à Mme Pelletier.

— Une jeune fille, ce matin.

— Elle était avec le président ?

— Quel président ?

— Le nôtre, celui du club ?

— Elle était seule.

— Qu'a-t-elle dit ?

— « Tenez ! Soyez gentille de rendre cette lettre à son expéditeur. »

— C'est tout ?

— Oui, c'est tout. Je voulais l'interroger, mais le téléphone sonnait et, quand j'ai raccroché, elle était partie...

Il fouille dans l'enveloppe, comme s'il s'agissait d'un sac, la réponse de Gabriella, ouvre la lettre proprement dite pour constater, amer, qu'elle n'a laissé aucun message. Est-ce seulement possible ? Et puis si, elle a griffonné quelques mots au bas de la lettre : « Bien reçu. Je vous demande seulement, désormais, de ne plus m'importuner. » Pas de signature. Un sentiment de honte de nouveau submerge Alexandre. Gabriella a rejeté ses excuses aussi crûment, aussi méchamment que s'il avait commis un crime et il endosse aussitôt les vêtements de la victime…

13

Sa pente naturelle l'entraîne au désabusement, au chagrin, à l'isolement. Un jour passe de la sorte. Acagnardé dans sa chambre, il ne sort que pour l'entraînement et le dîner qu'il prend dans la salle à manger du centre. Seul, il lit des livres graves, écoute – rap et house, variété française – des chansons désespérées et tire de cette liturgie des raisons de s'enfoncer davantage. C'est que la victime en lui est redevenue coupable et n'a, naturellement, que ce qu'elle mérite.

— Tu déprimes ma parole ! a hurlé Doudou tout à l'heure dans le couloir.

Alexandre s'est retourné, a souri – son plus beau sourire – au point que la question, espérait-il, n'exigerait plus de réponse. Mais Doudou n'est pas dupe et s'inquiète. Cette envie opiniâtre, butée, de se faire oublier, de s'oublier lui-même, qui tient Alexandre comme un sacerdoce, ne manque pas de l'interpeller. Comme Doudou l'interroge, Alexandre prétend penser à son grand-père. « Le Vieux va mourir », dit-il. Doudou, attentif, silencieux, l'enveloppe de toute sa présence. Soudain, la coque se brise et l'eau se déverse… Alexandre raconte Gabriella, l'émotion qu'il éprouve devant cette fille, la lettre qui lui a été renvoyée, le spleen qui depuis l'accable. À son grand étonnement,

Doudou ne balaie pas tout ça d'un revers de main, d'une boutade facile. Il reste silencieux au contraire et réfléchit. Bientôt Éric frappe à la porte. Il est accompagné de Max, leur demi de mêlée. Les deux hommes s'assoient sur le lit et prennent la conversation en cours de route.

— Tu sais ce qu'on va faire ? dit Doudou après un long silence. On va lui faire péter un feu d'artifice sous ses fenêtres ! Si tout va bien, ça va la faire sourire et si elle sourit, mon ami…

Doudou, c'est l'enthousiasme même et Alexandre lui sait gré d'être ce qu'il est. Il prétend que Raoul possède tout un arsenal de bâtonnets, de fusées diverses et qu'il se fera un plaisir de le leur offrir.

— Si tout va bien, demain soir, on met le feu au Plateau…

— On va refaire Blondin et Audiard dans *Un singe en hiver*, dit Éric.

— Qui ? interroge Doudou.

— Laisse tomber, répond Éric.

— Gabin et Belmondo, si tu préfères, reprend Alexandre. Tu n'as pas vu ce film ?

— Encore un de vos films en noir et blanc des années cinquante ?

— Tu ne crois pas si bien dire…

*

Gabriella, qui s'est couchée tôt, est réveillée en sursaut par une détonation étrange qu'elle attribue d'abord à la bombonne de gaz qui traîne dans la cuisine. Mais elle est vite édifiée : un feu d'artifice éclate dans le quartier ! Début octobre, la chose lui paraît singulière. Elle se lève, fait quelques pas vers le salon. Là, elle sursaute. Le boucan de tous les diables provient de la rue devant chez elle. C'est de là que des hommes, dont elle aperçoit les silhouettes aller et venir le long du chemin privé, font exploser tout un matériel pyrotechnique posé à même l'asphalte. Qui donc a-t-il eu l'idée de venir, un mardi soir, faire crépiter dans le ciel de Lhios des aurores boréales ? Inquiète, elle s'apprête à téléphoner à Michel quand elle reconnaît devant le portail d'entrée deux joueurs du Rugby Club qui ne lui semblent pas, à proprement parler, d'une dangerosité extrême. Que font-ils alors devant sa porte ? Quel est l'enjeu de leur pari ? Elle reconnaît Alexandre Vrac – le nom lui était resté en mémoire – mettre le feu à des bâtonnets tandis que le ciel, au-dessus d'eux, éclate en myriades d'étoiles. L'air, alentour, n'est plus que sifflements continus, brume colorée, faisceau d'étincelles tournoyantes. La nuit argente la rue. Le cœur de Gabriella bat moins fort. Ce feu d'artifice s'inscrit-il dans le droit-fil de la lettre que Vrac lui a envoyée : une blague de potache, des excuses de gamins ? Elle les voit rire au-dehors comme les bâtonnets ne veulent pas prendre feu, que les fusées retombent à leurs pieds, éteintes, aplaties, ridicules. Un fou rire lui vient devant leur pantalonnade. Bientôt, ils agitent des mains en direction de la maison comme pour l'inciter à sortir. Ont-ils aperçu son ombre ? Le voisin qu'elle croise tous les matins s'approche d'eux, probablement en quête d'explications. Lui aussi maintenant regarde vers l'intérieur de la maison. L'explosion apocalyptique touche à sa fin et Gabriella regrette de n'avoir pas donné plus d'attention au spectacle. Se doit-elle de sortir ? Elle s'y refuse au souvenir des insultes de Vrac. Sa colère est feinte, artificielle et elle le sait. Mais quand même ! Les garçons, derrière les grilles du jardin, ont des mines désolées, boudeuses. Espèrent-ils qu'elle sorte ? C'est plus que probable. Mais elle ne leur fait pas ce plaisir. Et, dans le même instant, se trouve ridicule de ne pas sortir en applaudissant.

Elle les regarde ramasser leur matériel, ranger ce qui peut l'être et repartir dans trois voitures garées en file indienne. Le silence reprend sa place. La nuit, soudainement plus noire, ne vibre plus d'aucun éclat. Elle a le cœur lourd.

14

Le miracle se produisit le lendemain au réveil. À l'abattement des jours précédents Alexandre opposait une sorte de rage nouvelle. Le feu d'artifice et le soutien de ses amis lui avaient redonné des ailes. Il allait trouver Gabriella et saurait lui expliquer ses erreurs, sa folie, le désir où il était de la connaître, de l'approcher. Il fonça après l'entraînement du matin au Plateau mais aucune voiture ne s'y trouvait et la maison avait l'air vide. La rue, en revanche, était jonchée de pétards défaits, de papiers que l'on eût dits mâchés. Leur venue n'avait pas dû passer inaperçue. Il redescendit à B. et fit, toujours au volant de sa voiture, le tour du centre-ville, dans le secret espoir de l'apercevoir. Il ne vit rien comme il fallait s'y attendre et regagna le Centre de formation, puis le Glacier où il prit son café en début d'après-midi dans le but d'arpenter, à pied cette fois, les rues de la vieille ville. Brique et Doudou étaient là qui jouaient aux cartes. L'entraînement de l'après-midi avait été retardé à dix-sept heures trente pour des raisons d'intendance. Vers quatorze heures, il fit quelques pas dans les rues et dans les lieux où il espérait la trouver : librairie, magasin de pinceaux et de brosses. L'air était soyeux et Alexandre était habité par une confiance nouvelle dont il s'émerveillait. D'où venait qu'il puisse, en vingt-quatre heures, passer du désenchantement à l'euphorie ?

C'est en proie à ses réflexions qu'il l'aperçut, chose incroyable, sur la grande place de l'église Sainte-Thérèse. Elle allait d'un magasin de produits de beauté à la librairie voisine, d'un pas lent, indécis, s'arrêtant devant d'autres vitrines, l'étal d'un marchand de légumes. Elle avait posé un chandail sur ses épaules et portait une jupe sombre qui laissait voir ses belles jambes. Le pourcentage de chances de la trouver de la sorte dans une ville de presque cent mille habitants était si mince qu'il y vit un signe. D'un pas précipité, il se retrouva aux portes de la librairie. Il hésita un moment devant la vitrine du magasin où elle venait de pénétrer. En guise de modernité, on y célébrait un recueil de poèmes que Paul Valery avait adressé à sa maîtresse, Jean Voilier – *Corona et Coronilla* – et qui était jusque-là demeuré inédit. Mais Alexandre ne regardait pas les livres. Il cherchait à l'intérieur du magasin, entre les rayons, le visage brun aux yeux de chat. Il vit, réfléchissant, attentif, incertain sur le bien-fondé de son acte, des nuages passer vite au-dessus de sa tête, bas, s'écornifler au clocher de l'église. Mais déjà il poussait la porte et entrait. Il tomba sur elle qui eut un petit mouvement incontrôlé du visage en l'apercevant. Elle tourna aussitôt le regard vers le rayon situé en face d'elle.

— Je voulais m'excuser de vive voix, dit-il. Je ne suis pas celui que vous croyez…

Elle ne l'écoutait visiblement pas, toute retournée sur son appréhension, ne songeant qu'à l'éviter. Le numéro de la veille l'avait fait sourire, mais le visage de Vrac la renvoyait à ses insultes de l'autre soir, à cette violence quotidienne qu'elle avait dû endurer pendant son adolescence et la blessait. Elle effectua alors sans réfléchir un mouvement sur elle-même, fit demi-tour et fila vers le fond de la librairie. Il la suivit sans plus attendre.

— Laissez-moi, dit-elle sur un ton glacial, où passaient de l'indifférence et du mépris.

La libraire leva les yeux vers eux. Avait-elle entendu ? Gabriella cherchait une issue à sa fuite vers le fond du magasin, mais se retrouvait bloquée face à Alexandre.

— Je vous en prie, dit-il. Je suis très malheureux de ce qui s'est passé l'autre soir, mais je le suis tout autant du fait que vous m'ayez renvoyé ma lettre... Que vous ne soyez pas sortie, hier soir, quand on a fait exploser un feu d'artifice devant vos fenêtres... C'était ma façon, maladroite, de m'excuser.

Elle parut hésiter sur le sens de sa phrase. Devait-elle répondre ? Si oui, elle ne se déferait pas de ce dingue qui, depuis l'autre soir, lui faisait tellement penser à Julien. Était-il comme lui torturé, déboussolé ? Tout allait si vite dans sa tête...

— C'est vous qui m'avez appelée ce matin ?

Alexandre la regardait avec étrangeté.

— Je n'ai pas votre numéro... Je ne vois pas comment...

— Vous saviez pourtant où j'habite ?

— Le club... On m'a dit que le président vous prêtait la maison du Plateau.

— Le club ne vous a pas donné mon numéro de téléphone ?

— Je ne l'ai pas demandé...

— Allez-vous-en, je n'ai rien à vous dire...

Elle venait de parler fort et la libraire leva de nouveau la tête en leur direction.

— Quelque chose ne va pas, dit-elle ?

À un pli sur le visage, une matité dans le regard, il comprit que quelque chose avait imperceptiblement changé dans les yeux de Gabriella. Elle feignait l'offense mais tout en elle indiquait l'intérêt nouveau qu'elle portait aux réponses d'Alexandre. L'image de Julien en réalité s'était imposée à elle et ne la quittait plus. Elle paraissait hésiter sur l'attitude à adopter. La libraire était maintenant sur leurs talons et s'inquiétait :

— S'il vous ennuie, dit-elle, j'appelle la police…

Gabriella l'entendit-elle ? Elle répondit sans la voir :

— Je n'étais pas là hier soir.

— Vous n'avez pas vu le feu d'artifice ? Le bouquet final ?

La libraire voulut de nouveau intervenir mais Alexandre lui barra ostensiblement le passage d'un simple mouvement du corps, en sorte qu'elle se trouve derrière lui, masquée par sa très haute taille.

— Si, dit-elle, je l'ai vu et je vous ai vu aussi. C'est la raison pour laquelle je ne suis pas sortie…

Il aimait son visage quand elle se rembrunissait : toute sa personnalité, tout son caractère semblaient s'y refléter.

— Je suis désolé de ce que je vous ai dit l'autre soir, je n'en pensais pas un mot et je ne suis pas comme ça…

— Je vous ai lu.

Son ton, par miracle, se radoucissait. La libraire les suivait toujours comme ils marchaient le long des rayons : étonnée, attentive, impérieuse.

— Vous ne voulez donc pas que j'appelle la police ?

— Ce n'est pas la peine, Madame, merci, dit Alexandre en se retournant.

Elle parut interpellée et là, nouveau miracle, un sourire à peine voilé se dessina sur le visage de Gabriella.

— Vous vous souvenez que je vous ai dit, l'autre soir, être fasciné par la lumière de votre regard ?

— Je me souviens surtout que vous m'avez insultée au prétexte que je ne voulais pas parler avec vous.

— Mais cette phrase-là, vous l'avez entendue ?

— Non, mais qu'est-ce que ça change ?

— Tout. Absolument tout. Si vous l'aviez entendue, vous ne m'auriez jamais dit « fous le camp, imbécile ! » et je ne vous aurais pas insultée…

Elle se passa une main sur le visage. Il était décidément beau ce jeune garçon au visage fin, qu'elle avait si longuement observé l'autre soir, avant qu'il ne l'agresse. Qu'aimait-elle en lui ? Elle venait de remarquer ses yeux verts. Mais elle pressentait un pot de colle, un chieur, un de ces amoureux transis qui accablent les filles de soupçons, de reproches, de questions sans réponse.

— Écoutez, dit-elle, n'en parlons plus. Je n'ai d'ailleurs rien dit au président, comme vous dites, et vous n'aurez pas d'ennuis. Mais maintenant, soyez gentil, laissez-moi passer...

— Je me fous du président, dit-il en désespoir de cause. C'est votre regard qui compte.

Elle l'observa, une lassitude dans les yeux.

— Venez, dit-elle, on a assez fait de bruit ici.

Elle sortit la première. La libraire parut outrée que Gabriella ne lui manifeste pas plus de reconnaissance. Alexandre lui tira la langue en sortant.

— Voyou, dit-elle !

Ils firent deux pas.

— Vous voyez bien, dit Gabriella, vous ne pouvez pas tromper votre monde trop longtemps.

— Je lui ai tiré la langue.

Gabriella souriait.

— Vous avez fait ça ?

— Il ne fallait pas ?

Elle secouait la tête en signe de négation, mais souriait toujours. C'était gagné, pensa Alexandre très vite.

— Je vous pardonne, dit-elle, même si vos insultes sont dures à avaler... Mais nous ne serons jamais amis, aussi...

— Qu'en savez-vous ?

— Pardon ?

— Comment savez-vous que nous ne serons jamais amis ?

— Parce que je n'ai aucune envie que cela soit...

— Mais moi si, justement, et j'ai pensé...

— Vous êtes dingue, c'est ça ?

— De vous, sans doute…

Nouveau sourire et nouvelle menue victoire.

— Le plus blessant, dit-elle, ce ne sont pas les insultes. Encore que… C'est le mépris qui se dégageait de vous. Vous aviez la gueule tordue de haine…

— J'étais ivre.

— Sans blagues ?

— Je m'en veux. Je m'en veux, sincèrement.

Elle parut acquiescer d'un petit hochement de la tête, mais était déjà ailleurs.

— Au revoir, monsieur Vrac !

— Monsieur ? dit-il. Je m'appelle Alexandre…

Elle lui tendait une main ferme qu'il serra en la regardant dans les yeux. Devait-il la retenir, insister ? Il jugea bon de n'en rien faire. Et il la laissa s'esquiver. Il ne voyait plus que son dos, le bas de ses jambes et ses cheveux qui dansaient sur ses épaules, mais il lui semblait que cette image de cette femme encore floue, mal dessinée, resterait à jamais collée à sa rétine. À quoi pensait-il ? Il était épuisé mais heureux. Saurait-il la revoir ? Il se jura que oui. On le bouscula. Il n'y prêta pas attention. Il se posa sur la moleskine rouge qui recouvrait les bancs d'un café très ancien. Il était comme dans du coton. Il resta là, un long moment, à tenter de comprendre ce qui l'attirait à elle. Était-il amoureux de Gabriella ou seulement d'une situation romanesque ? Il lui importait finalement peu. C'est l'état qui compte, pensait-il. Ce moment de la vie où le cœur bat plus vite, où le temps s'enracine. Comme elle lui plaisait pourtant. La bouche, les yeux, la forme du visage : il eût été incapable, à l'instant, de lui trouver un défaut. Le seul, qui lui crevait le cœur, était de la savoir avec Ferreri. Comment pouvait-elle se laisser embrasser, caresser, par ce vieux barbon ? L'image seule le défrisait. Quel âge avait le président ? Cinquante-trois ? Cinquante-cinq ? Davantage ? Était-il possible qu'elle l'aime ? Qu'elle l'aime vraiment ? À tout prendre, il préférait ça au parfum d'intérêt et de scandale que recouvrirait une liaison dénuée de sentiment.

Une jeune fille passa devant sa table qui lui sourit.

— Je vous reconnais, dit-elle, vous êtes le demi d'ouverture des rouges et noirs… Alexandre…

Il sourit à son tour et remercia. C'était si rare les gratifications. La jeune fille, qui n'avait pas quinze ans, s'éclipsa. Il pensait à Ferreri. La tête lui tournait. Réflexion faite, jalousie tue, il comprenait que le président puisse encore séduire des filles plus jeunes que lui. Il avait du charme, comme disent les vieux. Lui-même, Alexandre, n'avait-il pas été fasciné par son président les deux premières années au club ? D'où venait la rupture ? Des premières critiques de Ferreri, de son détachement insensible. Délaissé, Alexandre trouva une défense dans l'indifférence, bientôt dans le mépris. Mais il ne trompait personne. « Il nous a tous eus, disait Éric récemment. Les paysans et les intellos. Il nous a tous emmenés là où il voulait nous voir aller. Un discours un peu valorisant, supposé intelligent, flatteur et on fait ce qu'il veut, vous ne pouvez pas dire le contraire. »

Comment en vouloir à Gabriella ? Il se leva pour se rendre à l'entraînement dont l'heure approchait. Une joie soudaine le tenait qu'il ne cherchait pas à réduire. Le désenchantement était tombé de lui comme une vieille peau. Il fit quelques pas dans la rue pour rejoindre le parking. Il avait dû pleuvoir, puisqu'il entendait, en marchant, des voitures se frôler dans un bruissement de gerbes d'eau qui claquent et retombent.

15

Michel Ferreri, qui s'était levé le premier, prenait son petit déjeuner sur la véranda, face aux montagnes. La pluie de la veille avait déchiré le ciel de grandes plaques mauves et bleues. En quelques heures, poussés par un fort vent d'ouest, les lourds nuages noirs s'étaient dissipés et un fier soleil d'automne avait pris toute la place. Les bois étincelaient sous les passées de lumière. Gabriella, la nuit dernière, avait voulu rester un long moment au même endroit, « à écouter la pluie », disait-elle, qui emplissait le bois. Cent bruits légers, changeants, ondulants, montaient jusqu'à eux, que leurs oreilles apprenaient à distinguer : tapotement des gouttes sur le toit de la véranda, glougloutement de fontaine de l'eau le long des gouttières, léger crissement de la pluie sur le trottoir de la terrasse, bruit ténu de l'eau sur le tas de feuilles près de la remise... À la surprise de Gabriella, Michel était resté près d'elle, le regard dans le vague, l'œil légèrement allumé d'avoir probablement trop bu, un petit sourire à la commissure des lèvres.

Entre eux, la paix s'était faite. Gabriella avait tiré un trait sur l'humiliation de l'autre nuit. Elle n'avait d'ailleurs pas le choix : c'était ça ou partir. Ils riaient. Michel, sous l'apparence monolithique qu'il excellait à donner, était un être – elle ne le savait que trop – d'indifférence, de foucades et de secrets. On ne pouvait rien tirer de lui, hors les conseils d'usage, les aveux sans intérêts. Le lui reprocher ? Autant accepter, se répétait-elle, de le quitter. Cette situation lui convenait, elle qui aurait eu en horreur une vie commune, un amant à charge, un père la tendresse qui lui aurait imposé des murmures, des confidences, ce « misérable petit tas de secrets » dont elle n'avait rien à faire. Avec Michel, l'illusion de la liberté brassait large. L'égoïsme ? L'égoïsme était vrai, Dieu sait, mais guère plus condamnable aux yeux de Gabriella que la peur de la plupart des hommes qu'elle avait connus face à la femme, à leur patron, leurs employés, profs, enfants, voisins... Toute cette lâcheté des hommes vaincus dont sa vie, jusqu'ici, était pleine.

Est-elle sérieuse ? Elle s'étire dans le lit désert et cherche à se recomposer un visage avant d'affronter Michel dont elle entend le pas dans le couloir. Tout cela est si complexe. Elle se force, ce matin, au devoir d'admiration. Pour ne pas culpabiliser. Pour se supporter. Elle ne l'aime pas, bien sûr. Mais elle est bien, voilà tout ! Un rien soumise, mais heureuse ! S'émouvoir de cette soumission ? Elle s'y refuse. C'est justement ce qui lui plaît, ce qui la change. La liberté d'être soumise... Vaste programme.

Quand elle sort de la chambre, un dessin de Manon dans la main – qu'elle a gardé, tellement les couleurs sont belles –, Michel l'attend dans la véranda. Il a préparé du café et se lève pour la servir. Il lui prépare des toasts, évoque la beauté un peu austère des paysages.

— Pourquoi ne les peins-tu pas ? dit-il.

— Les paysages ?

— Oui !

— Le peintre sur le motif, c'est comme ça que tu m'imagines ?

Il sourit. Il est vêtu d'un jean, ce qui ne lui ressemble pas et d'une simple chemise dont il a remonté les manches au-dessus des poignets.

— Tu ne travailles pas ? dit-elle.

— Tu en assez de me voir ?

Il a toujours des répliques cinglantes, rapides, décalées. À son tour de sourire. Il ne l'a même pas embrassée ce matin. Tant mieux. Elle tient en horreur ces hommes toujours en quête d'un bisou, d'un léchage. Avec Michel, la confusion n'est pas permise. Quand il s'approche, elle sait toujours où il veut en venir. Et ce n'est pas plus mal, jure-t-elle... Un seul reproche : la réciproque est rarement possible. Parce qu'il n'est pas là et qu'elle n'ose pas l'appeler au club ou à l'usine – encore moins chez sa femme – comme elle n'espère pas désarmer la méfiance des assistantes et n'entend pas jouer les godiches.

Il est près de onze heures, ce matin, quand il reçoit un appel de Pascal – qu'elle conclut être Le Roux, un des multiples agents de joueurs – et qu'un immense sourire embrase son visage. « Le petit Le Roux a de la poigne », a-t-il coutume de dire. Que lui aura-t-il fait miroiter, aujourd'hui ? Michel a quitté la pièce comme on cultive le secret. Sans le vouloir, comme elle file vers la salle de bains, des mots lui parviennent, de bribes de phrases, auxquelles elle est incapable de donner sens, mais dont elle pressent à maints signes la noirceur : « Ils vont chercher à savoir ? Poser des questions ? Dix pour cent à tout le moins sur chaque nouveau contrat... Impossible de le placer sur le même compte que la boutique, impossible... En Andorre, oui, aucune raison de changer... »

Quel plaisir, Michel, dont la fortune est faite, prend-il à verser dans des magouilles dont elle subodore la petitesse ?

— C'était Le Roux, dit-il en raccrochant.

Elle opine de la tête.

— Il voulait quoi ?

— Rien. M'avertir d'une enquête des flics... Des contrats de joueur...

— Des flics ?

— Enfin pas directement... Le Fisc... Rien de grave.

Son laconisme, toujours, l'interpelle. Jamais un mot sur ses activités, son travail, ses projets. « Dans le fond, pense-t-elle, tout cela l'amuse et l'excite. L'image, un peu louche, du capitaine d'industrie qui verse dans des affaires sales ? Est-ce cela ? Ce serait ridicule. » Ils vont vers l'atelier. Cet atelier dont il est si fier. Aussitôt, une odeur acide leur saute au visage, mélange de peintures et de poussière... Les poutres, très hautes, favorisent la mise sur pied des grands châssis, donnent à l'espace une ampleur majuscule. Les murs de pierres conférant par ailleurs au lieu un caractère religieux, qu'accentuent, jusqu'à la caricature, les fenestrons situés sur les hauteurs aux vitraux multicolores. « Ma chapelle », dit-elle.

Il l'observe en souriant. Il aime le velours sombre et chaud de ses yeux, ses pieds nus sur le carrelage rouge de l'atelier. À quoi pense-t-elle ? Une mollesse coule dans ses veines, l'alanguit d'un profond bien-être. Il doit partir pourtant – sa femme l'attend pour un déjeuner de travail. Gabriella veut en profiter pour mettre de l'ordre dans l'atelier où sont entassés toutes sortes de toiles, lavis, esquisses, collages, figurines, sculptures diverses, dont elle entend remplir ses « boîtes ».

— Tu parles de boîtes ! Ce sont de vraies baraques, oui...

Une esquisse sur une feuille volante attire son regard.

— C'est moi, ça ?

— Qui d'autre ?

— C'est bien, tu sais...

Il sourit, ouvre un carton où s'amoncellent des dessins.

— Et ce jeune, là, c'est qui ?
— Une approche…
— Il ressemble à Vrac…
— À qui ?
— Alexandre Vrac. C'est un joueur de l'équipe…
Elle fait une moue du visage, sans relever la phrase.

16

La nouvelle a parcouru le centre comme un feu de forêt, embrasant tout sur son passage. « Le président aurait été arrêté et mis en garde à vue ! » Aurait ? C'est que rien n'est sûr à cette heure et la rumeur, mauvaise fille, suppose encore l'emploi du conditionnel. Au juste, qui sait quoi ?

— Hé qué, dit Doudou, on ne sait rien !

— Sauf que Ferreri a téléphoné au vice-président et que son avocat, maître Pellegrin, est venu chercher des papiers dans son bureau, rétorque Brique…

— Cela ne veut pas dire qu'il est en garde à vue, rectifie Éric.

— Puisque Moletier nous l'a dit…

Moletier ? L'un des comptables du club. Mais quel crédit accorder à sa parole ? Un article sur « Rugbyrama.fr » confirme l'objet de leurs interrogations en fin d'après-midi. Sur quoi chacun reprend son sac et s'apprête à regagner sa chambre quand survient Gabriella, tout au fond du couloir, là-bas, que dominent les étagères. Que fait-elle ici ?

— Vé, dit Doudou, la nouvelle veuve…

Comment ne pas rire ? Brique, qui a appris sa sélection en équipe de France en début d'après-midi, ne tient plus en place. Il a accordé quatre interviews dans l'après-midi comme une star de cinéma et crève d'envie, dit-il, « de faire une connerie ». La présence de Gabriella dans les murs du centre l'inspire-t-il ? Alexandre espère le contraire. Lui aussi recouvre un peu de courage : il est retenu, à l'instar d'Éric, en équipe de France des moins de vingt-trois ans et espère profiter de l'aubaine pour relancer une carrière qu'il sait à l'arrêt. Quand Gabriella finit par croiser le regard des garçons, tous la saluent d'un sourire.

— Vous l'avez rendu malheureux, dit soudainement Éric à voix forte tout en montrant Alexandre.

« Qu'est-ce qui lui prend ? », pense Alexandre. Il n'a pas le temps de réagir que Doudou intervient à son tour :

— Hé qué, dit-il, il voulait se suicider...

— Parfaitement, dit Brique !

L'un et l'autre baissent la tête, écrasés de tristesse, le regard baigné de moues mélancoliques.

— Il voulait se jeter de la fenêtre de sa chambre, reprend Doudou le timbre bas, le visage tourneboulé par l'angoisse. Si Brique ne le voit pas, peuchère...

— Hé oui, en rajoute Brique sur un même ton mortuaire. Je le récupère par une jambe, le tronc était déjà dans le vide...

Gabriella sourit, mais son sourire reflète une inquiétude.

— Elle mord, livre Brique tout bas...

Doudou regarde Gabriella puis Alexandre.

— Il est brave, Alexandre... Vous lui demandez l'heure, il vous donne sa montre... Et ce qu'il vous a dit, l'autre soir, non seulement il ne le pensait pas, mais en plus il pensait le contraire...

La voix du Sud aidant, le monologue de Doudou fait lever des sourires sur tous les visages.

— On est dans Pagnol... dit Gabriella.

— Hé qué, je ne sais pas si je m'exprime bien, mais Alexandre avant de se suicider il vous a écrit une lettre et cette lettre je l'ai… Elle parle d'amour et de désolation. C'est un cœur simple, Alexandre. Mais vé, cette lettre, elle m'a arraché des larmes.

— Vous me la montrerez bien sûr ?

— Mais si je vous la montre, malheureuse, c'est vous qui allez pleurer…

— Qui vais lui demander pardon… dit-elle.

— Ne riez pas, vous mésestimez la force de ses paroles…

Moletier sort brusquement de son bureau et demande Gabriella. Celle-ci s'excuse et s'esquive, un sourire aux lèvres. Les garçons, rieurs, prennent leur sac et supputent les chances d'Alexandre après pareille mise en scène.

— Je suis mort, dit-il. Rugbyman, alcoolique, violent et entouré de demeurés, voilà l'image qu'elle a de moi…

— Hé qué, dit Doudou, tu ne rends pas compte de la chance que tu as. Tu as commencé par le pire, mais tout ce qu'elle va découvrir de toi dorénavant va lui sembler magnifique…

Si ce n'était Alexandre qui espère encore revoir Gabriella à sa sortie, les autres, gouailleurs, hurleurs, pince-sans-rire, regagnent le bâtiment qui conduit à leurs chambres. La seule présence de Gabriella dans ces murs le renvoie à sa fébrilité antérieure. Quand elle quitte presque instantanément le bureau de Moletier, elle sourit en le voyant. Elle est seule et il s'avance à sa hauteur. Toujours souriante, amusée – serait-elle délivrée par la garde à vue du président ? – elle ne quitte pas Alexandre du regard.

— J'ai entendu dire que votre jeu était élégant…

Comme il la regarde étrangement :

— J'étais dans un café, cet après-midi, au moment de l'annonce des équipes de France…

Et là, lentement, d'une voix douce, dans la géométrie de lumières blafardes que dispensent les projecteurs du hall d'entrée – et l'on entend passer derrière eux des hommes et des femmes, klaxonner une voiture, hurler des enfants qu'un chien terrorise –, elle lui fait part d'une conversation qu'elle a entendue, des louanges qui ont été faites par des supporters du club. S'amuse-t-elle ? Évidemment. Sourit-il ? Il est ému et mesure, à il ne sait quelles ondes positives qui émanent d'elle, que quelque chose vient de se jouer entre eux. Gabriella, au même moment, est curieuse d'Alexandre. Est-ce tout ? Difficile à dire. Ce type l'intrigue.

Par intervalles, venues d'on ne sait quelles profondeurs, un souffle chaud passe sur leurs visages.

— J'allais acheter des pinceaux et des brosses, derrière le centre, là, tout à côté, avant que la boutique ferme... Vous voulez m'accompagner ?

Il fait oui de la tête sans réfléchir et la suit sur quelques mètres, attentif, tous ses sens aux aguets. Qu'espère-t-il ? Il pense à la politique « des petits pas », dont leur parle Norbert Lacaze à longueur d'année. Une coulée de lumière artificielle éclaire les arbres de la rue, les trottoirs. L'ombre du soir, un instant, joue avec l'or des lampadaires une partie serrée, symbolique. Alexandre respire un grand coup. Il fait doux et la vie est lente.

Ils parlent rapidement de la garde à vue du président qui l'a obligée à changer son emploi du temps, mais ne semble pas l'inquiéter outre mesure. A-t-elle des informations particulières ? Ils reviennent dans un rire sur la séquence de tout à l'heure, « le numéro de votre copain », avant de se jeter, comme deux adolescents que la passion propulse, dans une longue conversation sur la création artistique. Il parle de ses études de lettres, elle de ses cours aux Beaux-Arts.

— Vous aimez quel genre d'écrivains ? demande-t-il.

— Difficile, dit-elle sans surprise ni hésitation. À vrai dire, j'aime tous les genres. Mais j'ai quand même un faible pour la littérature américaine.

— Sud ou Nord ?

— Les deux !

Ils sourient de concert.

— Dites-moi quels écrivains ?

Elle hésite deux secondes.

— Carpentier, Marquez, Borges, Roth, Harrisson, Mailer, d'autres, beaucoup d'autres... Rien d'ailleurs de très original. J'ai les goûts de tout le monde...

— Et vous les choisissez comment ?

— Pas d'autres lois que le flair et le plaisir. Si ça m'ennuie, j'abandonne...

— C'est une littérature très sérieuse.

Elle ne répond pas, esquisse un vague mouvement des épaules.

— Pardon, dit-elle en entrant dans le magasin.

Alexandre la suit et l'observe, fasciné comme on sait l'être à vingt ans et bien évidemment incapable de prendre le moindre recul à son égard. Il s'aveugle au contraire, ne veut voir en elle que ce qui le séduit et l'attire, lui prête des vertus excessives, une beauté exagérée. Elle se promène en jeans devant lui, retire d'une étagère des pinceaux japonais, des brosses en soie de porc. En sortant de la boutique, comme Alexandre semble curieux de connaître la façon de travailler de Gabriella – ses horaires, ses manies, la manière dont elle passe de la peinture aux collages, des collages à la sculpture –, elle l'invite à découvrir « sa chapelle » sur le Plateau.

— Tu verras mieux, dit-elle.

Le tutoiement est venu comme ça, le plus naturellement du monde.

Il voudrait arrêter le temps, demeurer dans cette voiture où il a pris la place du passager. Que toute la ville me voie, que toute la vie ressemble à cet instant...

Quand il tourne la tête pour la regarder conduire – les cheveux dégagés en arrière, plus noirs encore que de coutume, le beau profil aux joues creusées, les yeux si longs qu'ils semblent vouloir sortir du visage –, une émotion l'étreint dont il a du mal à se départir. « Un adolescent ! pense-t-il. Je suis le même qu'à quinze ans ! Une même admiration excessive me tient devant les filles et imbriquée, inséparable, une même trouille m'envahit. Je n'ai pas grandi... »

Au Plateau, délaissant la maison, Gabriella entraîne Alexandre vers la droite, le long d'un chemin dallé, bordé de tilleuls élagués, jusqu'à une sorte de grange aménagée à l'abri d'un bosquet de bouleaux. Elle ouvre une porte sur une immense pièce nue, aux murs de pierres apparentes, d'où monte une odeur de salpêtre et de racines mouillées, de peinture aussi. Un escalier de bois semble donner sur ce qui devait être le grenier à foin. Une table, deux tabourets, des châssis, des tréteaux et un canapé d'autrefois, usé jusqu'à la corde, composent le seul mobilier de cet atelier où se devinent, tout au fond, retournées, délaissées, recouvertes de draps blancs, toutes sortes de toiles posées contre le mur.

— Si je les vois, je ne peux pas travailler, dit-elle en suivant le regard d'Alexandre posé sur elles.

— Tu n'aimes pas ton travail ?

— Pas encore...

Il sourit, amusé par sa repartie.

— Tu veux boire quelque chose ? propose-t-elle.

Il se tourne, paraît hésiter, effectue un curieux mouvement de la tête qu'elle interprète comme une affirmation. Elle s'avance vers un buffet de bois, l'ouvre, en sort une bouteille de vin cuit et deux verres.

— C'est Byzance... dit-il.

— J'ai honte... prévient-elle.

— Trop d'espace ?

— Trop de luxe...

Il prolonge sa visite vers le fond de la pièce.

— Je peux ? demande-t-il.

Elle fait oui d'un simple mouvement de tête. Alexandre soulève un drap, puis un autre. Des ciels y sont peints, clairs d'abord, de beaux ciels d'hiver quand les nuages sont passés et qu'il ne reste que le bleu, et de plus en plus sombres, fuligineux. Une sorte de désespoir émane de la dernière toile, qui laisse deviner la pente ombrageuse de Gabriella. Il lève la tête, se retourne, aperçoit d'autres tableaux, des sculptures sur les hauteurs, tournés vers le mur au milieu d'un fouillis indescriptible où figurent, pêle-mêle, des dizaines de figurines, des escabeaux, des petites cabanes de bois, des céramiques, des sculptures en plâtre, en fer, des papiers journaux et autres collages à base de cartons...

— Je marche sur les traces de Louise Bourgeois, dit-elle. Tu connais ?

Et comme il fait non de la tête, elle évoque l'œuvre de l'artiste qu'elle a découverte au musée Guggenheim de New York et d'une voix égale parle de son souhait de construire son propre univers à l'intérieur des petites cabanes de bois – qu'elle appelle « baraques » –, d'une forêt d'arbres morts et même, dit-elle, d'une petite salle de classe... « Comme pour elle, tout me semble partir de l'enfance. »

D'où vient à Alexandre l'admiration dans laquelle, depuis toujours, il tient les artistes ? Leur vie, leur travail seraient-ils d'une essence supérieure à l'ordinaire de la vie ? Il le croit, sans être tout à fait capable de justifier son assertion...

— Tu travailles beaucoup ?

Ses questions depuis tout à l'heure tournent autour du travail, sa cuisine, ses secrets. Gabriella, que les interrogations sur la création troublent aussi, est sensible à ce langage. Va-t-elle pour autant abandonner sa raideur de statue royale, de marbre froid ?

— L'heure importe peu, mais j'ai besoin de temps.

— De contraintes aussi ?

— Mes seules contraintes sont celles que je m'impose : lever tôt et matinées passées dans l'atelier quoi qu'il arrive... Et puis les footings. Important le footing...

— Tu cours ?

— Tous les jours.

— Et pourquoi cette ascèse ?

— Pour évacuer, me libérer de toutes les tensions. Pour réfléchir aussi. Aujourd'hui, je rêve de courir un marathon...

— Un marathon ?

— C'est un peu fou, tu crois ?

— C'est un peu long, surtout...

Elle fait une moue qui lui arrache un sourire.

— Et pour tes peintures, reprend-il, il t'arrive de sécher ?

— Les gens ne se doutent pas de la somme d'efforts qu'exigent nos bluettes...

— Ils s'en foutent...

— Tu as raison, dit-elle en levant son verre, toute cette cuisine ne regarde que nous.

Ils trinquent.

— Pourquoi s'échiner alors ?

— Mon combat est parfaitement dérisoire, mais c'est le mien... Et j'entends bien le mener au bout.

— La victoire est à ce prix ?

— Tu es drôle... Peindre, c'est travailler. Aller au bout... Retranscrire une émotion un peu élevée exige du travail, de la technique. Il faut suer... pardonne-moi, j'ai l'impression de débiter des lieux communs, mais ne va pas croire toutes ces conneries à propos du talent, de l'inspiration, du don...

Elle accentue le mot à plaisir...

— Le seul don que l'on puisse reconnaître à un artiste, c'est le don de soi... Parce que ça se voit, ça se ressent… Une toile bâclée, c'est une toile vide, quel que soit le talent du peintre qui la compose…

Elle marque une pause, éclate de rire…

— Excuse-moi, dit-elle, je suis énervée… J'ai passé une sale journée et je débite des platitudes…

Elle renverse une toile, en prend une autre.

— Le seul mérite des créateurs, il me semble que c'est ça : cette façon de s'échiner sur l'objet qui leur tient à cœur… Ces heures passées dans la solitude et l'ennui, ces heures perdues, toiles déchirées, recomposées, et tout cela pour quoi ? Une minute d'exaltation, et encore ! Personne n'est jamais satisfait du résultat obtenu. Personne ! Ce n'est jamais assez serré, assez travaillé, assez consistant… C'est un exercice de fou… De masochistes… Mais abandonner…

Un peu de fébrilité l'accompagne comme elle observe Alexandre, une taie sur l'œil où s'inscrit la fatigue.

— Il faut me pardonner, dit-elle, je suis dans un tel état d'excitation…

— Le président ?

Elle le regarde d'un air absent, hausse les épaules.

— Il s'en sortira. Il n'a besoin de personne.

Alexandre rêve bien sûr de l'interroger sur Ferreri, mais il n'ose pas. Il a peur de glisser le mot de trop, de se montrer inconvenant.

— Je lui dois de pouvoir travailler dans ce lieu magique…

— Ce n'est pas, j'imagine, la coupe-t-il, la seule raison de ton attachement pour lui…

Elle le regarde par en dessous, sourit.

— Évidemment que non. Mais pour un peintre un atelier comme celui-là…

Elle fait un grand geste comme pour embrasser l'univers…

— Or, il n'était absolument pas obligé de faire ça.

Alexandre se tait, réfléchit.

— Tu parles de lui comme d'un étranger…

— Il l'est dans une certaine mesure. Ce n'est pas un homme qui s'attache…

— Et tu parviens quand même à l'aimer ?

— C'est un homme qui prend, dit-elle, comme si elle poursuivait sa pensée ou refusait de lui répondre.

— C'est ça qui t'a plu chez lui ?

— Oui, peut-être…

Alexandre est foudroyé. Elle propose de le resservir en vermouth.

— Tu as déjà vendu des toiles ?

— Quatre ou cinq tableaux qu'un type a accepté d'exposer à Toulouse… L'ami d'un ami qui m'a gentiment volé… Mais tout cela ne compte pas.

— Le regard des autres ?

— Tu ne désarmes jamais… dit-elle.

Alexandre la regarde et se tait. Il sait qu'il a trop parlé et que l'heure est venue de l'abandonner. Au reste, le visage de Gabriella se fige, vide de toute émotion.

— Je vais y aller, dit-il.

17

Alexandre jeta un œil sur l'extérieur par la fenêtre de sa chambre. Il faisait encore nuit. Une éclaircie sans couleur glissait à l'horizon, sous le ciel bas. La pluie tombait sans discontinuer depuis la veille et le vent balayait par essaim les feuilles jaunies des arbres qui tournoyaient sur elles-mêmes avant de retomber. « Quel temps de merde », pesta-t-il ! Il songea qu'il était requis dans le groupe des vingt-trois joueurs choisis par Lacaze pour aller affronter Clermont à Michelin, mais qu'il ne jouerait pas. Van der Berg était devenu titulaire du poste de demi d'ouverture depuis deux semaines et la puissance de son jeu au pied, sur laquelle la France entière s'était extasiée, ne lui laissait percer que peu d'espoirs de regagner ses galons. *Le Journal de B.* avait d'ailleurs commis un papier, avant-hier, dont le titre laissait suffisamment à penser : « La Van der Berg dépendance. » Article dans lequel il était signifié que le Rugby Club de B. ne serait plus le même, désormais, selon que le puissant ouvreur sud-africain jouerait ou non. Qu'est-ce qu'Alexandre allait-il foutre là-bas ? Il égrena pour lui-même ce que serait le programme du week-end : une journée de car ce vendredi, un déjeuner avalé à la hâte dans un restaurant de Brive, de Tulle, d'Ussel ou des alentours ; un petit entraînement en fin d'après-midi dans un gymnase quelconque de la banlieue clermontoise réservé par le club. Et puis l'attente, l'interminable attente des veilles et des jours de match, à deux dans une chambre, la télé allumée par le compagnon de chambrée sur n'importe quelle émission débile, le téléphone mobile de ce dernier qui sonne toutes les trente secondes – sa mère, sa copine, son père, sa sœur –, les autres joueurs qui s'invitent (une partie de cartes, un film à partager) pètent et rotent dans une cérémonie de rires gras, de blagues impayables… Sans oublier le rituel du match, passé dans le froid saisissant, au bas des tribunes, sur le banc des remplaçants, sans que quiconque, jamais, songe à le faire jouer. Arrive l'heure du retour aux vestiaires, le repas avalé sur le pouce et de nouveau le car, les parties de cartes, les films porno, l'incapacité où il est à faire le silence autour de lui pour dix minutes ou une heure…

Brossait-il le tableau en noir ? Oui, bien sûr. Il pouvait très bien demander de se retrouver en chambre avec Éric ou Doudou et n'avait jamais regardé un seul film porno de toute sa carrière, regagnant le fond du car les quelques fois où la vidéo centrale retransmettait les images que l'on sait. N'empêche, il avait mieux à faire et se réjouissait à l'idée de cette plage de silence de quarante-huit heures. D'ailleurs, sa décision était prise. Dès que Doudou allait frapper à sa porte avec la délicatesse coutumière qu'on lui connaît, Alexandre allait feindre une angine de potache, 40 degrés de fièvre et l'impossibilité de se tenir debout. D'une voix d'outre-tombe, il téléphonerait à Lacaze ou à Verger, lesquels se chargeraient de trouver un remplaçant au remplaçant.

Il regarda à nouveau par la fenêtre : la pluie battait l'horizon noir dans un souffle de bourrasque. Le vent continuait de chasser par brassées jusqu'aux feuilles encore vertes. Il était impossible de trouver une journée plus morne. Il lui semblait que les nappes d'eau qui recouvraient les terrains faiblement éclairés par les lampadaires extérieurs interdiraient tout entraînement pendant de longues journées. Un voile spongieux de plusieurs centimètres se formait le long des lignes de touche. Il pensa à Gabriella dont l'image ne le quittait plus. Il était imprégné, habité par elle.

Comme prévu, Doudou frappa à sa porte avec force cris et comme de juste Alexandre feignit la maladie.

Vers onze heures, lavé et rasé de frais, Alexandre longea les couloirs déserts du centre pour gagner sa voiture sur le parking. Mme Pelletier lui fit un petit geste amical de la main. La pluie avait cessé et une lumière rose s'était emparée de la ville qui s'égouttait avec monotonie comme les branches d'un arbre. Il fut au Plateau en un quart d'heure.

Gabriella vint lui ouvrir, souriante, les cheveux attachés par un pinceau sur la nuque, enveloppée dans un grand tablier blanc comme on en voit encore aux infirmières et aux professeurs de biologie.

— Je t'attendais, dit-elle.

Et comme il semblait surpris, elle ajouta :

— J'étais sûre que tu allais venir…

— Prescience, télépathie, marc de café ?

Il l'accompagna jusqu'à son atelier où elle entendait terminer un collage.

— Cinq minutes…

Alexandre l'observait mieux : un regard noir sur un visage ovale, des mains longues aux doigts fins. Et cette allure, un peu garçonne, désinvolte, déterminée, comme elle marchait de long en large dans son atelier, les pieds légèrement tournés vers l'extérieur. Il regardait aussi sa nuque sous les cheveux attachés. Le long dessin du cou. Une forme de sensualité violente s'en dégageait qui aurait pu l'inciter, en d'autres circonstances, à serrer ce cou, comme on tire les cheveux de la femme que l'on aime au moment de faire l'amour. Sur une porte en bois, qu'elle entendait clouer à l'entrée de ce qu'Alexandre appelait « sa première cabane », se devinait le commencement d'une peinture religieuse.

— Que souhaites-tu peindre ? dit-il au bout d'un long moment.

Gabriella lui parla du « Jugement dernier ». La lumière était basse, la pièce sombre qu'elle avait mal éclairée. Comme il s'étonnait de cela, Gabriella dit que cette « noirceur » – c'était son terme – se prêtait bien à l'idée qu'elle se faisait du Jugement dernier.

— Te voilà inspirée... dit-il.

Elle le regardait d'une moue moqueuse.

— Qu'ai-je dit ?

Elle se retournait encore.

— L'inspiration... dit-elle.

— Et alors ?

— On ne peint pas parce qu'on est inspiré, monsieur Vrac ! Fût-ce par le Jugement dernier... Ce serait plutôt le contraire... On peint pour donner un peu d'inspiration à sa vie...

Il se le tint pour dit...

— Tu accepterais que je te regarde travailler lorsque tu peins ?

Elle l'observait maintenant d'un regard métallique, esquissait une grimace qui semblait être de refus.

— Ai-je professé une grossièreté ?

Il avait pris un ton mondain pour prononcer sa phrase. Un mouvement de houle se dessinait au-dehors et le vent giflait les fenêtres d'une force mauvaise.

— Non, dit-elle. Mais je crèverais de trouille à l'idée que tu me regardes... Déjà que j'ai du mal à montrer une toile terminée, alors la cuisine des choses...

Il mit le nez à la fenêtre. Le vent faisait gémir les arbres.

— Tu veux que l'on aille déjeuner en ville ? demanda-t-il.

Elle repoussait un chevalet vers le coin d'une pièce et mettait dans son action un acharnement qui l'intrigua. Il vint à son secours. Ils parvinrent, à deux, à poser le chevalet dans l'angle où elle comptait le placer, sans faire tomber le tableau qui se trouvait posé dessus.

— On peut très bien déjeuner ici, dit-elle à contretemps. J'aime autant...

— Tu as peur que l'on nous voie ensemble ?...

Elle ne répondit pas, vaquant à ses occupations, rangeant des pinceaux qu'elle regroupait dans un verre à eau, nettoyant un encrier, accumulant les boîtes, poupées, filets de pêcheur, objets divers susceptibles d'accompagner ses caisses, dans un coin de la pièce, derrière le canapé.

— On ne fait rien de mal, non ?

La réplique lui fit mal comme une gifle. Elle l'avait prononcée avec retard sur ce ton de détachement extrême, de froideur animale qui était souvent sa marque et le glaçait. « Trop fragile, le petit Vrac, trop tendre pour un gibier de cette sorte... Le chasseur est promené, guidé par sa proie. » Une voix en lui le rabaissait, le conspuait comme un spectateur le long des stades. Il l'observait pourtant et songeait qu'il aurait pu passer des heures à la regarder, comme un peintre son modèle, sans même songer à autre chose. Surtout ne jamais confesser cela à personne... Mais c'était vrai ! Et ce le fut tout de suite, au premier regard, à la première impression. Qu'elle ait été avec le président lui semblait alors anecdotique. Aussitôt vue, aussitôt adoptée : voilà la vérité.

— Tu as faim ? demanda-t-elle.

Il était déjà plus de treize heures. Le temps était passé sur eux comme un artifice.

— Viens, lui dit-elle.

Elle l'entraîna au-dehors, où le vent continuait de torturer les arbres, où la pluie, comme dans les films, semblait tomber par grappes. Ils coururent sur une vingtaine de mètres afin de regagner la maison. Ils y pénétrèrent par une porte à l'arrière de la demeure. Ils furent vite à la cuisine où Gabriella ouvrit des tiroirs, sortit du parmesan et du basilic du réfrigérateur.

— *Pasta al pesto ?*

— *Va bene...*

Elle cherchait des pignons de pain, les trouva ; prit de l'ail, de l'huile d'olive et mélangea le tout dans un hachoir.

— Tu veux boire un apéritif ?

— Gabriella, dit-il, c'est italien... Tu es née là-bas ?

— À Rome, parfaitement, mais de père français. Je m'appelle Régnier.

— Comme l'écrivain ?

— Tu connais ?

— J'ai lu deux livres de lui. *La Tragédie* et...

— *Du vent dans les voiles.* Ce sont les plus connus. Il en a écrit trois autres, chez un autre éditeur, mais qui sont passés plus inaperçus. Des livres de poèmes aussi...

— Tu as un lien de parenté avec lui...

— C'est mon père.

— Ton père ? Bravo, dit-il.

— Bravo ?

— Son œuvre n'est pas majeure, mais c'est un bel écrivain. J'ai adoré *La Tragédie.* Et j'imagine qu'un homme capable d'écrire un livre pareil ne doit pas être ordinaire...

Elle ne répondit pas. L'eau frissonnait déjà dans la casserole. Elle enleva son tablier qu'elle n'avait toujours pas ôté et enfila un pull de laine qui traînait sur un des fauteuils du salon.

— J'ai froid, dit-elle.

Il la regardait par en dessous.

— Qu'est-ce qu'il y a, dit-elle ?

— Rien... Je découvre que tu es la fille de Régnier et je suis d'autant plus impressionné...

— Il n'y a vraiment pas de quoi l'être.

— Tu n'aimes pas ton père ?

Elle haussa les épaules. Elle venait de placer les pâtes dans la casserole et les tournait avec une grande cuiller en bois.

— Ce n'est pas aussi simple, dit-elle. Disons qu'il ne s'est pas beaucoup occupé de moi... Et lorsque je dis « pas beaucoup », c'est un euphémisme...

— Ta mère vit toujours à Rome ?

— Ma mère est morte quand j'avais neuf ans...

— Désolé, dit-il après un temps de silence. Et... Et... Tu...

— Mes parents étaient divorcés, le coupa-t-elle. J'étais pensionnaire dans un collège puis un lycée de Montpellier où vivaient mon père et mes grands-parents paternels et passais mes vacances à côté de Menton, chez mes grands-parents maternels, lesquels étaient italiens mais vivaient en France... À Roquebrune-Cap-Martin. Tu connais ?

Alexandre était troublé par l'annonce du décès de sa mère. Il y voyait comme un signe de reconnaissance entre eux, mais n'osait plus parler de peur que l'émotion ne le fasse de nouveau bégayer. Gabriella goutta les pâtes qu'elle jugea « al dente » et les égoutta aussitôt.

— Tu veux bien attraper les assiettes là et les couteaux, s'il te plaît ?

Était-elle toujours aussi directive et tonique et précise et rouée ? Elle avait préparé le déjeuner en un tournemain et dégageait une impression de dynamisme qu'il n'avait jamais vu, jusqu'ici, qu'aux hommes de son entourage.

— Régnier, dit-il... Ce n'est quand même pas le premier père venu...

Elle ne répondit pas, se levant pour aller chercher le sel et le poivre qu'elle avait oubliés dans la cuisine.

— Et le tien, dit-elle à son retour, que fait-il ?

Alexandre se sentit pâlir tandis qu'une bouffée de chaleur, dans le même temps, lui montait au visage.

— Il... Il tra... vaille dans la... la... forêt.

— Aux Eaux et Forêts ?

— Oui, dit-il.

Elle fronçait les sourcils, intriguée.

— Cela t'arrive souvent de bégayer ? demande-t-elle ?

Il sourit, haussa les épaules. Elle lui sourit à son tour et il était une fois de plus sous le charme des longs yeux orientaux.

— C'est le... le...

Il souffla, ferma les yeux, respira profondément.

— Pardon, dit-il. C'est le travail de ton père qui t'a incitée à devenir peintre ?

La phrase avait été dite sans une accroche et il en fut fier.

— Inconsciemment sans doute. C'était ma façon de rejoindre un type qui n'a jamais voulu de moi. L'espoir sans doute de me faire remarquer... Quelque chose de ce genre...

— Ton histoire m'émeut... dit-il.

Il la félicita pour la qualité du *pesto.* Elle dit que c'était la spécialité de sa grand-mère, originaire de Genova. Du temps passa.

— Parfois, dit-il, j'ai le sentiment de te connaître depuis longtemps. Pas toi ?

Elle le regardait d'un air étonné.

— Non, pas vraiment. Pourquoi ?

— Pour rien.

Elle ne parut pas prêter attention à la phrase.

— Et ton père, reprit-il, il est originaire d'où ?

— Montpellier. Il t'intrigue ma parole !

— J'aime bien les écrivains.

— On est écrivain quand on a écrit cinq livres ?

— Quelle importance, le nombre ?

— Je plaisante, je suis méchante. Je me venge...

Elle se leva pour changer des assiettes.

— Ton père, dit-il quand elle revint, tu le revois souvent ?

— Notre relation n'existe pas. Elle n'a jamais existé. C'est un être égoïste, tourné sur lui-même, qui ne s'est jamais intéressé aux autres. Sauf peut-être à sa dernière fille qui vient de naître et que je ne connais pas.

— Mais pas à toi ?

— Parlons d'autre chose, dit-elle une émotion dans la voix.

Elle baissait enfin les armes. Elle aurait pu pleurer, il le sentait bien, et cette douceur en elle, cette fragilité soudaine, la rendait encore plus belle à ses yeux. Il aurait voulu la prendre dans ses bras et ne faire qu'un avec elle.

— Petit soldat, dit-il comme à part lui.

— Pardon ?

— Rien, c'est un surnom que j'ai eu envie de te donner... Tu luttes, tu es solide, tu vas de l'avant... Mais sous l'écorce...

— Pas de psychanalyse facile, dit-elle sur un ton qui se voulait humoristique mais où perçait un peu de froideur.

Il n'insista pas.

Une éclaircie s'était faite, au-dehors, sur le lavis trempé de la matinée et la vue plongeait à nouveau sur la droite, vers la plaine mouillée, la coulée montagneuse sur la gauche. Gabriella sortit pour fumer une cigarette. Une habitude prise, disait-elle auprès de Michel. Elle parlait de lui avec un naturel saisissant qui embarrassait Alexandre. Ils burent du café qu'elle venait de préparer. Elle l'interrogea sur la vie de ce grand-père qu'il venait d'évoquer et qui paraissait l'intriguer. Alexandre, quand il en parlait, avait dans le regard une émotion qui la troubla. Comme il semblait l'aimer ! Comme leur relation était belle. Elle ne comprenait pas bien, en revanche, où il avait vécu, plus jeune. Ses parents vivaient-ils dans le même village que le grand-père ? Elle allait demander un éclaircissement quand un petit lapin jaillit sur la terrasse, les observa, étonné et tricota de nouveau sa course vers le jardin. Ils souriaient et la conversation roulait déjà vers d'autres sujets. Vers seize heures, comme un grain de nouveau se précisait dans le lointain et qu'ils avaient abandonné toute idée de regagner la ville, Gabriella fit du thé. Ils parlaient maintenant de ce jeu de rugby, dont elle s'étonnait qu'il puisse susciter une telle passion chez des êtres apparemment sains de corps et d'esprit. Alexandre en parlait en lettré, beaucoup mieux en tout cas que n'avait jamais su le faire Michel, et elle écoutait avec attention.

Le soir arriva. Il lui proposa à nouveau de se rendre en ville mais elle refusa. Il voulut partir, la laisser, mais elle le retint assez chaleureusement.

— Je suis bien avec toi… dit-elle.

La phrase le grisa. Il le lui dit, mais elle se reprit.

— Je ne sais pas ce que tu cherches, lui dit-elle, mais je voudrais éviter toute confusion. Je suis heureuse de te connaître, heureuse d'être avec toi, mais il n'arrivera rien de plus, Alexandre, je veux que tu le saches. En d'autres circonstances, peut-être, dans un autre lieu… Mais là je ne me sens pas libre. Je te confirme, par contre, que je suis bien avec toi. Et, si tu le veux bien, on doit pouvoir nourrir des rapports complices…

— Amis, tu voudrais que l'on soit amis, c'est ça ?

— Oui, un peu frère et sœur…

La phrase lui échappa et elle se rencogna aussitôt. Une déchirure se fit en elle qui lui fit monter des larmes aux yeux.

— Qu'y a-t-il ? demanda Alexandre.

Elle remua la tête en signe de négation. Sourit de nouveau. Il avait du mal à la suivre, du mal à comprendre. Que cherchait-elle ? Il se promit d'en faire le moins possible, de la laisser venir, de ne rien brusquer. Sage stratégie, pensait-il : elle aime dominer, mener les débats. Que faisait-il de ses rapports avec Ferreri ? Fallait-il alors admettre qu'une femme puisse être, tour à tour, soumise et autoritaire, lièvre et tortue ? Son enfance s'était faite sans les filles. Il n'avait pas eu de mère et ne comprenait rien, décidait-il, à l'univers féminin. Pourquoi tournait-il tout cela dans son crâne ? Pensait-il pouvoir coucher Gabriella un de ces jours prochains dans son lit ? Pour l'heure, la question était sans équivoque. Mais demain ? Son comportement à son endroit avait bien sûr changé du tout au tout et le fait qu'elle accepte de passer, comme aujourd'hui, tant d'heures en sa compagnie, plaidait plutôt en faveur d'un rapprochement. Seulement fraternel, le rapprochement ? Il pensait à Doudou, aux reparties que cette situation lui inspirerait... Las, il ne décelait rien en elle qui soit susceptible de lui laisser croire que les choses étaient en bonne voie. N'étaient une ou deux phrases, où la tendresse chez elle se mariait à la froideur, où une forme de complicité intellectuelle se dessinait sous le marbre de l'attitude, rien ne venait l'encourager.

La douceur de cloître de la maison dans laquelle elle venait d'allumer un feu de cheminée contrastait violemment avec la tempête qui se levait au-dehors : une marée battante de pluie et de vent qui heurtait les murs faisait trembler le verre des baies de la véranda et grelotter les petites fenêtres. L'accalmie de l'après-midi avait été de courte durée. Ferreri appela en fin d'après-midi. Il pleuvait aussi très fort sur Clermont-Ferrand et le match pouvait être remis. Une décision serait prise dans la matinée de demain. Gabriella mentait sur ses activités de la journée, prétextant n'être pas sortie pour travailler d'arrache-pied tout au long du jour. La vérité était-elle si difficile à dire ?

— Je n'aime pas mentir, dit-elle en raccrochant.

— Pourquoi alors ne pas lui avoir dit que j'étais là ?

— Je crois qu'il se méfie...

Alexandre, à son corps défendant, sentit une bouffée d'orgueil l'envahir. Il y avait, pensait-il, un double contentement à séduire une femme qui vivait déjà avec quelqu'un d'autre : celui que l'on éprouve à gagner une course à handicap, un match que l'on assure perdu d'avance. Y parviendrait-il ? Aurait-il la moelle pour escalader les sommets, passer outre aux railleries, à la menace d'un président qu'il subodorait déjà ? Il pensa, une courte seconde, que c'était ça le challenge, le vrai ! La séduction, à ce prix, devenait aussi importante que l'amour lui-même.

— Pourquoi souris-tu ? demanda-t-elle ?

— Parce que c'est un bonheur de te tenir compagnie...

Elle parut ne pas comprendre. Il sortait de sa rêverie.

— Il se méfie de moi ?

— Je crois, oui.

— Pour quelle raison ?

Elle montrait son nez.

— Le pif, le flair... Peut-être a-t-il aussi compris que tu ne m'étais pas indifférent...

Alexandre buvait du petit-lait. Il aurait voulu lui faire répéter la phrase.

— Et qu'est-ce qui le pousse à penser que...

— Toi, dit-elle dans un sourire, ne pousse pas ton avantage trop loin... J'ai réalisé un portrait de toi au lendemain de ton agression... Oh ! rien de passionnel... C'était ma façon d'évacuer, d'exorciser cette violence... Michel est tombé sur ce tableau et t'a évidemment reconnu. J'ai eu beau feindre la plus parfaite ignorance, je crois ne l'avoir pas trompé... Et depuis, oui, il se méfie...

— Vous n'êtes pas mariés non plus...

— Non et je suis libre, si c'est ce que sous-tend ta question, mais je suis aussi sa maîtresse…

— Et comment devient-on la maîtresse d'un homme comme Ferreri ?

— Par la même loi que la tienne, Alexandre… La loi de la séduction…

— Ce qui me laisse de l'espoir ?

Elle souriait en le regardant, d'un sourire tendre où passaient tout à la fois du rire et de l'envie.

— Je t'offre un choix. Soit on fait l'amour, un soir, et l'on ne se revoit plus jamais, soit l'on reste copains…

À quoi jouait-elle ? Attendait-elle une réponse ? Elle s'approchait de lui assis sur un des fauteuils du salon, un immense sourire inondant maintenant son visage. Elle se baissait déjà pour le rejoindre quand, soudainement mû par un réflexe imbécile, Alexandre se leva.

— Que fais-tu, dit-elle ?

Surpris, décontenancé par sa propre attitude – quelle peur, soudain, l'avait-elle envahi ? – il bafouilla quelques mots :

— Je pensais aller… Préparer le repas… Tu as peut-être faim, non ?

— Déjà ?

— Il est quelle heure ? Dix-neuf heures trente… C'est déjà l'heure, non ?

Il y eut quelques secondes de ralenti – corps figés qui se toisent, regards qui peinent à se désolidariser – d'incompréhension mutuelle. « Quel con, je fais ! », se dit-il. Mais c'était déjà trop tard. Gabriella s'était tournée et fondait vers la cuisine, d'où elle sortait des choses du congélateur : viandes et poissons, pizzas et légumes congelés. Il ouvrit une porte sur la nuit. La pluie avait de nouveau cessé et l'on n'entendait que le fouaillement du vent dans le désert du jardin. Il fit quelques pas et la rafale l'enveloppa aussitôt qui plaqua sur lui les feuilles mortes des arbres. Dans l'obscurité épaisse du soir, les sautes de la tempête apparaissaient sous forme de bruits épars, contradictoires, de grains rapides : un théâtre d'ombres. Quand il rentra, il songea à s'excuser, aurait voulu rembobiner le film vers l'arrière, mais Gabriella écoutait la radio où il était justement question de la tempête qui, disait-on, sévissait sur tout le sud de la France et était en passe de décimer le département des Landes. Une vigilance orange avait été décrétée du Var au Pays basque. Alexandre s'en voulait. Que se serait-il passé s'il l'avait laissé faire ? Venait-elle l'embrasser ? Entendait-elle se ruer sur lui ? Elle lui avait bien dit le contraire quelques heures auparavant. Mais si elle avait changé d'avis ? D'où ce choix de dernière heure qu'elle lui avait proposé ? « Quel abruti, je fais ! » Il se consola en pensant que la soirée n'était pas terminée. N'était-elle pas allée chercher du vin – un château La Lagune 2003 – qu'il s'empressa d'ouvrir pour le laisser s'aérer.

Il était impossible que Gabriella accepte de passer autant de temps avec lui si elle n'éprouvait à son endroit un sentiment assez proche du sien.

— Tu pourrais quitter le président ?

Elle le regarda assez durement comme si elle cherchait avec les yeux ce que sous-entendait la question.

— Pourquoi voudrais-tu que je le quitte ? Pour le bonheur de me retrouver à la rue, sans un rond, à pleurer sur mon atelier perdu, avec pour seul viatique le retour à la fac où l'on n'apprend jamais rien, à la boulangerie où je passais huit heures par jour ?

— Ne me dis pas que tu restes avec lui pour le confort matériel qu'il te procure ?

Il avait tenté sa chance et déjà s'en mordait les doigts.

— Non, bien sûr que non. Je suis avec lui parce que je l'aime. Qu'est-ce que tu imagines ?

Il se taisait. Elle le provoquait du regard et il baissa les yeux. Il ne voulait pas en rajouter et servit deux verres de vin dans un silence de cathédrale. Une brûlure à l'estomac l'empêchait d'avaler. Quel besoin avait-il eu aussi de relancer la conversation sur le seul sujet urticant du moment ? En même temps, il n'aimait pas savoir que Gabriella, sa beauté, ses vingt-six ans, restait d'une certaine façon asservie à ce mec qui lui, de son côté, avait gardé sa femme et menait la vie qu'il entendait.

— Qu'y a-t-il ? dit-elle au bout d'un long moment.

— Rien, répondit-il. Je n'aime pas ça, c'est tout...

— Quoi ça ?

— Le président et toi... Je sais que ça ne me concerne pas, que je n'ai rien à dire, mais il a cinquante-cinq ans, toi vingt-six. Il est marié. Je ne trouve pas ça bien...

Elle le coupa d'une étrange voix blanche qui dissimulait mal la colère qui bientôt empourprerait ses traits :

— Mais qui es-tu, toi, pour juger de ce qui est bien et de ce qui est mal ? C'est bien de passer sa vie à jouer au rugby entouré d'imbéciles heureux et de se faire humilier par des gens qui se servent de leur pouvoir pour te faire jouer ou non, te payer ou non ? Qu'est-ce que tu sais de la vie pour te permettre de juger les autres ?

— Je ne juge pas...

— Alors ferme-la !

Il l'observa. Son visage était devenu livide et plus émacié que jamais. On eût dit que ses joues s'étaient creusées comme à un malade la veille de sa mort. Elle faisait peur. Alors, il reposa son verre sur la table basse et se leva sans rien dire. Il récupéra sa veste sur une patère à l'entrée et s'apprêtait à sortir à l'air libre quand il l'entendit vociférer :

— C'est ça, fais comme Julien, barre-toi !

Qui était Julien ? D'où sortait-il celui-là ? Il quitta la pièce, mû par l'humiliation où ses propos l'avaient entraîné. Aussitôt la pluie et le vent l'enveloppèrent d'un mouvement d'apocalypse. Il eut à peine le temps de fermer la grille derrière lui, de plonger dans sa voiture, que déjà il était trempé de la tête aux pieds.

18

Ce fut comme une brûlure. Une brûlure ? Disons plutôt une décharge électrique. Quelque chose qui réveille, oppresse, tétanise. « Son grand-père était mort. » C'est l'idée qui lui est venue. L'idée ? L'image si vous préférez. Ou plutôt non, soyons justes : le message. Comme si quelqu'un, dans son sommeil, était venu lui dire : « Ton grand-père est mort ! » À moins que ce ne soit lui, justement, qui lui ait dit : « Je suis mort ! » A-t-il vu son grand-père ? Le cœur lui bat et il s'affole. « Quelle heure ? Quelle heure, nom de Dieu ? » Il ne trouve, à portée du lit, ni le réveil enfoui sous des pages de journaux, une accumulation de magazines, ni son téléphone portable. Il pousse les mags, déniche le réveil. Quatre heures trente ! Et aussitôt : « Quelle importance, l'heure ? Calme-toi ! » Alors, doucement, le calme revient avec la raison. C'est un cauchemar et rien d'autre. Il se lève, finit par trouver son téléphone mobile dans le coin cuisine pour mesurer si quelqu'un, d'aventure, lui aurait laissé un message, un texto. La nuit, au-dehors, semble coite. La tempête de l'autre soir est passée et, avec elle, le vent est tombé. Par la fenêtre de sa chambre il mesure, assourdie par la nuit, l'imbrication des verts et des gris sur ce paysage mélancolique. Une langueur, une lenteur désespérantes sourdent du centre endormi, dont les terrains noyés d'humidité ont interdit tout entraînement dans la journée d'hier. Il songe que Gabriella n'a pas répondu à son texto d'excuses. Avait-il eu raison de l'envoyer ? N'était-ce pas plutôt à elle de s'excuser ? La question, à cette heure, est superflue. Penser à Gabriella lui fait oublier son cauchemar. C'est un être sanguin, pense-t-il. Mais qu'en sait-il ? Que sait-il d'elle ? S'il est juste avec lui-même, il doit reconnaître que sa volonté, son dynamisme, son autorité même lui plaisent. Jusqu'à se faire rabrouer ? Non, évidemment que non ! Il devra mettre bon ordre à tout ça. Mais il aime la savoir déterminée, courageuse. Une fonceuse ! Mais une fonceuse qui aurait pris préalablement soin d'être une artiste. Dure au mal d'accord, mais avec des sentiments, des émotions, des fragilités à revendre. Est-ce cela ? Il brosse le portrait de couleurs excessives, caricaturales et a peut-être eu tort de s'excuser. Que disait son texto : « Suis navré par notre fin de soirée. J'avais passé une journée formidable. Peut-être n'aurais-je pas dû dire ce que j'ai dit. Mais je ne jugeais pas. J'exprimais une révolte personnelle qui dit suffisamment l'attachement que je te porte. » Il espérait une réponse qui n'est pas venue. Gabriella n'est pas fille à rebrousser chemin facilement. La conquête n'est pas terminée. Il lui faudra du temps, de la persévérance.

Il fait quelques pas dans son studio. Il ne voudrait pas que son cauchemar soit prémonitoire. Mais il ne va tout de même pas appeler son grand-père, à cette heure, pour avoir confirmation de sa mort. Alors oui, penser à Gabriella, à l'étrange force qui émane de son corps. Force et finesse : l'art des contrastes. Il se souvient de Jean, l'autre jour : « Il y a deux sortes de femmes. Celles qui ont des seins et celles qui ont des jambes. » Voilà un manichéisme de bon aloi.

Quel visage arbore-t-elle dans le plaisir ? La question le poursuit depuis quelques jours. Et quelle attitude chérit-elle dans l'amour ? Brusque, sauvage ? L'amour qui fait mal, Johnny, Johnny... Ou bien, au contraire, croule-t-elle sous les caresses ? La douceur d'une voix murmurée, chuchotante ? Est-ce bien le sujet convenable à quatre heures du matin ? Peu lui chaut. Il veut oublier son cauchemar, l'idée même de son cauchemar et rien ne vaut, pour ce faire, le corps d'une femme. S'il ferme les yeux, Gabriella est là, nue, mouvante, affectueuse. Il se heurte à sa voix. Lui trouver la juste intonation entre douceur et plaisir. L'entendre ! L'entendre vraiment pour mieux la voir. C'est le secret, paraît-il ! Le secret de toute télépathie. Son corps ? Le corps est facile à cerner. Plus musclé qu'il ne l'aurait cru et ses seins sont plus gros qu'il ne l'aurait imaginé. Dans son vertige, elle n'aime que lui, ne veut que lui, d'une passion irrésistible, frondeuse, entière. S'en contente-t-il ? Peut-être la pluie est-elle revenue, ou bien le vent, parce qu'il entend, dans la nuit, grincer la fenêtre de sa chambre et le toit du centre bouger comme en proie aux éléments.

*

L'entraînement a débuté à dix heures, le lendemain, par une série d'exercices que les Anglo-Saxons appellent *skills*. Une petite demi-heure après le début des jeux, ils virent Mme Pelletier rejoindre le premier terrain d'entraînement et s'agiter en bord de touche au point de susciter l'attention des kinés. Elle voulait parler à Lacaze. Doudou profita de l'intermède pour sacrifier à sa nouvelle passion : il prenait un peu de boue sur les parties de terrain labourées par les crampons, la malaxait dans ses mains et en badigeonnait par-derrière le visage de l'un de ses amis. Là, à la seconde – et c'est une image qui probablement restera gravée dans la mémoire d'Alexandre – c'est Éric qui s'y collait ! Mais tout alla très vite. Lacaze lui faisait signe et il accourut en prenant soin d'éviter Doudou dont il sentait la menace dans son dos. Il était tout sourire. Mme Pelletier le regarda d'un air effondré et Lacaze le prit par l'épaule. Une seconde. Une seconde pour comprendre.

À midi, peu avant qu'il ne quitte le centre, Éric l'a rejoint et l'a enlacé. Un long moment sans rien dire. Son rêve de la nuit était bien prémonitoire. Comment était-ce possible ? « Je ne savais pas qu'il ne te restait que lui. On viendra à l'enterrement. On ne te laissera pas seul… » Brique aussi est venu à sa rencontre et Jean qui lui a fait un discours vaguement moralisateur dont il n'a rien retenu et Doudou, bien sûr, qui ne disait rien mais qui aurait pu pleurer. « Ton grand-père est mort cette nuit », lui avait annoncé Lacaze. C'est le maire du village qui nous a prévenus. Il est mort cette nuit. D'une mort naturelle. » Il revoit l'herbe alors, ce carré de vert qu'il fixait étrangement et qui se diluait au fur et à mesure que les larmes montaient en lui et lui brouillaient la vue. Il sent la main de Lacaze posée sur son épaule. Chaude, la main, pesante ! Mais pourquoi les tribunes et pourquoi l'herbe ? Il ne pourrait plus les revoir désormais sans penser à son grand-père.

« Ça ira ? lui a demandé Doudou, comme il prenait sa voiture pour rejoindre le village. Tu ne veux pas que je t'accompagne ? » Il était gentil Doudou. C'était même le plus gentil de tous. Alexandre le rassura, le laissa mais s'effondra quelques minutes plus tard au bord de la route. Cela faisait déjà quelques heures qu'il donnait le change, s'efforçait de ne pas craquer, de refluer ses larmes, mais là, d'un seul coup, il n'y tenait plus. Pourquoi n'était-il pas allé le voir plus souvent ? Son égoïsme l'écœurait. Le Vieux pressentait sa mort et avait sans doute besoin d'exprimer certaines choses, de manifester une peur, de soulager une angoisse. Mais il n'avait pas été là pour l'entendre. Lui tenir la main. Lui signifier son amour.

Il était seul désormais, mais il se refusait de jouer les victimes, de pleurer sur son propre sort. Une culpabilité le tenait et il devait faire face. Singulièrement, il essaya d'imaginer l'attitude qu'adopterait Gabriella en pareille situation et cela le conforta dans l'idée de se tenir droit, de se montrer digne. La dignité ! Son grand-père en faisait justement la valeur fondatrice de toute société. « C'est le manque de dignité des êtres qui autorise toutes les abominations que l'on voit. Un être digne ne tue pas, ne viole pas, respecte les autres comme il se respecte lui-même. » Ce n'était pas faux et Alexandre durant toute son adolescence fut sensible à cette seule recommandation émanant de « son vieux » : « Sois digne ! »

Comment imaginer qu'il ne serait plus jamais là ? Comment vivre sans sa présence, sans savoir que là-haut à plus de 1 000 mètres d'altitude vit un homme qui est tout à la fois son modèle et le seul lien avec son passé ? Comment vivre sans lui parler, sans lui rendre des comptes, sans savoir que, pour toujours, une oreille bienveillante est là pour l'entendre et l'aider ? Que sera la maison sans lui ? Un lieu froid, humide, informel, dont les souris feront leur domaine ? Bien sûr, Alexandre, ces dernières années, n'avait eu de cesse que de fuir. Pas le Vieux à proprement parler. Mais le village, la montagne, son enfance qui tout à la fois le fixaient dans le temps, l'agrégeaient à un lieu et le heurtaient comme une atteinte à la liberté. Épisode classique. Quand la beauté du lieu le dispute à la solitude où elle conduit, quand l'enracinement se heurte aux sources d'un épanouissement qui vous emporte ailleurs.

Il arriva au village en début d'après-midi. Il n'avait pas mangé et n'avait pas faim. Dès qu'il gara sa voiture sur la place de l'église, des gens accoururent vers lui pour l'embrasser. Toutes les grands-mères étaient là et le maire et l'ancien maître d'école et le forgeron. À croire qu'ils l'attendaient. « C'est Mme Charpentier qui, ce matin, l'a trouvé dans son lit. Elle a cru qu'il dormait encore. C'est une belle mort, tu sais... »

Il monta lentement le chemin qui menait vers sa demeure et sentait le buis. Un froid humide de novembre était tombé sur le village. Les forces lui manquaient et avec elles l'idée lui revenait que c'était fini, qu'il aurait dû être là, qu'il n'aurait plus jamais rien à faire ici et c'est comme si la vie même fuyait de lui, à gros bouillons, par une plaie grande ouverte. Quand il parvint sur le pas de la porte, épuisé, Mme Charpentier qui l'attendait, s'avança vers lui et l'embrassa avec pudeur.

« Je t'attendais, dit-elle. Je veux que tu saches que je l'aimais beaucoup. » Il remercia. La tête lui tournait. Elle était seule dans la maison où le Vieux reposait et il fut frappé par ce silence, cette solitude. Mme Charpentier voulut le laisser seul et il n'osa pas l'en dissuader. Son grand-père reposait sur son lit. On l'avait habillé pour la circonstance de son costume trois pièces qu'il lui avait toujours connu. Sur ses mains, croisées sur la poitrine, était posé un chapelet dont le Vieux n'avait cure en temps ordinaire. Alexandre l'embrassa sur le front, posa une main sur l'une des siennes. Le Vieux était froid. Horriblement froid. Des larmes vinrent à Alexandre, mais il lui sembla n'avoir plus de force et devoir économiser jusqu'à sa peine. Il s'assit sur le fauteuil de la chambre et resta là quelques longues minutes en proie à une désespérance morne. L'épuisement en lui était total et il ne chercha plus à penser, à bouger. Il s'effondrait, au sens propre et pensa soudain rejoindre le Vieux dans cet ailleurs improbable où il venait de basculer. Il pensa, en même temps, à ses années d'enfance, où la présence de son grand-père, le soir, dans la chambre voisine de la sienne, le rassurait. Une peur panique, certains soirs, s'emparait de lui à la seule évocation de la mort de ses parents. Le noir de la nuit et la nécessité où il était de devoir dormir se mêlaient en un ramassis d'angoisse qui le tenait éveillé des heures durant. Puisque les grandes personnes, supposées rassurer, pouvaient mourir, un soir de novembre, au volant d'une voiture, à qui se fier ? C'est que la mort était là, partout présente, imminente peut-être. Lui aussi allait-il mourir ? À sept ans ? À huit ? À neuf ? Il songeait à l'instant que son bégaiement, son manque d'assurance en certaines circonstances prenaient leur source ici : dans l'insécurité et la souffrance où il se trouvait. Une toux de son grand-père, un mouvement un peu saccadé du lit, le rassérénait alors. On pouvait aussi vivre et vieillir sur cette terre.

Personne, heureusement, n'était là pour le voir – assis de biais sur ce fauteuil en paille, une jambe croisée sur l'autre, les coudes posés sur les rebords du fauteuil, les mains déjetées dans le vide – et il se réjouissait de n'avoir plus à tenir un rôle. C'est à peine s'il s'en voulait d'être plus préoccupé de lui-même que de la mort de son grand-père.

Et puis, au bout d'un moment, les forces réapparurent. Il sembla à Alexandre que son inconscient, déjà, avait fait le deuil de son grand-père, qu'il était lui-même préparé à cette mort. Objectivement, c'était une mort superbe au terme d'une vie bien remplie, comme disent les mauvaises nécros dans les mauvaises gazettes. Une vie bien remplie ? Qu'en savait-on ? Le mort était-il rassasié ? A-t-il laissé un mot en témoignage ? Qu'avait été cette vie nichée dans ce coin de montagnes, à couper et à vendre du bois, à élever quelques bêtes ? Sa femme était morte d'un cancer alors que son fils n'avait que dix ans et qu'elle-même n'en avait pas quarante. Son fils allait mourir, vingt ans plus tard, dans les circonstances que l'on sait. Dans quelle colonne classer tout cela ? Dans quel tiroir ? Une colère gonflait en lui qui n'acceptait pas ce départ. Il avait tant de choses encore à dire à son grand-père, tant de choses à entendre de lui. On frappa à la porte d'entrée. Il descendit. C'était le curé de la paroisse qui venait s'enquérir de détails sur le contenu de la messe, les souhaits d'Alexandre. « Ce n'était pas un fidèle, dit-il en parlant du Vieux, mais tout le monde ici l'aimait et je ne doute pas de son grand cœur. » Qu'en savait-il ? Alexandre fut poli mais bref et le curé parut s'étonner de cette froideur qu'il mit sur le compte du chagrin.

Quand il sortit, Alexandre se retrouva seul une deuxième fois et comprit que, sauf à construire lui-même une famille, cette solitude parentale était définitive. Il fit quelque pas vers la maison de Simon qu'il trouva près de l'étable.

— Savais qu'il allait partir le Vieux. C'est comme ça.

Simon, quand il n'usait pas d'onomatopées, parlait par périphrases, sous-entendus, condensés de mots. Aux autres de le suivre.

— Tu l'as vu ? Tu lui as parlé ?

— Non pas. Mais je savais.

— Mais tu savais quoi ?

— Que le vieux soufflait, souffrait. Que c'était fini de cette existence.

— Il en existe une autre ?

— Paï que oui !

Il haussait les épaules, jouait d'un mystère.

— Pourquoi tu ne m'as pas fait prévenir pour le Vieux ?

— Tu es à la ville. Tu es occupé. La fille…

Il riait en haussant toujours les épaules comme un enfant qui vient de faire une blague.

— La fille ?

— Ton amoureuse.

— Tu la connais ?

— Bien sûr.

— Comment la connais-tu ?

— Je l'ai vue.

— Où ça ?

— Là, fit-il en se frappant le front.

— Dans ta tête ?

Il approuvait d'un mouvement.

— Comment est-ce possible ?

Simon souriait.

— C'est comme ça.

« Je le sais. C'est comme ça. » Simon, par cette expression, qui revenait sans cesse dans sa bouche, mettait fin à toute conversation. Le « c'est comme ça » ouvrait bien quelques perspectives sur une dimension de l'existence que Simon était visiblement le seul à percevoir. Parlait-il réellement aux animaux comme il le prétendait souvent, ou s'en persuadait-il ? Alexandre ne le saurait probablement jamais. Il ne doutait pas, en revanche, que Simon ait eu quelques dons extrasensoriels de nature à lui laisser deviner des choses qui échappaient au commun des mortels. L'enfance d'Alexandre avait été bercée par les histoires de Simon, ses visions, prédictions, télépathie. Mais on ne pouvait forcer ce dernier à en dire plus que ce qu'il entendait dévoiler. Et si, parfois, les messages étaient brouillés, incompréhensibles, c'est que Simon lui-même avait du mal à y voir très clair. Il insista pourtant.

— J'ai besoin de savoir, Simon. C'est important pour moi.

— Savoir quoi ?

— Cette fille ! Comment elle t'est apparue ?

— C'était ta femme.

Un frisson laboura l'échine d'Alexandre.

— Ma femme ? Qu'est-ce que tu veux dire ?

— En Italie… Il y a longtemps. Tu étais paysan dans la forêt de Garfagnana. C'était ta femme.

— Tu veux dire dans une vie antérieure ?

Simon se taisait, le visage perdu dans ses songes.

— Et je l'aurais retrouvée ? C'est elle, tu es sûr ?

— Paï !

— Tu as vu autre chose ?

— Non.

— Et elle va redevenir ma femme ?

Il haussait les épaules. Puis il se rencogna, comme s'il se reprochait d'en avoir trop dit et Alexandre savait qu'il n'en tirerait rien d'autre.

*

Le soir venu, comme un silence absolu tombait sur la montagne, Alexandre crut retrouver ses peurs de l'enfance. La cuisine où le Vieux passait le plus clair de son temps était froide, chichement éclairée. Alexandre n'avait pas eu le bon goût de faire un feu dans la cheminée qui aurait redonné un peu de gaieté à la pièce. Et tout se conjuguait autour de lui pour nourrir son désespoir, faire revivre ses peurs. Du dehors et d'une nuit froide, sans lune, le temps semblait comme suspendu, ouaté. Peut-être allait-il neiger. L'absence totale de vision accréditait la thèse imaginaire d'un danger. De l'étage de la maison, des bruits singuliers descendaient que plusieurs coups de balai contre le plafond ne parvenaient pas à disperser. Des loirs ? Des souris ? Un froid humide avait pris possession de la demeure et ajoutait à l'absence de lumière une impression de pauvreté fatale. Les casseroles étaient mal lavées, comme la vaisselle d'ailleurs que le Vieux s'ingéniait toujours à faire à la main. Mme Charpentier, percluse de rhumatismes, se contentant ces dernières années d'aspirer et de laver les sols, les fenêtres, le linge que le Vieux daignait bien lui léguer. Elle parlait toujours d'arrêter, d'où le souhait d'Alexandre de lui trouver une remplaçante. Parce que ce désordre apparent qui ne ressemblait pas à son grand-père – l'on trouvait du linge à l'abandon ; des objets de jardinage disséminés ; des trous, sous l'évier, dans les planches de bois, où les souris devaient faire leur sabbat – laissait voir une existence en fin de course.

Il revint dans la chambre du Vieux, où un grand froid sévissait par la fenêtre volontairement laissée ouverte. « Je vais devoir dormir à côté d'un mort », songea-t-il et cette pensée l'effraya. Il ne se souvenait pas de la présence de ses parents, ici même, au soir de leur vie. Il observa son grand-père dont le teint virait au jaune et semblait traversé de spasmes infimes. Devait-il comprendre que la pourriture en lui creusait son sillon ? Il pensa à « la charogne » de Baudelaire mais cette pensée lui fut insupportable. Il repensa à ce que lui avait dit Simon quelques heures plus tôt. S'il disait vrai ? Soudain, il fut alerté par un petit bruit métallique, un SMS venait de lui parvenir. C'était Gabriella. « Je viens d'apprendre la mort de ton grand-père. J'imagine ta tristesse. Je veux que tu saches que je pense à toi. Gabriella. » Ce seul texto changeait, bien sûr, la couleur des choses. Alexandre sortit de nouveau sur le pas de la porte, guettant le moindre bruit mais délivré soudain de toute pointe d'angoisse, inspirant à grandes bouffées l'air pur et froid qu'il collectait. Peut-être Gabriella viendrait-elle, demain, à l'enterrement ? Il voulait croire à la véracité des propos de Simon. Éric et Doudou ne s'étaient pas manifestés depuis ce matin mais il était sûr qu'eux seraient là. Amèneront-ils Gabriella avec eux ? Il essayait vainement de percer la nuit d'encre pour y retrouver délicats, intemporels, splendides, les paysages de son enfance qui l'attendaient là depuis toujours et l'attendrissaient à proportion. Le message de Gabriella avait suffi à larguer toute peur. C'était un message d'espoir. La vie en était métamorphosée.

19

La montagne : Alexandre en a plein les yeux, plein la bouche, plein le cœur. Il a neigé en fin de nuit et voilà une heure maintenant qu'il contemple sans presque bouger ces paysages dont il rêvait la nuit dernière, dont il connaît jusqu'au moindre détail et qui, toujours, l'émeuvent. L'enterrement n'a lieu que cet après-midi et il a quelques heures devant lui avant la mise en bière. Il est sorti dans le froid coupant de ce matin de novembre. Le ciel opaque, un peu roux, saturé de neige, plonge sur la montagne, la teinte de bleu. Les grilles, le banc, les branches des arbres offrent à l'œil des nuances nouvelles, désolées, malgré la fine couche duveteuse qui les recouvre. Va-t-il neiger pendant l'enterrement ? Alexandre a marché vers l'étable, puis file vers la maison voisine de Simon. Lui aussi décidément participe du décor de sa jeunesse. À la mort de Jeanine, sa mère, il avait adopté un renard qui vivait auprès de lui dans la cuisine de la ferme et tuait, le soir venu, toutes les poules du village, jusqu'à ce qu'un autochtone ne le tue à son tour, un matin, d'un coup de fusil et que Simon ne se cloître définitivement, refusant de parler à quiconque sinon au Vieux. Alexandre le retrouve là où il l'avait laissé la vieille, près d'un abreuvoir dans lequel il fait boire ses vaches. Il l'invite à rentrer dans sa maison grise où il a mis des pommes de terre à cuire sur le feu. Sous le tablier de briques noircies, des branches de châtaigniers flambent dans une bonne odeur de bois, un sentiment de paix profonde remplit tout son être.

— Tu veux de la prune ? Du café ?

— Café, s'il te plaît !

Simon s'ingénie à réchauffer du café qu'il a dû faire le matin ou la veille. Quand il revient, les deux hommes n'échangent pas de mots. Cinq petites minutes passent quand Simon relève la tête.

— Le Vieux, dit-il, voulait que tu quittes le village. Que tu vives ailleurs.

— Et pourquoi pensait-il ça ?

Simon se gratte la tête en signe de réflexion. Il n'est ni rasé ni préparé. Ne compte-t-il pas venir à l'enterrement ?

— Il ne veut pas que tu restes dans le souvenir des morts.

Alexandre boit une gorgée de café en soufflant sur le verre pour tenter de le refroidir.

— Tu sais autre chose ? demande-t-il.

— Non, c'est tout.

Simon se lève. De la tête il montre l'extérieur et dit : « Faut que j'y aille... Les vaches ! » Lesquelles sont effectivement dispersées dans la cour de la ferme où il les avait laissées, un chien à leur pied.

Alexandre remercie.

— À tout à l'heure, dit Simon.

Les joueurs sont arrivés au village en début d'après-midi, mais aucun n'a osé s'aventurer jusqu'à la maison d'Alexandre. De sorte qu'il est seul avec le curé et le maire, pendant que les hommes de service procèdent à la mise en bière. Quelle horreur, cette façon de faire glisser un corps dans un grand sac en plastique et de tirer la fermeture éclair dessus, comme une trousse d'enfant sur les crayons du jour. Et, encore, l'image est-elle flatteuse ! Une heure au préalable il a parlé à son grand-père. Le petit-fils désemparé devant le grand-père décédé. Leur complicité ne s'est jamais nourrie de mots, mais elle était palpable toutes ces années durant et Alexandre sait gré à son grand-père de l'avoir élevé par l'exemple, soutenu, protégé selon des méthodes et un rituel qui étaient les siens mais qui prennent soudain tout leur sens. Il voudrait faire durer cet instant, le dernier en sa compagnie, puiser dans sa mémoire d'autres souvenirs, d'autres remerciements, mais déjà les hommes arrivent.

Il enfile un costume noir pour lui faire honneur, met une chemise blanche sur laquelle il projette une cravate noire. Il est superbe du haut de ses vingt-trois ans, bien qu'il estime ressembler à un croque-mort.

— C'est encore un enfant, vous ne vous rendez pas compte, dit Mme Charpentier en l'apercevant.

Il sourit. Pâle sourire. Il suit en sa compagnie, celle du maire et du curé, le corbillard traîné par une charrette à cheval, comme jadis et naguère. Il essuie au village les pans de boue, de neige fondue qui parsèment le chemin et ont sali ses chaussures. Là, il reconnaît tout de suite les silhouettes de Jean, de Brique, d'Éric et de Clara, de Doudou. Lacaze et Verger aussi sont là qui sourient sur son passage.

Le président arrive, dit Lacaze. Il est en route.

Sera-t-il seul ? Il ne formule évidemment pas la question, mais tout son esprit est occupé par elle. Dans le froid de l'église, le curé débite les platitudes habituelles sur la vie du Christ, la résurrection, mais sans un regard personnel, une phrase de circonstance. Il se contente de lire l'évangile dont les formules lui semblent inadaptées. Bientôt de l'ennui suinte de l'église, palpable et lourd comme un plat indigeste. Il sent des regards posés sur sa nuque, respire l'odeur d'encens qui bientôt surplombe le corps de son grand-père, entend une toux au loin, le bruit d'un mouchoir que l'on froisse. Tout le village est là ou peu s'en faut, de sorte que l'église est pleine avec la dizaine de rugbymen qui s'y trouvent.

Il souhaite parler, a prévenu le curé à cet effet. Quand il le rejoint vers l'autel, il n'est pourtant plus très assuré de lui-même. Il mesure le risque où le place son attitude : s'il bégaie, il va se rendre ridicule. Mais il a promis ça à son grand-père, hier soir. Quelques mots comme on laisse le sillon d'une trace invisible. Quelques mots pour ne pas se séparer de la sorte. Il paraît livide sous le pâle éclairage de l'autel. Mais il n'a peut-être jamais été aussi beau que dans ce costume noir, face à cette assistance qui ne voit plus que lui, à observer éperdument le cercueil où repose son grand-père. La lumière donne par touches à ses cheveux noirs et frisés des reflets blancs qui laissent peut-être deviner l'homme qu'il sera à cinquante ans. Attend-on quelque chose de lui ? Éric et Doudou ne voudraient pas qu'il sombre dans le pathos, le ridicule. Gabriella ? Elle est arrivée à temps pour la messe et se veut fascinée par la beauté sourde qui émane de lui, par cette sorte de grâce aérienne qui le meut depuis tout à l'heure et doit beaucoup à l'émotion qui le tient. Mais Alexandre ne sait rien de tout ça. Il n'a d'ailleurs pas encore aperçu Gabriella. « Quant aux autres ? Ils s'en foutent », juge-t-il. Il se racle la gorge. « Tout cela n'a d'importance que pour moi. »

« Mon papy, tu étais le Vieux pour tout le village. Et je veux croire qu'il y avait derrière cette expression familière une forme de respect. Peut-être n'aimerais-tu pas que je dise ces quelques mots, toi qui fus un homme de silence. Mais je ne voulais pas te laisser partir comme ça. Sans un mot justement. Sans un hommage. Sans avoir dit aux autres, à tous les autres qui sont là aujourd'hui, à quel point tu étais un type bien. Honnête jusqu'à dire à Cécile, notre épicière, il y a quelques jours encore, qu'elle se trompait à son désavantage en te rendant la monnaie, ce qui lui arrive, reconnaissons-le, de plus en plus souvent... Travailleur par philosophie, tu répugnais le laisser-aller, le laisser-faire. Cultivé jusqu'à connaître, de mémoire, des poèmes de Victor Hugo et ton fameux « Cimetière marin », de Valéry. Mais tu étais surtout généreux, bougon, modeste, altruiste, prévenu que la vie ne valait pas tout le tapage qu'on en fait, que nous n'étions pas de ce monde et qu'il fallait se résoudre à s'accepter comme on est. Je t'aimais profondément. Parce que tu m'as élevé à la mort de mes parents. Parce que tu as toujours eu l'intelligence de t'effacer quand il le fallait, de me guider quand tu le jugeais bon. Et d'être, toutes ces années durant, à mon écoute. Quel est le patrimoine d'un homme ? Que laisse-t-il à sa mort ? Outre un certain goût pour cette montagne que tu aimais tant, une idée assez haute de l'homme en général, tu m'auras laissé une formidable cicatrice d'amour. Une cicatrice, oui, parce que ça va quand même être rudement difficile de vivre sans toi. »

La voix pour le dire, tremblée, mélodieuse, timbrée bas, parvient à tous dans la petite église. Pas une fois Alexandre n'accroche sur les mots et l'idée, au reste, ne lui est même pas venue. Quand il lève la tête pour regagner sa place, l'office quasiment terminé, néanmoins déçu de n'avoir pas su offrir une autre messe à son grand-père, il aperçoit Gabriella, à trois pas, près de la nef, qui le regarde aussi. Et c'est encore l'intensité de son regard qui l'interpelle. Pleure-t-elle ? Il lui semble que ses yeux sont humides. Et, comme il se rapproche, le doute n'est plus permis. Pourquoi pleure-t-elle ? À quoi cette mort la renvoie-t-elle ? À sa mère ? Elle dénote dans ce lieu. Comme si le luxe, la beauté, la tristesse avaient déposé sur elle une couche de sédiments qui la rendrait intouchable. Une odeur d'Orient, brune et fauve, s'exhale d'elle comme il passe à ses côtés, la regarde et la frôle. Elle lui sourit et il lit dans son regard, en un éclair de secondes, l'attirance qu'il semble désormais exercer sur elle. Savait-elle la vérité sur sa famille ? À elle aussi il a menti sur l'existence de ses parents. Dehors, enveloppé de chagrin, il l'embrasse, la remercie de sa visite mais avec cette part de distance et d'orgueil qui serait comme un mur entre elle et lui. Le président, à côté de Gabriella, ne semble rien comprendre à sa tristesse soudaine. Pénétré de lui-même, il voudrait dire un mot, en public, au cimetière. Un mot ! Alexandre se retient de pouffer. Pas de mots, merci ! Il s'était certes autorisé à l'exercice, mais c'était bien le seul que son grand-père eût toléré. Il exprime tout cela d'une voix ferme et mesure à quel point quelque chose a changé en lui.

— On ne va peut-être pas rester alors, dit Ferreri. On va te laisser en famille.

— Ma famille est là, dit-il en montrant le cercueil.

Un silence se fait. Voit-il que Gabriella, un peu en recul derrière Ferreri, a, de nouveau, le regard humide ?

— Quand reviens-tu ? demande Ferreri embarrassé.

— Demain.

— On compte sur toi pour l'entraînement du soir ? intervient Lacaze.

Alexandre fait oui de la tête. Il mesure pour la première fois à quel point son air triste, un peu vague, semble plaire à Gabriella. Quelle connerie, la vie ! Tout cela exacerbé, prolongé par le costume noir, le manteau noir, l'allure un peu hautaine où se noie la tristesse. Doudou vient à sa rencontre, puis Éric, puis Brique, puis Jean. Ils ont tous un mot complice, une étreinte qui lui va droit au cœur, mais il est seul. « On est là », a dit Éric. Clara aussi l'embrasse avec affection. Les premiers flocons de neige volettent dans le ciel. La lumière décline à vue d'œil comme il marche maintenant derrière la voiture qui accompagne son grand-père au cimetière. Le Vieux aimait la neige. « Je suis sûr, pense Alexandre, qu'il aurait aimé être enterré par une journée pareille. » Chemin faisant, il ne voit pas Gabriella partir, laquelle, pourtant, ne voit plus que lui.

20

C'est un peu avant vingt-deux heures qu'il reçut le SMS : « Suis revenue au village. Devant l'église. Un peu perdue. Un peu honteuse. J'ai peur de ne pas trouver ta maison. Voudrais-tu venir me chercher ? Gabriella. »

Que faisait-elle au village, à cette heure ? Que faisait-elle ? Devine, imbécile ! Il enfila un manteau, des chaussures adaptées et fila la retrouver. Un morceau de lune éclairait la montagne. Il ne neigeait plus. Alexandre courait le long du chemin, faillit tomber dix fois, mais fut près d'elle en cinq minutes. Quand elle le vit, elle ouvrit la portière de sa voiture d'où s'exhalait une musique pop. Il se figea à deux mètres d'elle et elle s'arrêta aussi. Devait-il se jeter sur elle et l'embrasser ? N'étaient cette visite improbable, son regard posé sur lui dans l'après-midi, rien ne laissait supposer dans leur relation qu'une aventure amoureuse pourrait démarrer. Et, en même temps, le geste était fort, la symbolique avantageuse.

— Pourquoi ? dit-il.

— Pourquoi ?

— La question est ridicule ?

Il lui prenait une main et déjà elle se rapprochait, posait l'une des siennes sur sa nuque. Son visage était à quelques centimètres du sien.

— Un peu, non ? dit-elle dans un souffle et déjà posait ses lèvres sur les siennes.

Ils s'embrassèrent longtemps à l'ombre de l'église, d'un baiser d'abord court et tout de suite renouvelé qui n'était que tendresse.

— Pourquoi ? redit-il, comme ils marchaient serrés l'un à l'autre dans le sous-bois qui montait du village vers sa maison ?

Elle semblait réfléchir en marchant.

— Ce serait trop long à expliquer. Pas là… Pas tout de suite…

Il ne dit rien. Il marchait sur ce petit chemin enneigé, sans vision véritable, en essayant de ne pas tomber et de ne pas entraîner Gabriella dans sa chute. Il était assez fier d'avoir su indirectement l'entraîner dans cette réserve douce-amère de son enfance et songea, un court instant, que c'était peut-être là un cadeau du Vieux. Les morts lèguent-ils un don lors de leur disparition ? Il aurait aimé le croire. Seuls, très loin, perdus au fond de la nuit sonore, ils entendaient maintenant une bête gémir.

— Qu'est-ce que c'est ? s'inquiéta-t-elle.

Dans le silence qui s'était fait sitôt qu'ils avaient suspendu leurs pas, ils percevaient mieux le bruissement de la neige tombant des arbres, le gémissement des branches que le poids de la neige faisait onduler.

— Je ne sais pas, répondit-il, comme elle se blottissait contre lui et l'enveloppait de ses bras.

— Je m'en fous, dit-elle, c'est avec toi que je veux être…

Une autre symbolique le fouaillait depuis tout à l'heure : savoir qu'il pouvait, tant d'années après, recomposer ici même une histoire d'amour. Mais en étaient-ils là ? C'était la maîtresse de Ferreri, non ? Elle le coupa dans ses réflexions.

— Je t'ai beaucoup observé cet après-midi, disait-elle. Je n'ai même regardé que toi… Et tu sais ce que j'ai pensé ? Ce type est beaucoup plus fort qu'il ne le croit… Je ne saurais pas expliquer ça. Cela tenait de la hauteur que tu t'imposais, de ton attitude…

— Tu penses que je manque de confiance en moi ?

Elle ne répondit pas et c'était assez dire. Il pensait dans le même temps qu'une femme pouvait être un bon miroir. Non pour se complaire dans son regard mais pour se mesurer, s'estimer, se critiquer, s'améliorer. Ils marchaient le long du plateau qui dominait le village et la plaine du Buis.

— La vue, dit-elle, doit être magnifique !

Ils passaient devant chez Simon, longeaient le petit bois qui menait à la ferme de son enfance.

— C'est ta maison ?

Et, comme il approuvait d'un mouvement de tête, elle se tourna vers lui, stoppa leur marche et entreprit de s'expliquer. Ce qu'elle lui dit dura finalement peu mais il en fut bouleversé. Ses pleurs de l'après-midi ? De la compassion, bien sûr, mais pas seulement. Cette messe la renvoyait à tout un passé de misères et de peurs. Sa mère ? Non, même pas sa mère. Mais Julien ! Julien ? Il avait dix-neuf ans le jour où… Julien n'était pas son amant. Julien était son frère. Son jeune frère, de deux ans son cadet. Lui aussi avait souffert de l'absence de famille. De ses parents bien sûr, mais aussi de sa sœur qu'il ne voyait jamais que pendant les vacances. Et encore ! Ses grands-parents maternels qui la recevaient avec tant d'égards à Roquebrune répugnaient à inviter ce jeune garçon aux allures voyoutes, qui parlait peu, qui parlait mal, ressemblait physiquement à son père et ne manifestait à leur endroit aucune reconnaissance. Un jour, elle décida de louer un appartement avec la bénédiction de la grand-mère Régnier cette fois et de poursuivre ses études à Montpellier. Elle invita Julien à venir avec elle, ce qu'il fit. Mais l'adolescent qu'il était demeurait perturbé, instable. À deux ans, à la crèche, il mordait ses camarades. À dix, il répondait à son instituteur, fuguait de sa pension pour aller voir une fille... À douze, il volait des mobylettes et était renvoyé de son établissement. À quinze, il se droguait. À dix-neuf...

Des larmes de nouveau coulaient sur les joues de Gabriella. On avait fini par l'enfermer dans un hôpital psychiatrique où elle – « sa sorella », disait-il – lui rendait souvent visite. La drogue, mais pas seulement. Les mots se bousculaient dans la bouche de Gabriella. Il déprimait, volait pour acheter son dû, buvait jusqu'à l'ivresse, totale, pathétique. « Toi, l'autre soir, disait-elle ! Et tu n'imagines pas comme cet épisode m'a fait mal, parce que tout en toi me renvoyait à lui... Tes insultes, ton visage ravagé par l'alcool et la haine... L'esclandre même... »

Devait-elle continuer ? « Rentrons, dit-il, nous aurons plus chaud. » Mais elle le secouait par les épaules et prétendait vouloir finir son histoire. La fin était simple, rapide, radicale comme un suicide. Julien avait mis fin à ses jours, un soir de mai, dans son hôpital psychiatrique. Il n'en pouvait plus, lui écrivait-il dans une lettre où l'amour de sa sœur ne pouvait confondre, prétendait-il, sa vision noire du monde. Il s'était pendu avec la ceinture d'un peignoir de bain et n'avait pas vingt ans.

La nuit ne dormait pas. Les sons portaient loin et des chiens hurlaient comme à la pleine lune. Les yeux de Gabriella, si près de son visage, étaient redevenus étrangement secs.

21

La nuit était froide. Si froide que j'ai cru un long moment que nous n'y tiendrions pas. Notre première nuit. Notre premier soir. J'étais tourneboulé par l'aveu que tu venais de me faire et qui semblait me rapprocher de toi un peu plus encore. D'où venait que deux êtres se rencontrent ? À quoi tenait cette improbable alchimie ? Cette question me fouaillait depuis l'adolescence et me harcelait ce soir plus encore. J'ai fait un feu dans la cheminée de la chambre, ramené vers le lit toutes les couvertures qui traînaient dans les armoires de la vieille maison. Mais tu avais faim et nous sommes redescendus. Là, tu as grignoté une pomme, avalé un yahourt, t'es acagnardée près du feu de la cheminée de la cuisine que je venais aussi d'allumer, les pieds dans l'âtre. Je parlais comme on donne le change, comme on cherche à faire diversion. Mais tu as souri. Tu as dit : « C'est fini, n'en parlons plus. » Il y eut un silence. C'est là que j'ai suggéré :

— D'une certaine façon, cette histoire nous rapproche.

— Tu crois ?

— On fait malheur commun…

Tu as souri. La phrase avait été prononcée dans cette intention.

— Je crois surtout qu'on se ressemble, as-tu ajouté.

— Nous ?

— Oui, nous. Tu es mon contraire, mais aussi mon miroir.

Je ne comprenais pas et tu as insisté.

— J'ai eu une illumination tout à l'heure, pendant la messe... Extérieurement, je dois apparaître déterminée, dynamique et d'une certaine façon rassurante. Mais je meurs de trouille, tu sais. Au fond de moi, je me sens démunie et tellement fragile. Toi, c'est le contraire. Tu apparais parfois timide, mal assuré, mais tu es beaucoup plus fort intérieurement que bien des hommes que j'ai rencontrés. Aussi ridicule que cela puisse paraître, tu as, contrairement à moi, des assises, un passé, une maison... Je suis sûre que ça compte.

— Les deux faces d'une même pièce, c'est ça que nous serions ?

— Oui, l'image est peut-être plus juste que le miroir.

J'aimais assez que cela puisse être. C'est alors que nous nous sommes rapprochés et embrassés. Mais la peur, en moi, est revenue. Tous les hommes connaissent ça, non ? L'antédiluvienne peur devant les femmes. Cette peur ridicule, narcissique, ancestrale, de n'être pas tout à fait à la hauteur des espérances supposées de l'autre. Peur de la panne, bien sûr, de l'abandon du corps. Mais pas seulement ! As-tu ressenti cela ? C'est le moment que tu as choisi pour te lever, m'abandonner. Tes pas dans la pièce mal éclairée donnaient de l'allure à ta démarche. Tu as déniché une bouteille de vin de grenache dans le buffet, pris deux verres et tu nous as servis. Tu as regardé une photo de moi, enfant, posé sur le buffet de la cuisine et tu m'as demandé :

— Que voulais-tu devenir quand tu étais un enfant ?

J'ai hésité une seconde à répondre.

— Je ne sais pas... Un bon joueur de rugby peut-être et un type digne...

— C'est ce que tu es, non ?

J'ai souri. J'ai repensé à la phrase placardée sur le mur du studio : « Être génial, tout en sachant que l'on reste misérable. » Tu m'as alors attrapé par le col du polaire dont je m'étais revêtu et, ta tête heurtant la mienne, tu m'as embrassé avec une férocité tendre, une tendresse oppressée et tu as ôté mon pull et ma chemise. Tes gestes et ton souffle m'ont rassuré. Ta confiance me redonnait courage. J'ai jeté mon pantalon à l'autre bout de la pièce. Bientôt tu fus nue à ton tour et tu nous as ramenés vers le feu, vers l'âtre. Nous nous sommes caressés debout, lovés l'un à l'autre, impatients, fragiles, frigorifiés, puis assis sur cette chaise basse près du feu où bientôt tu allais te poser sur moi, le dos brûlant maintenant, tourné vers les flammes qui embrasaient la cheminée. Je ne voyais plus que ton visage, la tête cassée en arrière sur la nuque, le front plus rouge, plus large, les yeux fermés, d'où je percevais du désir monter, très vite, de ton corps vers ton visage. Comme c'était simple, soudain, comme tout semblait facile. Tu possédais cette grâce de l'abandon à l'autre ! Tu as ouvert grand les yeux et me fixant, me dévorant du regard, tu as dit : « Tu es fier, hein ? Je vais partir... » Une once de reproche dans la voix, tes yeux mi-clos dessinaient maintenant une fente par où exprimer le plaisir et bientôt la jouissance. « Salaud, m'as-tu dit, salaud... » Salaud ? Ton corps, tes hanches, tes seins battaient d'un même mouvement, se propulsaient selon le rythme que tu donnais à notre étreinte. Un crescendo de vitesse dont nous retombâmes assez vite, épuisés, incrédules, magnifiques.

L'amour, avec toi, devenait une chose naturelle.

Je me moque du qu'en-dira-t-on. Je me moque de savoir qu'avant de connaître Ferreri tu avais été la maîtresse de Pierre-Jean Grange, l'actuel député, ancien journaliste, ton aîné de dix ans. Est-ce vrai ? Tais-toi ! Je m'en fous. Je ne vais pas te demander des éclaircissements. De quel droit ? Je te crois et je t'aime. N'était la mort du Vieux, je n'ai jamais été aussi bien. Et ça aussi, je te le dois. Parce que les heures allaient faire des jours, les jours composer une semaine et que nous ne nous quittions plus.

*

Un soir, comme je te retrouvais dans une auberge près de B. où tu souhaitais que nous passions la nuit – avais-tu peur de Ferreri, de sa venue au Plateau ? –, je t'ai posé une question bien innocente au plus creux du repas, dont la réponse m'a bouleversé. Je me souviens que le vent froid, au même moment, froissait par rafales les branches des arbres que nous apercevions sur la terrasse éclairée, au point que l'un des serveurs avait dû sortir pour lester une bâche de peur qu'elle ne s'envole.

— Quand as-tu fait l'amour pour la première fois ?

La réponse était venue, cinglante, sans artifice. Tu vivais cette année-là à Montpellier, chez ton père. Tu me rappelais avoir toujours été « baladée », au gré des aléas, des goûts de chacun, entre ton père, ses parents, la pension et la maison de tes autres grands-parents. Mais là, comme tu étais en première, passais le bac de français et que la famille tout entière jugeait la chose d'importance, ton père avait accepté de t'accueillir. Tu me disais ce soir-là, à la table de ce restaurant de campagne, une ombre dans le regard, tandis que les serveurs alentour s'agitaient par crainte de l'orage à venir, travailler beaucoup pour lui plaire. Ta moyenne générale, au sortir du premier trimestre, était de dix-sept et tu avais obtenu les félicitations. Ton père s'en souciait-il ? Tu l'espérais. Mais le soir où tu lui présentas le bulletin de ce premier trimestre, le visage nimbé d'une légitime fierté, il leva un œil du journal qu'il était en train de lire, le prit, le lit en diagonale, très vite, comme on le fait d'un dépliant publicitaire et le reposa aussitôt sans un mot. Avait-il lu, compris ? Tu m'assurais que oui. Mais il ne dit rien. « Pas un mot, tu entends ? » Ta voix, tant d'années après avait gardé les vibrations de la révolte et de la déception. Comment se remettre de ça ? Comment une petite fille encore, privée de mère, abandonnée depuis l'enfance au remuement de la vie, pouvait-elle se remettre de l'indifférence ostentatoire d'un père qu'elle avait tout fait pour séduire ? On a les croix que l'on peut et la tienne me semblait de taille. La suite ne devait pas me surprendre. Tu devais sortir ce même soir, « faire le mur » comme on le disait encore à l'époque, retrouver une de tes amies de classe aussi paumée que toi, aussi seule, qui vivait, « à la grâce de Dieu », disait ta grand-mère, dans un petit studio perdu du centre-ville de Montpellier. Avec elle, tu allais boire, sortir, évacuer autant que faire se peut le poids de la désespérance qui te pesait sur les épaules. Du bar « La Comédie » où vous aviez déjà vos habitudes, vous alliez vous retrouver dans une boîte dont tu connaissais vaguement l'un des serveurs, que tu jugeais beau comme un Dieu du haut de tes seize ans. « Il avait trente ans, il était brun. L'air austère, un peu mystérieux du type dont tu apprends très vite qu'en fait de mystère il n'a rien à dire, mais il me plaisait. » Il l'avait bien compris quand il t'invita à le suivre à la fermeture de la boîte au prétexte de te raccompagner. Au vrai, il t'emmena chez lui dans une de ces maisons de banlieue où un chien t'accueillit, dans le minuscule jardin, qu'il fit taire à grands cris. Pourquoi le suivais-tu ? « J'étais perdue, je ne savais plus du tout où nous étions. » La peur, de nouveau, se lisait sur tes traits. Là, il te poussa dans l'escalier qui menait à l'étage. N'y avait-il personne dans la maison ? Non, personne, il le maugréait plus qu'il ne le disait vraiment.

— Il voulait faire l'amour comme tu peux t'en douter. Je ne voulais pas. Surtout pas. Je pleurais. J'étais une gosse, tu sais. Mais il m'a dit qu'il ne m'avait pas amenée chez lui pour rien…

Un serveur s'approchait auquel je fis signe de patienter quelques secondes. Et comme il restait là, figé, incrédule, je lui demandais de bien vouloir nous laisser deux minutes.

— Tu te rends compte ? Je lui ai dit que j'étais vierge, que je ne voulais pas, mais il n'en avait rien à foutre et il m'a forcée… J'ai pleuré tout le temps que dura l'acte… Je me sentais sale, c'était affreux.

Des larmes de nouveau te venaient qui obombraient ton visage. Mais le comble de l'ignominie était encore à venir.

— Comme je quittais l'appartement, deux heures plus tard, le jour se levait. C'est là que j'ai croisé sa femme qui rentrait. Elle a fait un scandale. J'étais morte de honte. Je tremblais. Je crois n'avoir jamais été aussi malheureuse…

Comment ne pas hurler ? L'envie de prendre les armes me labourait le ventre, mais je m'étais rapproché de toi et t'avais serrée contre ma poitrine, ainsi qu'on le ferait à un enfant perdu. J'étais bien d'accord, nos malheurs réciproques nous rapprochaient. Mais dans le même temps un doute se levait en moi, insidieux : si ce n'était pas moi que tu aimais, mais bien ce frère perdu dont tu retrouvais des traces à travers moi, cette enfance meurtrie qui évoquait tant la tienne ? Un parfum commun ? Une déchirure semblable ? En ce cas, tout serait foutu d'avance ! Les dés étaient pipés. Ne nous serions nous rencontrés que pour nous aider à grandir, à caboter de conserve sur une mer incontrôlable ? J'étais incapable de démêler l'écheveau. T'en parler ? Trop long, trop compliqué, trop flou en moi pour émettre, sur le sujet, la moindre thèse. Au reste, tu avais l'art de l'esquisse, l'art de vivre, l'art de passer très vite du drame au bonheur, de m'entraîner ailleurs, le regard rapide, la voix redevenue narquoise. Nous nous étions trouvés, disais-tu et nous avions mieux à faire qu'à rabâcher nos malheurs.

22

Ils sont partis trois jours en montagne, profitant d'un match joué le vendredi soir et du lundi de congés donné par le club. Gabriella espérait malgré le froid et le mauvais temps qui sévissaient sur les Pyrénées monter en raquettes sur les sentiers enneigés et dormir dans une de ces cabanes de berger que l'on trouve souvent au hasard des promenades. Ferreri ? Gabriella lui a dit avoir besoin de liberté, évoquant un travail à finir dans lequel elle voulait s'immerger et souhaitait ne pas le voir pendant quelque temps. À la surprise d'Alexandre, il aurait répondu que tout cela tombait bien parce qu'il devait lui-même s'absenter trois semaines à Paris et n'aurait guère l'occasion de revenir. Sa garde à vue ? De l'histoire ancienne. Comme l'était la plainte déposée à l'encontre d'Alexandre par Me Valentin. Le club avait dépêché Louis Claverie, juge au tribunal correctionnel et vice-président du club pour trouver un arrangement. Ce qui avait été fait dans le quart d'heure…

Alexandre avait eu du mal à se frayer un passage, en voiture, jusqu'au col de Limousine, dont la neige et le verglas rendaient la petite route impraticable. Ils avaient laissé la voiture au pied d'un arbre, dans un petit renfoncement de la chaussée et déjà s'inquiétaient sur la façon qui serait la leur, au retour, de faire demi-tour pour réintégrer la civilisation. Un ciel de nuages, aux masses confuses et brouillées, semblait posé sur eux, assez bas dans la forêt, donnant à la montagne une impression obsédante de dureté, de stagnation et de sauvagerie.

— Rien de très agréable en perspective, dit Gabriella.

— Tu veux qu'on fasse demi-tour ?

— Mais non, mon amour, on est là pour souffrir... C'est bien cela que l'on recherche... Du bien-fondé de la souffrance dans l'art du dépassement de soi...

Elle se moquait, mais Alexandre entendait bien la prendre au mot. Il marchait silencieux, faisant le tracé dans la neige vierge, tandis que le couple glissait dans l'épais silence, sous les quelques gouttes fraîches et dissonantes des sous-bois mouillés de brume. Toute trace avait disparu sous ces longues étendues neigeuses où le pas s'étouffait aussi soudainement que l'on passait du noir de la forêt au gris cendré et pourtant lumineux de la plaine. Une poésie d'un autre âge les tenait comme en méditation.

— Tu as peur ? demandait-elle.

— Peur ?

— J'aime bien avoir peur...

Gabriella recouvrait en marchant une intonation de petite fille. Le chemin montait dans l'intervalle formé par deux lisières de forêt qui paraissaient se rejoindre. Et puis, d'un seul coup, un replat survenait et avec lui le monde de nouveau s'ouvrait sur de plus larges perspectives. L'espace s'éclairait d'une pâleur uniforme, un peu fauve, que le soleil ne parvenait pas à percer tout à fait. Quelques pas encore et l'ombre d'ailleurs s'immisçait de nouveau entre les arbres, portée par de gros nuages gris que l'on eût dits cachés derrière le col.

— Tu sais seulement où l'on va ?

— Je crois...

— Tu crois ou tu es sûr ?

— Je suis sûr…

Souriait-elle ou faisait-elle semblant ? Il pensait en son for intérieur qu'ils ne verraient pas le soleil de la journée. La masse lourde des nuages avançait vers eux inexorablement et la passée lumineuse de tout à l'heure ne semblait plus à l'œil qu'un souvenir. Ils arrivaient près d'un lac, ou plutôt butaient sur lui, avec cette part d'incrédulité qu'Alexandre, enfant, attribuait aux touristes de toutes espèces, invariablement appelés « les Parisiens » par les autochtones montagnards. C'est qu'il ne pensait pas être là. Il espérait suivre un autre chemin, plus rapide vers la cabane. À quel endroit s'était-il trompé ? Une réverbération métallique montait de la clarté pauvre du jour suspendue au-dessus du lac. Il leva la tête et vit les premiers flocons voleter dans l'air. La neige tomba presque aussitôt, rapidement dense et forte. La glace du lac, sombre encore et comme bleutée, se poudra instantanément. Les flocons leur frappaient le visage et toute visibilité devenait nulle.

— Tu crois que l'on peut continuer dans ces conditions ?

Gabriella avait posé la question en tachant de masquer un fond d'inquiétude et Alexandre éprouva un petit pincement de plaisir à l'idée de la savoir soudainement à sa merci.

— Je connais une cabane à dix petites minutes. On va essayer de s'y poser.

Ils marchaient l'un devant l'autre, un peu au hasard, le visage baissé, la capuche de l'anorak relevé sur la tête, pour éviter la froideur aveuglante des flocons. À deux reprises, les raquettes de l'un glissèrent sur celles de l'autre et ils faillirent tomber à la renverse. Parfois, Alexandre se retournait vers Gabriella dont il percevait le petit nez et le charbon du regard masqués derrière la capuche. Une joie lui soulevait le cœur. Auprès d'elle, il se sentait fort et alerte. La neige pouvait bien redoubler, le vent se lever, cinglant le paysage par rafales brusques et se calmer aussitôt comme incertain de ses vocations, il n'éprouvait aucune crainte devant l'hostilité du lieu. Aucun drame n'allait se jouer là. C'était l'hiver, simplement, l'hiver en montagne.

— J'ai peur qu'on se perde, dit-elle.

Il se retourna, lui tendit une main gantée. Il ne percevait pas de menaces particulières et le lui dit. La neige, le froid, le vent, la forêt et ce monde blafard qu'ils arpentaient à pas cadencés, monotones : c'était son univers après tout ! Quand le vent retombait, l'air redevenait étrangement calme, le silence si profond sous la neige qu'ils entendaient les battements de leurs cœurs aux tempes et sur la poitrine.

— Tu es sûr de savoir où tu vas ? Alexandre, écoute-moi !

Il s'arrêta, la rassura de nouveau avec des mots très doux, eux-mêmes prononcés sur un ton si calme qu'ils lui semblaient provenir de quelqu'un d'autre. Une lueur sourdait au même moment, à l'horizon du ciel, sur la gauche, et semblait indiquer le retour du beau temps. Plus haut, plus tard… Pour l'heure, ils marchaient droit devant eux dans la poisse, traversaient des nuages, les crevaient littéralement et de la bruine pénétrait l'espace, se mêlait à la neige en un concert détonant.

— C'est ridicule, Alexandre ! Que va-t-on faire avec un temps pareil ? On n'y voit pas à un mètre…

— Comment disais-tu tout à l'heure ? On est là pour souffrir, non ? C'est juste pour le plaisir d'avoir froid et de porter des vêtements humides…

Elle haussait les épaules. Mais il était sûr de lui et l'entraînait plus avant à travers les nuages, dans ce monde opaque que les sifflements hargneux du vent sur les roches et les bois rendaient plus détestable encore. Il espérait, pourtant ! Une petite voix en lui le sommait de continuer. Gabriella maugréait une nouvelle fois. Ce jeu lui semblait stupide et elle allait renoncer quand, pour la première fois, la lueur entrevue tout à l'heure sur leur gauche parut se faire plus éclatante.

— Attends un peu, dit-il, tu vas voir !

Il était sûr de son affaire maintenant et pressait le pas. La neige quoique molle portait bien. Gabriella, malgré l'altitude, le souffle plus court, ne redoutait pas un rythme de marche plus élevé. En sortant du bois, ils virent, nettement marquées sur la neige, des traces de belettes et d'isards. C'était insensible encore, mais le jour tant attendu allait se lever au-dessus des nuages.

— Dans cinq minutes, dit-il, il fait grand beau !

Comment était-ce possible ? Étaient-ils montés si haut ? Gabriella ahanait maintenant sous l'effort. Il ne neigeait plus, ne bruinait plus, le vent ne soufflait quasiment plus et la nature, passé un certain cap, cette mer de nuages qui se dessinait à leurs pieds, leur apparaissait maintenant, miraculeusement minérale et immaculée. Le ciel changeait imperceptiblement au fur et à mesure qu'ils avançaient sur ce plateau naturel : les grandes ombres céruléennes ne pesaient plus sur leur tête comme une chape de plomb, mais passaient comme suspendus par un vent d'ouest redevenu modeste à un étage supérieur, laissant percer de larges pans de ciel bleu. La neige aussi changeait de couleur, glissait du noir au bleu, tantôt glacée d'irisations scintillantes qui piquaient aux yeux, tantôt plus pâle et comme éteinte sous l'ombre des derniers nuages, les plus hauts dans le ciel. La cabane était là, au sommet du col, en partie cachée derrière un des derniers bosquets d'arbres que l'on trouvait à pareille altitude. La température même semblait être remontée d'un ou deux degrés.

Il ouvrit la porte de la cabane. Elle était propre et nette, sentait le feu et le bois. Des bûches et des fagots de petits bois secs attendaient un peu à l'écart de la cheminée. Sur l'étagère au-dessus se tenaient des allumettes et toutes sortes de boîtes de conserve que des chasseurs bienveillants ou des bergers de passage avaient laissées. La couche même était propre et ils jetèrent leur duvet sur des matelas appropriés.

— L'homme de Cromagnon, dit-elle ! C'est ça en fait, tu veux jouer à l'homme de Cromagnon...

— On va fêter Noël avant l'heure, dit-il. Le président t'invite dans les plus grands hôtels de Paris et moi dans une cabane de montagne. On a les différences que l'on peut...

Elle le trouvait beau. Le regard plus clair et limpide encore que de coutume, les traits du visage singulièrement plus reposés malgré la marche et l'effort. Il ne s'était pas rasé et une barbe de deux jours lui bouffait les joues, virilisait son apparence. Beau et courageux.

— Tu me plais ! lui dit-elle en se jetant dans ses bras.

*

Ils furent réveillés en sursaut par des coups portés contre les volets de la cabane. Il chercha immédiatement une lampe frontale qu'il ne trouva pas.

— Qu'est-ce que c'est, dit-elle ?

Il continuait de farfouiller dans son grand sac à dos et ne répondit pas.

— Alexandre, c'est quoi cette merde ?

Les coups redoublaient à intervalles plus ou moins réguliers. Gabriella tremblait.

— Qui ça peut être ? répétait-elle.

Il finit par trouver un briquet, sauta de la couche légèrement surélevée où ils dormaient et alluma une bougie qui traînait au-dessus de la cheminée. Le feu s'y était éteint. Ils constatèrent au même moment que les coups s'étaient arrêtés.

— Y a-t-il quelqu'un ? cria-t-elle.

Le silence se fit.

— On dormait, dit-il, ce devait être une bête...

Mais on frappa de nouveau au volet. Et cette fois de manière plus sourde et répétée. Il s'apprêtait à sortir quand elle hurla.

— Alexandre, s'il te plaît, n'y va pas ! Si c'est un dingue ?

Il ne l'écouta pas et poussa la porte avec une virulence qui devait beaucoup à la peur qui le saisissait à son tour. Quand il sortit, il sursauta à son tour. Un cerf adulte, majestueux, d'abord surpris, détalait devant lui, avant de se perdre dans la nuit sans lune. Alors il rit, d'un rire saccadé, nerveux, où passait une forme de délivrance.

*

Il sortit le lendemain matin assez tôt dans l'espoir de trouver du bois mort. Il fouilla un long moment la forêt enneigée, soulevant des branches, écartant des feuilles, démasquant des taillis de ronces. Dans les endroits où il piétinait sur place, les raquettes écrasaient la neige et ramenaient de la boue à la surface. Quand il revint, le jour était totalement levé. De la plaine immaculée se découpait en toile de fond la sauvagerie grandiose des chaînes déchiquetées sous la neige. Il resta un long moment immobile à contempler cette splendeur absolue. Gabriella dormait à l'intérieur. Il aurait bien le temps de la réveiller. Un beau soleil d'hiver baignait la montagne tout entière, l'illuminait comme un premier matin du monde. Quelle paix ! Quel silence ! Quelle grâce il émanait de ce lieu ! Mais comme il revenait vers la cabane, le pied lourd, les bras chargés de deux petites branches humides en passe de se déliter totalement, il la vit sortir semblable à une furie du refuge, hagarde et comme somnambule :

— Julien, criait-elle, Julien où es-tu ?

Elle le vit et s'arrêta net.

— Je t'avais perdu, dit-elle.

On eût dit une petite fille. Il se refusa de relever le lapsus.

*

Ils connurent deux jours d'un bonheur presque parfait. Ils étaient comme deux convalescents qui recouvrent au grand air un sentiment de plénitude et d'équilibre insoupçonnés. Ils s'aimaient, marchaient, riaient, dans une débauche d'énergie qui semblait n'avoir pas de fin. Pour leur bonheur, il fit tout du long un temps admirable. Gabriella se laissait porter. Elle oubliait Ferreri, son quotidien et songeait, éperdue, qu'elle venait de trouver là l'homme de sa vie. On ne faisait pas plus débrouillard, romantique, courageux. Elle s'abandonnait à Alexandre et quelque chose en elle de très profond se dénouait.

— C'est ça le bonheur, lui dit-elle.

— C'est une question ?

— Pas même. Je suis sûre que c'est ça... Tu es la première personne qui m'aime... Alexandre, tu me crois ?

Il était ému et ne savait quoi répondre

— Je ne sais comment dire... Je pose les armes. Tu es là. La vie est là...

— Calme et tranquille.

L'air bougeait, ondulait, sous les passées de soleil et les nuits étaient bleues.

*

Le soir de lundi tombait, quand ils revinrent à B. Gabriella, en apercevant les premières lueurs de la ville, ne put s'empêcher de pleurer.

— Je voudrais tant, dit-elle, être encore à ce matin...

Il lui prit la main, souriant dans la pénombre de la voiture, inclinant vers elle son visage. Il allait rentrer au centre pour être sûr de ne pas manquer le premier entraînement de la matinée que les coachs avaient prévu à huit heures.

— Pourquoi demain, dit-il sans conviction, serait-il moins bien qu'hier ?

Elle haussa les épaules, sourit. Quand il la laissa, rue de Lhios, sur le Plateau, l'idée lui vint, saugrenue, qu'il venait peut-être de vivre là les deux plus beaux jours de sa vie.

*

Les jours passent. Il retrouve à la ville l'être de rigueur et de force qui court chaque matin plus de dix kilomètres, s'astreint à peindre des heures durant et garde, le soir venu, Manon et Théo, ces deux enfants qui tiennent, désormais, une grande place dans son cœur. Elle a beau s'en défendre dans un sourire candide, elle a beau dire pleurer, souvent, son « doudou » dans les bras, elle lui semble la force même !

— Du théâtre, du cinéma. Je fonce pour n'avoir pas à m'arrêter. Si je tombe, je ne me relève plus...

Il n'en croit pas un mot. Des coups de spleen, des coups de blues, peut-être ! Mais que fait-elle de toute cette énergie qu'elle dispense à longueur de journée. Quand le doute pourtant s'insinue en lui – que fait-elle quand il reste au centre ? Quel accord a-t-elle passé avec Ferreri ? – il essaie d'établir une correspondance, un lien entre ses trois dernières conquêtes. Sur quelle ligne se tenir ? Sur quel versant ? Est-il permis de croire qu'il occupe le tiroir tendresse/fraîcheur/romantisme, par opposition à pouvoir/richesse/sexualité qu'il attribue un peu férocement à Ferreri ? À qui la faute, aussi ? C'est bien elle qui, un jour, lui a parlé du pouvoir sexuel du président. Et le mot, bien sûr, fait chauffer en lui, depuis, des images malsaines. Quant à Grange dans quel sillon le mettre ?

— Grange ? Je suis sortie avec lui un mois, tu parles d'une aventure…

Un père, lui aussi ? Il la regarde peindre, il la regarde vivre et la leçon, en lui, est constante. Elle voudrait, aujourd'hui, faire le Marathon de Boston au printemps et celui de New York à l'automne. Pourquoi les États-Unis ? « Parce que ces deux villes me fascinent. Mais j'aimerais aussi courir à Athènes, à Rome, à Séville, si tant est que des courses semblables y existent… » Son corps, de fait, est à l'image de cette vie d'ascète : long, sec, musculeux, mais dans des proportions et un dessin qu'il continue de juger superbe. Ses jambes, ses hanches, ses fesses : il est, sur le sujet, d'une curiosité inépuisable !

*

Je crois que tu étais heureuse, ce matin, que je coure avec toi, ce que ni Ferreri ni Grange, pensais-je, ne devaient être en mesure de faire. Je redoute en même temps de passer à tes yeux pour un de ces sportifs dits de haut niveau dont on mesure chaque jour la vacuité intellectuelle, l'indigence existentielle. J'achète, pour lors, des revues de cinéma, découvre des écrivains que je n'ai jamais lus, te traîne au cinéma, m'intéresse au bouddhisme dont tu me rebats depuis quelque temps les oreilles. Je passe surtout une grande partie de mes moments de liberté à te regarder peindre, contre ta propre volonté. Non pas tellement lorsque tu scies des portes, plantes des clous, te heurtes à la matière. Je préfère te voir peindre, griffonner des dessins, en guise « d'échauffement », au stylo encre sur un grand carnet. Il t'arrive, trempant tes doigts dans un petit verre d'eau, de badigeonner la page d'encre à la main, comme on crée des ombres, on nuance les traits. Ces dessins que tu tiens pour quantité négligeable font mon admiration mais je n'en dis plus rien par peur de passer pour le béat de service, un amoureux éperdu. Tu passes invariablement ensuite à la toile elle-même et je mesure bien à ce moment-là que plus rien n'existe autour de toi. Tu ne me vois plus, tu ne sais même plus que je suis là, tapi dans la pièce, à t'observer. Ta concentration est extrême, mais j'ai aussi remarqué qu'elle ne dure pas plus de deux heures. Un cycle de sommeil ou peu s'en faut. Des écrivains prétendent ne pas pouvoir écrire davantage. Après quoi, tu vaques à d'autres occupations : corrections, rajouts, rangements. L'essentiel est passé et cela se lit sur les traits de ton visage, sur le relâchement de ton corps.

— Je sais cela, m'as-tu dit. Et ces deux heures – deux heures et demie, rarement plus – me sont essentielles. Sauf miracle, je ne peux d'ailleurs les reproduire qu'une fois par jour. Mais, pendant ce temps, je suis la toile ! Ne te fous pas de moi. Je ne joue pas au grand peintre. Je suis même certaine de n'être rien. Mais n'empêche, pendant ce laps de temps, j'oublie tout. Je suis la toile, je t'assure…

*

— Ferreri ?
— Quoi, Ferreri ?
— Tu le revois ?
— Non.
— Il ne demande rien ?
— Non.
— Il m'a regardé d'un drôle d'air, ce matin, après l'entraînement.

*

— Nous deux, on fait quoi ?
— Comment ça, on fait quoi ?
— Quand arrêtera-t-on de se cacher ?

— Laisse-moi un peu de temps, s'il te plaît !

Je ne peux me contenter de ce type de réponse mais je n'en dis rien. Comment m'assurer que tu es mieux avec moi qu'avec lui ? Que c'est moi, en dernier ressort, que tu choisiras ? Qu'ai-je à te proposer ? Mes vingt ans ? Une plastique convenable ? Et après ? Le rugby t'indiffère...

— Ce n'est pas vrai. Le rugby ne m'indiffère pas. C'est un moyen d'avancer comme un autre. Ce n'est pas plus con que mes baraques... Ce qui m'intéresse, c'est la démarche. Comment parvient-on aux choses ? Par quel chemin ? Avec quelle ténacité, quel courage, quelle arrogance, quelle facilité ? Au rugby comme ailleurs...

J'ai bien compris. On me parle d'une quête de l'excellence quand j'en suis à barboter au bord de la route, ne sachant pas qui je suis, ce que je veux, et bien incapable de répondre à la question initiale de la « démarche ». Je triche donc, brouille les pistes, me cache derrière des explications intellectuelles dénuées de sens. Le Vieux n'aimerait pas me voir comme ça. D'ailleurs, Gabriella finira bien par me découvrir et il en sera fini de notre histoire. Je le sais, je le sens. Mais le secret de faire autrement ?

*

Éric a appelé Alexandre dans la nuit : Clara venait de le larguer ! Lui non plus, depuis quelques semaines, ne vivait plus au centre. Il sentait de manière diffuse que Clara en avait assez de cette vie séparée, que quelque chose n'allait pas et il l'avait rejoint. En réalité, Clara a rencontré un autre gars dont elle est devenue amoureuse.

— C'est affreux, dit Éric. Ce que je ressens est affreux. Je sais bien que c'est une situation banale, mais je ne peux plus respirer, c'est comme si j'étais vidé de toutes forces, comme si la vie s'était retirée de moi...

Face à quoi, Alexandre réagit comme l'aurait fait le Vieux : il oppose à la désespérance d'Éric la force tranquille du silence. Il écoute et il se tait. Dix fois, l'envie lui est venue de s'exprimer, en corroborant les propos de son ami, en y ajoutant ou en y retranchant une part de sa propre vérité, mais à chaque fois il a choisi de se taire et s'en trouve satisfait.

— Tu ne dis rien, déplore Éric.

— Je t'écoute.

Et presque aussitôt Éric, qui n'attend pas de réponse, renoue avec des souvenirs personnels, le comportement de Clara, la veille, avant de le quitter.

— On a fait l'amour, tu te rends compte ? Et, après, elle se barrait...

« Classique », juge Alexandre dont l'expérience en la matière n'est pourtant pas le fort. Il reste toute la soirée et une partie de la nuit auprès d'Éric, lui fait à manger, déniche une bouteille de bordeaux qu'ils boivent en tête à tête sur la table de la cuisine. Éric a toujours été servi, pense Alexandre et c'est pour lui une nécessité vitale. Né à Saint-Germain-en-Laye, « une cuiller en or dans la bouche », comme le suggère Doudou, fils d'un grand journaliste parisien, Éric a toujours vécu entouré, dorloté, riche, libre de tous ses mouvements. Ainsi de son choix de venir jouer et vivre près des Pyrénées – « pour le ski, prétendait-il au départ, la proximité des deux mers » – sans trouver à redire au désir de ses copains d'habiter à même le centre. « C'est mon luxe, riait-il, ma suprême coquetterie. » Timide, introverti, malgré le charme incontestable qu'il dispensait, l'intelligence sûre qui était la sienne, il avait besoin des autres. Alexandre l'aimait bien et les deux jeunes hommes avaient nourri d'emblée des rapports assez forts. Peut-être parce qu'ils faisaient figure « d'intellos » au sein de l'équipe, jouaient côte à côte sur les terrains, où une véritable complicité les unissait.

À deux heures du matin, Gabriella lui téléphone : elle a la voix courte et comme essoufflée.

— Tu me manques, dit-elle.

Alexandre s'éloigne un peu d'Éric, change de pièce, dit à voix retenue la galère que traverse son ami.

— Amène-le ! dit-elle. Qu'il vienne passer la nuit ici...

— Je vais voir.

— Je n'en peux plus de t'attendre... Je n'arrive pas à dormir... Je pense à toi...

Il raccroche. Comme il aime la voix de Gabriella ! Cette matité un peu sourde qui lui fait parfois réécouter certains messages sur sa boîte vocale, pour le seul plaisir de l'entendre, de s'imprégner de cette voix enveloppante. Il évoque le projet à Éric, qui refuse de quitter l'appartement de Clara.

— Si elle revient ? dit-il. On ne sait jamais...

— Elle te cherchera, elle sera peut-être inquiète... Alors que si elle te voit là, comme une âme en peine...

— Tu parles comme Doudou, dit Éric. Tu sais ce qu'il m'a dit, ce con, cet après-midi ? Une de perdue, dix de retrouvées... Quel abruti ! Il est définitivement cuit, je te jure...

Alexandre ne sait plus que faire.

— Et toi ? dit Éric. Tu crois que Gabriella va quitter le président ?

— Je n'en sais rien, dit Alexandre.

— Je ne donne pas un mois pour que l'on se tienne la main. « Les cocus de derrière », ça ferait un bon titre pour l'autre naze du *Journal de B.*

Alexandre ne relève pas. Il est évidemment persuadé du contraire mais Éric est malheureux et il ne comprend que trop.

— Tu arrives toujours à sortir de ton corps quand tu fais de la relaxation ? demande Éric soudainement fébrile.

— Je ne fais plus beaucoup de relaxation, tu sais…

— Tu pourrais peut-être essayer. Et peut-être que tu pourrais bouger dans la ville, entrer dans les appartements. Peut-être que tu pourrais voir Clara…

— Et lui parler à l'oreille pendant son sommeil pour lui suggérer de revenir, c'est ça ?

Éric le regarde d'un air misérable.

— Je déconne, je sais bien…

— Tu ne déconnes pas, tu es malheureux.

— Je suis sans intérêt, tu sais. Une coquille vide. Incapable en plus de dire les choses, de communiquer. Avec Clara, je n'ai jamais pu parler de moi vraiment. Jamais. Comme si, au fond de moi, quelque chose se bloquait.

— On en est tous là, dit Alexandre.

Il le pense profondément. Lui aussi souffre d'incommunicabilité. Il ne sait pas, n'a jamais su briser la glace des apparences pour échanger avec les autres. Éric se tait. De la fatigue s'est installée sur son visage. On ne reconnaîtrait plus à l'instant le fils de bonne famille dont l'élégance, à son arrivée à B., avait frappé tout le monde.

— Je te dois des excuses, dit-il.

— À quel propos ?

— L'autre jour, quand tu avais bu… Je m'en veux. Tu es si sympa avec moi. Qui d'autre que toi aurait accepté de passer une partie de la nuit avec moi ? Personne, Alex ! Personne.

— C'est un peu normal, non ?

— Pour toi peut-être. Et c'est bien ce qui me touche. Mais tu es le seul dans ton genre…

L'esquisse d'un sourire se dessine sur son visage. Alexandre le quitte une demi-heure plus tard, comme il semble épuisé.

Quand il revient au Plateau, Gabriella est couchée. Elle l'attend, dormant à moitié, parfaitement nue, la tête relevée sur un oreiller.

— Ce n'est pas le moment de parler de ça à trois heures du mat, dit-il, mais cela me gêne de te retrouver ici. J'aimerais tellement…

— Pourquoi ? Parce qu'on est chez Michel, c'est ça ? Tu préférerais qu'on se rende au centre ? On frapperait aux portes pour prévenir les autres… Venez voir on est ensemble… D'ailleurs, ils nous entendraient en tendant un peu l'oreille. Je gueulerais en faisant l'amour. Ça les émoustillerait, je suis sûre…

— Arrête !

— Toi, arrête ! Arrête de dire des conneries…

— On pourrait vivre ailleurs… Prendre un appartement. On n'est pas vissé à cette baraque.

— Je bosserai où ?

— On louerait un truc, je ne sais pas, moi… Mais, au moins, on serait chez nous…

— Je ne peux pas. Pas tout de suite… J'ai besoin de réfléchir.

— Peut-être réfléchirais-tu mieux sans moi ?

— Pourquoi me dis-tu ça ?

Elle le regarde, attendrie, un peu d'enfance dans le regard et le contraste avec son comportement initial lui serre le cœur.

— Je ne veux pas que tu partes ! dit-elle. Je ne veux pas que tu t'en ailles !

Elle s'agenouille sur le lit et avec ses poings tape sur sa poitrine. Il finit par rire.

— Tu es toujours comme ça ? dit-il.

— Comme ça, quoi ?

— Réactive, excessive, magnifique…

Elle lui saute dessus et il l'accueille dans ses bras.

23

Gabriella l'appelle en début d'après-midi comme il file en « séance vidéo ».

— Tu as deux secondes ?

— Non, justement, je suis pressé…

— Deux secondes… J'ai parlé à Michel.

Alexandre marque un silence.

— Tu lui as dit quoi ?

— Tout.

— Tout quoi ?

— Tout ! Toi et moi. Notre rencontre. Notre relation. Tout quoi…

— Et alors ?

— Je ne sais pas. Il semblait indifférent. Je sais bien qu'il ne l'est pas. Mais pas d'énervement, si c'est ce que tu veux savoir, pas de scène ! Pas trop le genre de la maison non plus…

— Tu trouves ? Pas plus rancunier que lui…

— Rancunier, oui, dit-elle et même capable des pires choses… Mais pas colérique. C'est un animal à sang froid.

— De toute façon, je vais vite le croiser…

— S'il t'en parle, ne t'énerve pas, ne t'emballe pas. Sois froid, comme lui…

— Tu me demandes de devenir calculateur ?

— Non. Mais pas caractériel non plus…

— Ça veut dire quoi ?

— Ne t'énerve pas, écoute ! Ça ne veut rien dire... Ou plutôt si. Tu sais très bien tout ça, la maîtrise, la hauteur... Justement parce qu'il est roué. Il est probable qu'il ne te parle pas de moi directement. Il va enrouler les choses... Je ne sais pas... Ce que je veux dire, c'est qu'il faut que tu prennes sur toi. Ne sois pas impulsif, émotionnel. Voilà...

Il raccroche. Les réflexions de Gabriella ne lui plaisent pas, parce qu'elles reflètent bien ce qu'il est et le touchent de plein fouet. Pressent-elle aussi que la confrontation avec Ferreri l'emplit d'une anxiété démesurée ? « En fait, je suis un pétochard, un veule ! Voilà, ce que je suis ! »

Pendant toute l'heure que dure la séance vidéo, dont Lacaze est l'initiateur, Alexandre ressasse cette pauvre impression qu'il a de lui-même, mais avec cette sourde détermination en lui à réagir. Si Ferreri vient le voir, il saura se défendre. Peut-être devra-t-il penser au Vieux, à Gabriella aussi ! Pour eux, ne serait-ce que pour eux, il est tenu de faire face. « Au vrai, je me noie dans un verre d'eau. Tout cela est ridicule. De quoi devrais-je avoir peur ? En quoi le président m'est-il supérieur ? C'est plutôt moi qui lui ai pris sa maîtresse, non ? » Mais le dire ne suffit pas. Qu'est-ce qui bloque en lui ? Il voudrait parler de ça à Éric, mais ce dernier est incapable de l'écouter et ne sera d'aucun conseil. Il a feint ce matin une angine pour échapper aux entraînements des trois jours à venir. À quelque chose malheur est bon, comme disait naguère Mme Charpentier : il est question, pour samedi, de déplacer Van der Berg au centre, en lieu et place d'Éric et de redonner le poste d'ouvreur à Alexandre.

Lequel retrouve Gabriella, en fin d'après midi, dans son atelier.

— Je n'ai rien pu faire, dit-elle. Pas un croquis, pas un dessin... Je n'ai pas cessé de penser à l'entrevue de ce matin. Son indifférence me glace. Et je râle à l'idée d'abandonner cet atelier...

— Tu t'en feras un plus beau. Un à toi…

— Ne dis pas de bêtise. Tu as vu l'endroit ? C'est magique…

Alexandre se rembrunit dans un coin.

— Si c'est si important, il ne te reste plus qu'à continuer de vivre avec lui…

Elle ne dit rien, semble furieuse.

— Comment peux-tu être aussi con, dit-elle à contretemps. Il n'a jamais été question de ça. Mais je suis portée par cette envie de peindre, de finir mes baraques. Tout cela peut sembler ridicule, mais c'est mon truc…

Il se tait, passe une main sur ses joues râpeuses qu'une barbe de deux jours mange de façon désordonnée.

— Je comprends, excuse-moi. Ce que je voulais dire, c'est que je ne doute pas de ta réussite, de ta détermination, de ton courage. Mais l'atelier ne rentre pour rien là-dedans. Même dans une pièce close de dix mètres carrés, tu iras au bout de ton truc comme tu dis…

— Où veux-tu que je mette les baraques dans un truc de dix mètres carrés ? Tu as vu la place que ça exige…

— C'était une image pour dire que je crois en toi.

Elle se rapproche de lui et se blottit contre sa poitrine.

— Merci, dit-elle, d'une voix venue de l'enfance. Je suis énervée, excuse-moi…

Il la serre contre lui.

— Il ne t'a pas encore mis dehors…

— Parce que tu crois peut-être qu'il est homme à me laisser vivre là si je ne passe plus par son lit…

Il la regarde, incrédule.

— Mais si c'est vraiment ce genre de type, qu'est-ce que tu fous avec lui ?

— Je n'en sais rien, dit-elle en jetant avec force un chiffon au sol.

Alexandre sort, se dirige vers la cuisine où il prend une bière dans le réfrigérateur et revient vers l'atelier. Lui aussi se sent vide, inutile, sans cohérence. Un courant d'air glacial s'est installé entre lui et le monde depuis la mort de ses parents. Il n'a depuis jamais été comme tout le monde. Il s'est réfugié dans la solitude. Non par goût, mais par nécessité. La solitude pour survivre. Parce que personne ne le comprenait. Parce que personne n'était en mesure de le comprendre. Pour lors, il a vaqué, des années durant, dans une sorte de nuit d'où n'émargeaient que la tristesse, la peur et le doute.

— On forme un beau couple, dit-il en souriant...

Gabriella boit de sa bière à même la boîte.

— Tu vas jouer, samedi ?

— Comment sais-tu ça ?

— Je ne sais pas, je te demande.

— Je n'en sais rien. Peut-être. Mais par défaut. Pour remplacer indirectement Éric qui feint une angine.

— Tu l'as vu aujourd'hui ?

— Non. Je l'ai appelé. Toujours le même délire. Il pleure mais ne veut pas quitter l'appart ! Il espère en son retour.

— Ta quête, c'est le jeu, dit-elle. Cette réussite-là vaut bien toutes les autres.

— Je suis loin de réussir.

— Justement, c'est ce qui est drôle. Tu n'es pas pressé. Et puis la roue tourne... Les cycles de la vie...

— Forte pensée, dit-il ! Il est temps que tu te reposes...

Ils rient.

— On pourrait boire, dit-elle. On penserait à autre chose.

— Je suis d'accord.

— Même si tu joues samedi ?

— C'est dans quarante-huit heures et puis je m'en fous...

24

Michel Ferreri l'a convoqué à brûle-pourpoint, le lendemain, qui était un vendredi, au sortir de l'entraînement du capitaine. Alexandre fila dans son bureau, où il retrouva Luc Ramirez, son agent ou présumé tel. Alexandre qui s'était préparé à ce moment était déterminé à ne pas se laisser submerger par l'émotion et entendait faire face. Ferreri voulait-il le licencier ?

— Je voudrais, dit celui-ci sans ambages, revenir sur ton contrat. Tu as accepté une baisse de salaire il y a quelques mois et je t'en remercie. Je te remercie surtout de n'avoir pas abdiqué. On m'a dit que tu avais fait deux excellents matchs, ces dernières semaines, avec l'équipe des Espoirs et je suis heureux d'apprendre que tu retrouves l'équipe première, demain, face à Bayonne. Tout cela me semble mérité et c'est la raison pour laquelle je suis disposé à te proposer une reconduction de contrat. Sur les bases antérieures, bien entendu…

— C'est-à-dire ?

— Monsieur Ferreri, intervint Ramirez, te propose un prolongement de contrat de quatre ans… Quatre ans, tu te rends compte ? C'est formidable, non ?

— Quatre ans, à quel salaire ?

— Celui qui était le tien en début de saison…

— Qui me suffit largement aujourd'hui, mais qui, en même temps, n'est pas mirobolant... Si demain je deviens un titulaire incontestable...

— Alors on reverra les modalités...

— Sauf que je serai coincé par la signature.

— On peut glisser un alinéa...

— Cela ne changera rien.

— Peut-être, mais je ne veux plus proposer des contrats d'un an renouvelable. C'est le plus sûr moyen, pour moi, de perdre les joueurs que j'ai formés...

— Stipulons alors que si je fais plus de dix matchs comme titulaires par saison, mon contrat sera revu à la hausse de 1 000 euros mensuels. Si je fais plus de vingt matchs de 2 000 euros mensuels, etc.

Ferreri paraissait réfléchir. Ramirez profita du silence pour intervenir une nouvelle fois. Il adjurait Alexandre à haute et intelligible voix de ne pas se montrer trop gourmand, redisait, avec toute la flagornerie d'usage, à quel point le geste de M. Ferreri lui semblait symbolique...

— Tais-toi, le tança Alexandre. De toute façon, je ne comptais pas te garder comme agent...

Il y eut un froid sur la pièce. Mais Alexandre perçut l'ombre d'un sourire se dessiner sur le visage de Ferreri. Sourire qu'il réprima aussitôt.

— Tu es un petit con, clama Ramirez en se levant d'un bond et on en reparlera... Ou plutôt non, on ne reparlera plus de rien. Je te lève la parole...

L'expression qui empruntait au jargon des mafieux marseillais devait plaire à Ramirez qui parut, d'un seul coup, recouvrer des couleurs.

— Cela m'apprendra à m'occuper de types comme toi. Président, ajouta-t-il à l'adresse de Ferreri, dans ces conditions, je préfère me retirer...

— Faites, dit Ferreri qui ne se départait pas de son calme.

Lequel, d'un même mouvement, se tournant vers Alexandre :

— C'est d'accord ? demanda-t-il.

Ramirez sortit en un coup de vent qu'il aurait voulu théâtral. Ferreri appela son assistante, lui demanda de revenir sur deux points du contrat, évoqua les sommes qu'il convenait d'ajouter pour le cas où le joueur cosignataire disputerait plus de dix, de vingt ou de trente matchs comme titulaire avec le Rugby Club.

— Pour les trente, nous disons 3 000 euros, ajouta-t-il.

L'assistante repartit.

— Deux minutes, dit Ferreri. Elle en a pour deux minutes.

Il se tourna vers l'écran de son ordinateur, tapa quelques touches sur le clavier, se leva, sortit de son bureau, interpella le trésorier du club dans le couloir et partit discuter avec lui. Alexandre attendit une dizaine de minutes en feuilletant le *Midi Olympique* du jour. Un écho lui était consacré sur la colonne de gauche de la page qui évoquait le match du lendemain, sous le titre : « Retour de Vrac ! ». « Alexandre Vrac, que l'arrivée de Van der Berg avait relégué depuis quelques semaines sur le banc du Rugby Club de B., retrouve une place de titulaire ce week-end contre Bayonne. Reposé et doté du talent offensif qu'on lui connaît, gageons que Vrac saura confondre ses détracteurs. » Plutôt gentil, se dit-il, quand l'assistante du président revint justement dans le bureau.

— Je vais le chercher, dit-elle en parlant du président.

Elle s'éclipsa, réapparut, flanqué de Ferreri. Il apposa sa signature sur le contrat, le tendit à Alexandre qui le lut vite, mesura que l'alinéa concernant l'augmentation du salaire y figurait bien et signa à son tour.

— Parfait, dit Ferreri.

— Merci, dit Alexandre. Autre chose ?

Le président l'observa d'un œil provocateur, amusé, tueur.

— Non pas, dit-il dans un sourire carnassier ! Tout va bien. Merci à toi.

Il se leva, lui tendit une main. Alexandre, qui n'était toujours pas revenu de la proposition, se leva à son tour, saisit la main ferme qui lui était tendue.

— Bon match demain, dit Ferreri. On a besoin d'être bons...

— Je sais, président !

Et il quitta la pièce.

*

Il fut bon le lendemain. Et même très bon si l'on voulait bien admettre qu'il revenait à la compétition. Son jeu au pied, peut-être pas toujours aussi puissant qu'il l'aurait espéré, avait été judicieux, tactiquement efficace et répondait à une stratégie d'occupation du camp adverse qu'il avait su mener à bien. Nonobstant, il était parvenu à allumer deux ou trois attaques avec la vivacité gestuelle qu'on lui connaissait et qui constituait incontestablement son point fort. Ce fut très vrai en début de deuxième mi-temps quand, chassé par la troisième ligne adverse, il feignit de botter pour tromper la vigilance bayonnaise, esquiva la charge désordonnée du flanker qui se présentait à lui par une feinte de corps et incurva aussitôt sa course, pleine gauche, à toute vitesse. Van der Berg, habité du froid pragmatisme sud-africain, ne réagit pas à cette inspiration toute latine et resta vissé à sa place. Ce ne fut heureusement pas le cas de Brique qui mesura tout le profit qu'il pouvait tirer de cette initiative, réagit à la seconde et se propulsa très vite dans le sillage de son ouvreur, pour, tout au bout, envoyer son ailier à l'essai. Alexandre regretta que Gabriella ne fût pas installée dans les tribunes – elle n'avait pas voulu venir dans le souci bien compréhensible de ne rien provoquer – non pour témoigner de sa maîtrise gestuelle que par souci du partage. « Si le rugby est ma création, pensait-il, alors allons-y gaiement… »

Il la rejoignit très vite le soir même au Plateau, assez fier de son match, assez fier du nouveau contrat qu'il avait signé la veille et qui n'inspirait, singulièrement, aucune confiance à Gabriella.

— Je ne sais pourquoi. Mais ça ne ressemble pas à Michel, ce cadeau.

— Peut-être souhaite-t-il ton bonheur.

— Michel ? Tu veux rire. La seule chose qui l'intéresse en moi, c'est mon cul.

— On ne prête pas un atelier et une maison pareille à une fille parce qu'on a envie de la sauter. On se contente d'une chambre d'hôtel pour ça. Non, il t'aime bien… À sa façon, sans doute…

— Tu rêves, dit-elle. Michel c'est une crapule… Une crapule fascinante, bien sûr. Mais c'est une crapule…

— Et cela ne t'a jamais gênée ?

— Je n'ai jamais pensé faire ma vie avec Michel. J'ai été séduite, parce qu'une femme résiste difficilement à ce genre de type, quand se rajoute à cette sorte de magnétisme – pardonne-moi – tout le tralala social… Les voyages à Venise, New York, Paris, le luxe des grands hôtels, etc. Tu peux te moquer, personne ne résiste à ça, Alexandre, personne ! Ceux qui prétendent le contraire sont des menteurs. C'est à la fois accessoire, dérisoire même, parce qu'on n'a évidemment pas besoin de ça pour vivre, et essentiel. Mais je n'ai jamais été dupe. Jamais je n'ai tiré de plans sur la comète.

Alexandre se taisait. Depuis des semaines, la question le taraudait.

— Il t'a déjà hypnotisée ?

Alexandre faisait allusion aux dons de Ferreri en la matière qui avait, un soir de match, hypnotisé devant l'ensemble de l'équipe Brique et Doudou, jusqu'à les allonger entre deux chaises, la tête de l'un et de l'autre ne reposant que sur le maigre dossier en bois de celles-ci...

— Moi ? Ah non, jamais !

— Même « à l'insu de ton plein gré » ?

Gabriella souriait.

— Non, dit-elle. Il n'avait pas besoin de ça.

— Pourquoi ?

— S'il te plaît, dit-elle...

— Je veux savoir...

— Parce que je répondais à ses attentes, je suppose.

— Toutes ses attentes ?

— Tu cherches quoi, Alex ? Arrête à la fin !

Il n'insista pas. Il n'avait pas vraiment envie de se brûler. En même temps une forme d'écœurement lui venait. Il songea, pour se changer les idées, à sa rencontre avec le président de A., club de ProD2 – la division inférieure – lors de la réception d'après-match à laquelle Alexandre était tenu de se présenter comme tous les membres de l'équipe, pour satisfaire aux désirs des sponsors. Ferreri lui avait présenté le président en question, lequel, d'une grande affabilité, avait engagé avec lui une conversation privée.

— Michel m'a dit que vous poursuiviez vos études de lettres par correspondance ! C'est courageux et je vous en félicite. Le rugby est un sport d'intellectuel. Peut-être parce qu'il est ésotérique... Je ne sais. Toujours est-il que ça devient de plus en plus rare des rugbymen professionnels avec un solide bagage universitaire. De mon temps – pardon pour le petit côté passéiste – c'était monnaie courante. On ne comptait pas les médecins, avocats, enseignants divers dans les équipes... Notez bien qu'il y avait aussi des employés municipaux à la pelle et des planqués du service public en veux-tu en voilà. Mais, enfin, le rugby s'honorait de puiser une partie de ses forces dans le milieu universitaire. Or, j'ai peur que le professionnalisme ne jette à bas tout ça.

Alexandre s'était étonné qu'un président de club pût encore tenir un discours de cette sorte et l'en avait félicité. Le président de A… avait parlé encore de deux ou trois écrivains qu'Alexandre n'avait pas lus, qui se piquaient d'aimer le rugby et dont il faisait grand cas. La conversation, dans ce lieu, à cette heure, avait quelque chose de singulier.

— À bientôt, lui avait dit l'autre en le quittant, à très bientôt…

Gabriella mangeait une poire dans la cuisine avec des airs de petite fille qui se fait des taches sur les vêtements.

— J'ai mal au genou gauche, dit-elle. Je suis allée courir en côte cet après-midi et, depuis, j'ai une douleur sur la rotule…

— Mais tu avais déjà couru ce matin, non ?

Elle approuva d'un mouvement de tête.

— Pas de leçon de morale, docteur, s'il vous plaît !

Il se le tint pour dit. N'empêche, d'où venait cette boulimie ? Il ne posa pas la question, ne chercha pas de réponse, se fit un café qu'il but à gestes lents, découpés, tandis que Gabriella, la tête ailleurs, se massait le genou. Où était-elle ? À quoi pensait-elle ? Elle posa légèrement ses lèvres sur les siennes et le quitta sans autre explication : « Je vais me coucher, je suis crevée… Tu fais en sorte de ne pas me réveiller en montant ?

— Le spleen ?

— Le spleen…

Quelque chose avait changé qui était imperceptible.

*

Tout éclata le lendemain à la lecture de *Midi Olympique* qu'il était allé acheter – ce qu'il ne faisait jamais : la bible du rugby se lisait au siège du club, au zinc du café Glacier – en début de matinée. Une information stipulait que Ferreri l'aurait « prêté » au club de A. pour la fin de la saison en cours. « Selon nos informations, Alexandre Vrac, qui aurait prolongé cette semaine son contrat de quatre années avec B., serait prêté au club de A. (actuellement sixième du ProD2) jusqu'à la fin de la saison, en vue de renforcer la ligne d'attaque de cet ancien grand club qui espère toujours pouvoir réintégrer l'élite de ce jeu. Vrac, bien que titularisé dimanche avec B., n'étant jamais, depuis quelques semaines, que le remplaçant de Van der Berg, devrait recevoir l'officialisation de cette mutation par son président ce lundi matin. »

Tout se recoupait, jusqu'à la présence du président de A., au match. Mais qui avait vendu la mèche aux journalistes ? Ferreri ? L'ignoble Ramirez, en guise de revanche ? Tout cela importait finalement peu. L'information était sans doute avérée et l'essentiel était ailleurs : dans le lâchage en règle de Ferreri qui, après l'avoir appâté par un contrat alléchant, réduisait à rien son avenir en le réexpédiant en deuxième division. Une colère sourde s'empara d'Alexandre qui frappa de toutes ses forces dans la porte du garage. Son poing se mit à saigner aux jointures des doigts et la marque de celui-ci se dessina dans la porte désormais gondolée. Il songea qu'il n'avait même plus d'agent pour le défendre et que les alinéas mis au terme de son contrat tombaient du même coup à l'eau. Or rien n'interdisait le prêt d'un joueur. Au mieux, il pourrait demander à être dirigé vers une autre équipe, mais la belle affaire. Il pensa, dans un regain d'optimisme, à la possibilité pour Gabriella et lui de couper tous les ponts avec Ferreri. Moyennant quoi, l'aventure lui parut soudainement plus séduisante. A. était à 200 kilomètres de B. et, s'il devait quitter à regret Doudou et Éric, Brique et les autres pour quelques mois au moins, la séparation de Gabriella et du président était peut-être la meilleure des choses. Était-ce à dessein que Ferreri avait tranché ? Le doute était permis.

Il prévint Gabriella comme elle était en train d'accrocher au mur des lavis qui paraissaient dater de la veille. Son visage d'abord se décomposa. Puis elle parut se ressaisir.

— Je m'y attendais, dit-elle.

Il ne posa pas tout de suite la question qui le brûlait. Il voulait connaître sa première réaction qui lui déplut. À l'abattement initial succédait en effet une colère qu'elle semblait devoir diriger contre lui. Elle ne parlait pas, mais le silence était éloquent : tu es un loser que l'on jette ! Et voilà le résultat.

Il s'offrit une esquive.

— Tu n'es absolument pas obligée de me suivre, tu sais !

Elle ne répondit pas. Avait-il marqué un point ?

— Et tu ne peux rien faire d'autre ? dit-elle à contretemps.

— Je dois sans doute pouvoir refuser. Mais à quel prix ? On est dans une entreprise. Je ne sais rien de tout ça, mais j'imagine que c'est le même cas de figure que le type qui refuse un déplacement de poste. Au mieux, tu peux négocier ton départ.

— Quel salaud ! dit-elle. Quel abominable salaud ! Ce n'est pas le joueur qu'il condamne, rassure-toi !

Ils marchèrent le long du petit chemin qui partait derrière la maison. Le matin badigeonnait devant eux des choses pourpres et bleues. C'était un lieu de bonheur qu'Alexandre commençait à détester. Le territoire de Ferreri.

— Tu sais quoi ? dit-il. Je suis heureux de partir. Je ne pourrais plus supporter ce type. Et puis les journalistes ont raison : je ne joue plus, ou si rarement. S'il faut qu'Éric désespère pour me faire une place au soleil, je préfère me barrer.

— Mais tu ne m'as pas dit que c'était une division inférieure ?

— Si, mais le club est sympa, la ville est belle…
— Belle ? Tu veux rire ?
— Elle a du charme…
— Du charme ? C'est austère, c'est gris, c'est bourgeois. Quoi ! 30 000 personnes, 50 000 à tout casser ?
— On ne juge pas une ville au nombre de ses habitants. Et du reste, ici…
— Ici, on est à une heure de la montagne, de la mer. Là-bas, c'est le trou du cul du monde…
— Tu es toujours excessive…
— Et toi…
— Moi, quoi ?
— Rien, c'est ridicule, excuse-moi…
Le silence se fit. Ils empruntèrent au bout du chemin un pré dont la terrasse abrupte ramenait par un détour vers le Plateau. Le piétinement des animaux, l'été, découpait la pente comme par strates. Ils marchèrent sans plus rien dire.

Ce soir-là, Alexandre rentra dormir au centre. Il avait besoin d'être seul et l'abattement de Gabriella lui pesait comme une faute.

25

Quelque chose avait changé qui était imperceptible et Alexandre partit seul à A. Gabriella saurait le retrouver, plus tard, une fois qu'il serait installé. Ils se parlaient tous les soirs de longs moments au téléphone. Elle disait travailler à ses baraques, à leur construction. Lui, avait trouvé une maison en dehors de la ville que prolongeait une grange de plus de 100 mètres carrés, dans laquelle il pensait installer l'atelier. « L'endroit est idéal, disait-il. Il faut simplement y placer l'électricité. Mais j'ai négocié ça avec le propriétaire. » Les toits d'ardoise donnaient à la ville un air revêche que les pluies de janvier assombrissaient encore. Et la question, souvent, le harcelait de savoir ce qu'il faisait dans ce lieu où il ne connaissait personne, où personne ne le connaissait ? Il rentrait tôt, le soir, dans sa nouvelle demeure beaucoup trop grande pour lui, où il faisait brûler des feux dans la cheminée du salon en écoutant de la musique et en buvant du Coca. Par facilité, il avait accepté une maison meublée, laquelle, par bonheur, l'était avec goût, même s'il eût préféré une demeure plus moderne, laquée de blanc avec des tables et des chaises en fer, comme il en avait vues chez l'un de ses nouveaux coéquipiers. Là, des meubles anciens – armoires, buffets, vaisselier, bibliothèque, lits à baldaquins – patinés par le temps, en occupaient les pièces principales. Plus loin, derrière le jardin que clôturait un mur de pierres, se tenait un bois où poussaient des cèpes. Des livres occupaient les étagères de la bibliothèque, dont toute une collection de La Pléiade et, en beaucoup moins chic, la collection des livres de France Loisirs qui devaient dater des années 1970, d'où émargeaient des romans faciles à lire (l'histoire, assez mince, se dévorait en quelques heures) par des auteurs dont les noms ne disaient plus rien à personne. Mais il les lut, un à un, durant ses premières semaines, avec une application de potache ou d'historien voulant se familiariser avec la France des seventies. Plus loin, plus haut, toute une rangée de livres était encore consacrée à la littérature nord-américaine du début du XXe siècle et l'on retrouvait là Faulkner, Hemingway, Scott Fitzgerald, Hammett. Ces livres appartenaient-ils au propriétaire, vice-président du club local, ou avaient-ils été abandonnés là par des locataires de passage ? La maison, en pierres de taille blanches comme on en trouvait entre Lot et Corrèze, était faite pour une famille nombreuse, une cavalcade d'enfants, un chien, des chats. Une femme peintre suffirait-elle à la remplir ? Il craignait que de l'ennui ne recouvre le quotidien de Gabriella et ne vienne tout gâcher.

Un soir où il fut invité chez le président du club, celui-là même qu'il avait rencontré au sortir du match contre Bayonne, il fut rassuré par la gentillesse du couple Lavedent. Voilà des gens, se disait-il, avec lesquels Gabriella s'entendrait bien. La femme surtout, dont l'avidité batailleuse ne saurait lui déplaire. Comme lors de leur première entrevue, l'homme, un industriel local de belle renommée, lui parla littérature. Sa femme peignait. Ils étaient férus d'art. « Et ta façon de jouer, mon cher Alexandre, lui disait-il, confine justement à une forme d'art que nous sommes quelques-uns à percevoir dans le rugby. Si, si, je t'assure... Geneviève, tu as devant toi un jeune homme qui non seulement sait lire mais promène un talent de rugbyman peu commun. Tu le verrais courir, passer la balle, lever la tête pour appréhender une action, lire le placement de la défense adverse... Du grand art. Tu te souviens de ce torero – comment s'appelait-il déjà ? À Nîmes, il y a quelques années... Bon sang, le nom m'échappe. Tu étais amoureuse de sa grâce. Eh bien, Alexandre, c'est le même, version rugby... » Geneviève souriait. L'écoutait-elle seulement ? Il parlait plus qu'il ne la laissait parler. On devinait que sa femme avait dû se battre pour ne pas se roussir les ailes aux feux de cet homme-là, dont la réussite empruntait à une palette assez large de talents multiformes. Mais leur rayonnement était une aubaine en ces lieux retirés.

Heureusement pour Alexandre, ses premiers matchs en proD2 furent de vraies réussites. Le premier notamment, disputé à Grenoble, un dimanche, devant les caméras de télévision, de sorte que le soir il fut inondé de messages d'Éric, de Brique, de Doudou et des autres. A. avait gagné à Grenoble et le devait pour grande partie à Alexandre. Lequel avait ajusté deux drop-goals durant le premier acte et fut à l'origine du seul essai du match. Promu buteur de circonstance, Alexandre réussit aussi la transformation de l'essai malgré la position en coin, le terrain lourd qui rendait les choses plus difficiles. Cet essai de nature à faire le break était une bénédiction pour A. dont le pack plus léger que celui de Grenoble ne parvenait pas à faire la différence. La fin du match, entièrement animée par Alexandre, fut alors de toute beauté. À deux reprises, sur un ballon de relance, puis sur une attaque classique, Alexandre décida de « tout lâcher » avec tout le panache qu'il affectionnait. Sur la relance, il effaça deux adversaires avant de décaler un trois-quarts centre qui perça sur une trentaine de mètres. Sur l'attaque classique après touche, il amorça une tentative de cadrage-débordement sur l'extérieur – entraînant l'ouvreur adverse à sa poursuite et ménageant un intervalle libre à son intérieur, où il servit d'une passe à l'aveugle, l'un de ses troisièmes lignes venu au soutien. Un vent de folie s'était levé sur le stade et devant les télévisions du Centre de B. où tous ses potes, qui avaient joué la veille, vibraient à ses exploits.

— Tu ne peux pas savoir, lui dit Éric, le soir même au téléphone. La télé pour ça, c'est exemplaire. Ton cad-deb sur l'ouvreur et ta passe à l'aveugle, ils l'ont passés dix fois et sous tous les angles. Putain, tu étais beau... Tu courais droit, le buste haut... Et la passe, on ne la voit pas venir. On sent bien que seuls les bouts des doigts propulsent la balle... J'ai hurlé, je te jure, j'ai hurlé... Les gars, ici, ils étaient comme dingues... Patoune sautait partout...

Éric, pour le plus grand bonheur d'Alexandre, avait retrouvé des couleurs avec le retour de Clara. Il avait tout pardonné, tout excusé et le couple, disait-il, semblait repartir sur de bonnes bases.

— Je suis sûr que Lacaze regrette ton départ. Van der Berg il est bien gentil, mais c'est un vrai Sud-Af ! Un coup de pompe de soixante mètres, des biceps plein les manches, mais il ne comprend rien au jeu. Ce que tu as fait cet après-midi, il est incapable de le faire. C'est de l'hébreu pour lui. Et Verger comme Lacaze le savent. D'ailleurs, ils ont dit à Doudou que c'est le président et lui seul qui avait décidé de ton prêt. Il te fait payer Gabriella, tu peux en être certain.

Ce match, bien sûr, jetait un peu de lumière sur le gris de son quotidien. Mais combien de temps le réchaufferait-elle ? Il était seul, à deux cents bornes de B., sous la pluie et le continuel crachin de janvier, et du spleen lui venait. Parfois, il recevait un SMS de Gabriella.

« Je serai là jeudi soir. Je viens passer deux jours. Tu veux bien ? » Tu parles ! Il n'attendait évidemment que ça, avec, caché derrière ce signe, l'espoir de la voir rester près de lui.

— C'est un peu con quand même, disait-elle. Michel me laisse la maison et l'atelier autant de temps que je le souhaite. Il ne demande rien en retour, rassure-toi. Ici, tu le vois bien, avant que l'électricité ne soit posée dans la grange à côté, que le déménagement ne se fasse – lequel, entre parenthèses, va nous coûter la peau des fesses –, la saison sera terminée. On peut, peut-être, attendre juin comme ça. Imagine que Michel te rappelle pour la saison prochaine ? J'ai cru comprendre que tu avais fait un super-match à Grenoble...

— Qui te l'a dit ?

— Michel, pourquoi ?

— Tu le vois si souvent ?

Elle s'approchait de lui, se lovait contre lui, l'embrassait.

— Jaloux... disait-elle.

Sa joie au moment de la revoir était profonde, étouffante. Mais l'idée de la voir de nouveau disparaître, après deux ou trois journées passées en sa compagnie, le roulait dans une désespérance enfantine. Il se sentait seul.

— Moi aussi, disait-elle, je suis seule. Aucune satisfaction dans mes propos, mais je passe mes journées seule et je m'y fais plutôt bien...

— Et Michel, tu le vois souvent ?

— Tu l'appelles Michel maintenant...

— N'ironise pas, je t'en prie...

— Oui, il m'arrive de le voir. Et alors ? Il est chez lui, il lui arrive de passer, de venir chercher des choses. C'est quelqu'un que je vois avec plaisir. Tu peux comprendre ça, non ?

Alexandre se trouvait misérable. Gabriella prenait de nouveau barre sur lui et il n'aimait plus ça. Pressentait-elle son désir de changer ?

*

Les jours passèrent qui firent de nouvelles semaines. Gabriella et Alexandre firent un court séjour de trois jours à Venise durant les vacances de février, comme le Tournoi des VI Nations battait son plein et qu'une trêve occupait le championnat. Gabriella voulait voir les expositions qui se déroulaient parallèlement au musée Guggenheim et au Palazzo Grassi, à la punta della Dogana, la très fameuse Douane de mer. La ville, sublime, offrait un paysage idéal sous la brume puis sous la neige. Mais déjà des tensions apparurent. « Tu es coincé, ma parole ! », disait Gabriella à Alexandre. Dix fois dans la journée, elle espérait que son compagnon, glacé, la sagesse lui serrant les tempes comme une migraine, la trousse, la détrousse, ose peut-être ces gestes et ces attitudes que la morale réprouve. Délurée, Gabriella ? Non jeune et libre de ses manières et de son corps. Mais Alexandre bloquait. Son imagination convoquait des images qui, tout à la fois, l'excitaient et le tétanisaient : Gabriella et Ferreri, au lit, dans une voiture, un sous-bois, au bord d'une route, la nuit, les phares allumés et les camionneurs, peut-être, qui klaxonnent en les croisant… D'où tenait-il ces informations ? Des vagues récits de Gabriella qui ne dédaignait pas parler de ses aventures anciennes comme on sait ranimer la fureur de celui qui écoute, de recoupements, de son imaginaire aussi.

Ils faisaient beaucoup l'amour pourtant, ce qui ne doit pas être incompatible. Deux, trois fois par jour ils se retrouvaient dans la chambre d'hôtel, debout ou couchés, suants, haletants, en proie au grand vertige.

L'aimait-elle ? L'aimait-elle vraiment ? S'agissait-il, comme il l'espérait, d'un coup de foudre réciproque, absolu ? D'un retour du temps, comme le prétendait Simon, d'une continuité ? Les questions restaient posées en lui comme une brûlure. Elle était bien avec lui, c'était une évidence. Elle aimait, de manière certaine, ce mélange un peu détonnant de force et de tendresse, cette fragilité enfantine contre laquelle il luttait de toutes ses forces et qui l'émouvait certains soirs jusqu'aux larmes, la grâce d'un corps et d'un visage qu'elle savait objectivement beaux – même si pour elle les critères de beauté se situaient ailleurs. Elle appréciait de le voir rêver sa vie (« seule véritable marque de liberté, disait-elle »), comme de le savoir intéressé par les choses artistiques et tout cela, invariablement, la ramenait à Julien. Devait-elle s'en inquiéter ? Elle déplorait surtout de n'avoir pas retrouvé auprès de lui les moments de grâce qu'ils avaient vécus en montagne, dans ce refuge, où, sans lui, elle n'eût jamais mis les pieds. Mais lui, pensait-elle ? M'aime-t-il ou croit-il m'aimer ? Ce besoin où il était d'admirer, mais aussi cette façon, toute narcissique, de tout ramener à lui ne composaient pas forcément l'amour absolu qu'il revendiquait. Il cherche une mère. Et pour aussi légitime que cela soit au regard de son passé – qu'ai-je fait de mieux et avec tant d'hommes ? –, je ne suis justement pas sa mère et ne le serai jamais.

Mais ces calculs un peu sommaires la répugnaient et elle entendait prendre la vie comme elle vient.

— Tu as besoin d'assurance tous risques, disait-elle quand il la harcelait. Tu rêves d'un amour éternel. Je comprends bien sûr. Rien n'est plus normal quand on connaît ton parcours. Mais tu te goures. Tu ne le sais d'ailleurs que trop bien. Rien ne dure, rien n'est éternel et même rien ne compte…

Il n'aimait pas l'entendre parler de la sorte, avec cette forme de sadisme dans la voix qu'elle semblait s'adresser à elle-même. Il l'aimait d'autant moins qu'il savait qu'elle avait raison.

*

Il reçut une lettre d'elle à la fin janvier, qui l'étonna.

« Alexandre,

Je ne voudrais pas que tu m'en veuilles si, parfois, tu me juges distante. Je ne le suis pas. Mais j'ai tout un passé, tu le sais, de coups et de brûlures, qui est dur à effacer, à assumer. D'où une certaine froideur. Sans rentrer dans des détails sordides, sans chercher non plus à trop me plaindre, je voudrais que tu prennes conscience de l'adolescence que j'ai eue. Après la fugue de chez mon père quand j'étais en classe de première et le viol (comment appeler ça autrement ?) que j'ai dû endurer, j'ai demandé à prendre un appartement, à Montpellier, dans l'espoir que Julien me rejoigne. J'étais déjà bien perturbée, cela se ressentait dans mon comportement, mais personne n'a vraiment cherché à le voir et surtout pas mon père. Personne ne s'est opposé à ce départ. Bon vent ! Trop contents – le père comme les grands-parents – de n'avoir pas à s'occuper de cette jeune chieuse et de son frère, dont ils ne s'étaient, pour le coup, jamais occupés. Ma grand-mère paternelle a néanmoins accepté de payer la location de cet appartement dans lequel j'allais inviter Julien à me suivre. Mais, pour lui, il était trop tard. Les dégradations psychologiques étaient trop fortes, avec, en point d'orgue, cette constatation évidente que personne à part moi ne l'aimait, ne l'avait jamais aimé depuis son enfance. Tu sais tout cela, excuse-moi, mais cela me semble essentiel de le rappeler pour bien comprendre la situation.

C'est que notre vie à partir de cet instant est partie en « live ». Julien buvait beaucoup et se droguait. Pour récupérer de l'argent, il dealait. Je ne l'ai su que plus tard. Tous les soirs, au prétexte d'abord de le suivre, de le surveiller, je l'accompagnais dans ses dérives nocturnes. Mais on ne tient pas longtemps le cap du sérieux dans ces milieux interlopes.

Si, avec toi, grâce à toi, j'ai découvert la tendresse et l'affection, je traîne comme un boulet ces années d'adolescence. Je sais à quel point cela doit être difficile pour toi de lire des choses pareilles et je m'en excuse, mais je veux que tu comprennes que je me sentais coupable de ne pas être aimée, coupable d'être abandonnée. Si je l'étais, c'était bien que je n'avais pas fait ce qu'il fallait. Et je me mis à comprendre le mensonge, les coups bas, à aimer ces milieux obscurs qui, tout en m'aliénant, semblaient me protéger.

Pardon, Alexandre, de te parler de ça. J'ai longtemps voulu le taire. Mais comment pourrais-tu me comprendre, si je tais justement cet épisode douloureux de ma vie dont je subirai toujours les conséquences. J'ai parfois l'impression d'être obsédée par ces élans nostalgiques. Je ne peux pas vraiment t'expliquer. Je souhaite d'ailleurs te tenir à l'écart de tout cela. Sache seulement que je t'aime profondément, que tu comptes beaucoup pour moi. »

Comme il était inquiet, Alexandre appela. Que faisait-elle ? Qui revoyait-elle ? Avait-elle besoin qu'il vienne ? Gabriella chercha à le rassurer. Elle ne craignait rien et lui non plus n'avait pas à s'angoisser. Cette lettre ? Un moment de désespoir. Un besoin de s'épancher. Rien d'autre. Rien de mieux. Mais pouvait-il le croire ?

*

Tout bascula au cours de ce mois de janvier. Le 25 exactement. Gabriella ne venait plus à A. au prétexte de devoir préparer une exposition, à Nîmes, au printemps prochain. « Un ami de Michel – mais Michel n'y est pour rien, je ne suis même pas sûre qu'il soit au courant – m'a briefée... C'est une chance inouïe. Une expo annulée... Une plage de quinze jours qui s'ouvre. Ils sont venus à B. Ont vu mes baraques – ou ce qu'il en est, elles sont loin d'être abouties – et sont d'accord pour les exposer. Mais je dois mettre les bouchées doubles, je suis loin du compte... »

Un soir où Alexandre dînait seul dans une petite auberge près de A., Rémy, l'un des troisièmes lignes de l'équipe, pénétra dans la salle accompagnée d'une amie. Ils rapprochèrent les tables, firent plus ample connaissance. Soudain, en plein cœur de la conversation, Émilie – c'était son prénom – s'extasia :

— J'ai rencontré une amie à vous la semaine dernière à Paris, dans un restaurant italien, rue des canettes, je crois... Dans Saint-Germain, exactement... Près de la rue de la Soif, je vois que vous connaissez...

La rue de la Soif, alias rue Princesse, était le point de ralliement de tous les rugbymen de France en vadrouille. Jean Castel, le prince des nuits parigotes, y avait tenu longtemps une boîte de nuit où le XV de France avait ses entrées, et les pubs, cafés et restaurants se multipliaient alentour, de sorte que les gens bougeaient des nuits entières, comme en Espagne un soir d'été.

— Je ne me souviens plus de son prénom, excusez-moi... Mais elle m'a dit bien vous connaître...

Souriant, attentif, Alexandre écoutait, faisant courir son esprit autour de ses anciennes rencontres parisiennes.

— Elle s'intéresse au rugby ?

— Je n'en sais rien mais je le suppose. Elle accompagnait le président de l'équipe de B... Je zappe encore le nom. Mais vous connaissez, bien sûr, vous avez joué là-bas ?

Rémy rosit d'un seul coup. Il était donc au courant, comme sans doute toute la France du rugby, qu'Alexandre avait chipé la maîtresse du président de B. et avait été muté, en conséquence, dans un club de Pro D2. À la réflexion, cette version arrangeait assez Alexandre pour une mutation future. Si sa cote était tombée, elle ne devait rien au sportif. Mais le coup, à l'instant, était d'une autre portée. Il feignit de ne pas comprendre, comme on retarde l'échéance.

— Elle était comment ?

— Superbe. Une très jolie fille. Votre âge. Peut-être un peu plus âgée… Brune, beaucoup d'allure.

— Origines italiennes ?

Elle parut réfléchir. Jouait-elle ? Savait-elle ? Ou était-ce l'innocence même ?

— C'est bien possible, maintenant que vous me le dites. Elle avait un prénom aux résonances italiennes. Pas Clara, ni Léa…

— Gabriella, dit-il.

— C'est cela, reprit-elle. Vous voyez de qui je veux parler ?

Il souriait, opinant de la tête.

— B. jouait au Stade français le week-end dernier, c'est cela ?

Le faisait-elle exprès ? Gabriella avait-elle passé le week-end avec l'équipe ? La question le brûlait et il luttait pour ne pas manifester ouvertement la fébrilité qui maintenant le tenait.

— Je le crois, puisque le président… Comment s'appelle-t-il, déjà ?

— Ferreri, dit Rémy.

— C'est ça, Ferreri ! Le président Ferreri nous a dit qu'il avait dormi au Ritz. Elle et lui, je veux dire… Pas l'équipe. Au Ritz, vous vous rendez compte ? Ils étaient là depuis le jeudi soir… Votre amie avait d'ailleurs l'air gênée. Trop beau, j'imagine, trop apprêté…

Alexandre était K-O. Tout s'effondrait autour de lui. Il termina le repas tant bien que mal, se forçant à sourire, jouant l'indifférence. Il partit deux fois aux toilettes se recomposer un visage. Jamais l'expression, « le cœur me saigne », ne lui avait paru plus juste, plus appropriée. Il avait l'impression de se vider de son sang et d'être cloué au sol par le poids du chagrin. Comment avait-elle pu lui faire ça ? En y réfléchissant bien, il l'avait appelée le vendredi. On entendait le bruit de voitures en toile de fond, le tohu-bohu d'une ville. « Je te rappellerai, avait-elle dit. Je fais des courses en ville. » Mais elle n'avait pas rappelé. Il avait de nouveau essayé de la joindre le samedi, à plusieurs reprises, sans succès. Puis le dimanche matin. Elle semblait pressée, fébrile. « On se rappellera plus tard, disait-elle. Hier ? Je ne sais pas. Ah si, j'avais oublié le portable dans la cuisine. Je l'ai d'ailleurs cherché un long moment… On se rappelle, dac ? Je suis pressée, là, excuse-moi. »

« Quelle salope, pensa-t-il ! Quelle abominable salope ! » Le cœur lui saignait, mais, en même temps, une éclaircie se faisait dans son crâne. Il avait assez subi, non ? On l'avait assez pris pour un imbécile…

26

Il commença par ne pas répondre aux appels de Gabriella. S'imposa un footing, chaque matin, en sus des entraînements. Décida de procéder à des séances de sophrologie, surveilla ses heures de sommeil, le contenu de ses repas, lut des romans présumés difficiles, rendit un devoir de littérature comparée par correspondance et une longue dissertation sur Rousseau. Il pensait que seuls un emploi du temps serré, une discipline de vie austère l'autoriseraient non seulement à oublier Gabriella mais à avancer, à mieux se connaître. Il voulait éviter le piège où l'alcool et la fête, si tentants en pareille circonstance, pourraient le jeter. Il était soudainement convaincu d'avoir les forces en lui pour sortir du train-train où la vie, si uniforme, l'avait installé. Il voulait trouver les clés de son développement personnel, comme disent les livres à géométrie variable que l'on trouvait, désormais, sur les étals des librairies. Méditation, relaxation, visualisation : Alexandre était devenu un adepte de ces techniques en passe d'envahir l'univers du sport. L'aidaient-elles à composer un personnage différent ? Il le crut au regard du regain d'attention que les autres, imperceptiblement, lui portaient. Les femmes lui souriaient dans la rue. Les hommes étaient plus attentionnés. Comme il manifestait sa surprise de voir l'un des kinés du club insister chaque jour pour le masser, alors qu'il ne se plaignait d'aucune contracture, il essuya cette remarque de Louis, son jeune demi de mêlée : « Il faut croire que chez toi, les blessures sont apparentes ! » Il mincit aussi, de sorte qu'il semblait, au bout de quelques jours, différent de l'homme qu'il était quelques semaines auparavant. Cet excès dans l'ascèse dénonçait assez l'état de fragilité extrême dans lequel il se trouvait, mais c'était cela, pensait-il, ou tomber.

Une semaine passa. Puis deux. Un soir, comme il aurait dû s'en douter, on sonna à sa porte. Gabriella se tenait sur le seuil, indécise, le regard buté où passait – front relevé, ses yeux noirs bouffant son visage – un peu de pitié chagrine. Il fut surpris. Il avait imaginé qu'elle puisse l'appeler, mais il ne la voyait pas enrouler tous ces kilomètres pour venir le retrouver. La nuit, déjà tombée, compliquait tout. Ses cheveux, qui encadraient son visage, brillaient d'une lumière particulière sous la pluie. Elle était vêtue d'un trench ouvert sur un chemisier et d'un pantalon taille haute. Son parfum qui, lorsqu'il se retrouvait près d'elle, l'enveloppait comme une aura, ajoutait au trouble d'Alexandre une touche désuète. Il était fébrile mais déterminé à ne pas revenir en arrière.

— Que se passe-t-il, dit-elle. Je ne comprends pas…

— Tu ne comprends pas ?

Il lui barrait l'entrée vers le corridor de la masse de son corps et elle demanda à pouvoir rentrer.

— Cinq minutes, dit-il.

— Pourquoi cinq minutes ?

— Tu ne comptes tout de même pas t'installer ?

Elle avait l'air navrée, inquiète. Des nuances passaient sur son beau visage dont la forme des yeux ne lui avait jamais parue si longue.

— Tu peux m'expliquer ? dit-elle.

— Ce serait plutôt à toi…

Une altération sur son visage lui laissa pressentir qu'elle comprenait.

— Que veux-tu dire ?

— Je t'en prie, dit-il, tu le sais très bien...

Elle se taisait, fit diversion.

— Tu peux m'offrir quelque chose à boire ?

Il hésitait.

— Alcool ? Thé ? Café ?

— Un thé, je veux bien.

Il alla vers la cuisine où elle le suivit. Sans un mot, il mit de l'eau à chauffer dans la bouilloire, sortit une théière. Il ne l'avait pas regardée durant ces quelques minutes, indifférent à tout ce qui n'était pas ses gestes, ses déterminations.

— Tu as minci, dit-elle pour rompre le silence.

Il ne releva pas la phrase. S'assit à un angle de la grande table campagnarde posée au milieu de la cuisine.

— Tu lis ça, dit-elle en montrant un livre de Dürckheim, *Méditer*, qui traînait à l'autre bout de la pièce.

Il fit une moue qui pouvait vouloir tout dire.

— C'est un peu dur, non ? Difficile d'accès, je veux dire ?

Il haussa les épaules cette fois en une expression de rejet.

— Qu'est-ce qu'on t'a dit, demanda-t-elle ?

— À quel propos ?

— Ne fais pas l'idiot, s'il te plaît. Tu ne m'appelles plus, tu refuses de me répondre...

— Toi, s'il te plaît, ne fais pas l'idiote. Tu sais très bien ce que je te reproche. Tu ne vas pas en plus me demander de me justifier...

Il parlait fort et comme la colère commençait à empourprer ses traits, il se ravisa et termina sa réponse à voix basse, posée.

— Il ne s'est rien passé, dit-elle. Je ne sais qui t'a dit que j'étais allée à Paris avec Michel, puisqu'il ne peut s'agir que de ça, mais je te jure qu'il ne s'est rien passé entre nous...

— Tu me prends vraiment pour un con, éclata-t-il. Tu pars trois jours avec ton ancien amant, à Paris, au Ritz, vous dormez dans la même chambre, vous passez vos journées ensemble et tu voudrais me faire croire qu'il ne s'est rien passé... J'ai vraiment une tête de naze...

Elle se passait une main sur le front, tête basse. Ses cheveux touchaient la tasse.

— Rien... répéta-t-elle.

— Va-t'en, dit-il, je t'ai assez vue.

Il n'avait, peut-être, jamais été aussi amoureux d'elle qu'à ce moment précis. Il n'avait jamais eu autant envie d'elle qu'au moment où elle se leva. Deux larmes, épaisses, roulaient sur le visage de Gabriella qu'elle voulut cacher en se retournant. Elle avait délaissé la tasse et reprenait le chemin du couloir. Il restait là, refusant de l'accompagner. Mais il comprit vite qu'elle n'était pas sortie. Le bruit de la porte qui se ferme n'était pas venu jusqu'à lui et il la devinait tapie dans un coin du corridor. Il s'assit, but le thé qu'il lui avait servi à petites gorgées. Des minutes passèrent dans ce silence que peuplait l'attention. Soudain, il l'entendit respirer.

— Tu attends quoi ? dit-il assez fort.

Comme elle ne répondait pas, il se leva. Quand elle le vit, elle fonça sur lui et se blottit à son corps. Il la repoussa. Elle s'accrocha jusqu'à rouler par terre. Son visage ruisselait de larmes.

— Tu ne peux pas me laisser tomber, dit-elle. Tu me tues si tu me laisses tomber...

— Je te tue ? répéta-t-il avec toute la cruauté dont il était capable. Eh bien ! meurs, mais meurs dehors, sois gentille...

Elle ne disait rien, prostrée au sol.

— Pourquoi es-tu si méchant, dit-elle. Je t'ai tellement fait souffrir ?

— Même pas, dit-il. Tu m'as dessillé, c'est tout.

Elle finit par se lever, fit quelques pas vers la porte. Elle semblait avoir recouvré ses esprits.

— Je te laisse, dit-elle, la main sur la poignée de la porte. Je voulais seulement que tu saches combien je t'aimais.

Il ne répondit pas, attendit qu'elle sorte, en proie à des sentiments contraires, ambivalents, où le désir se cognait au sadisme, où l'indifférence née des jours qui venaient de passer le disputait, en lui, à un fond de masochisme. Elle tenait toujours la poignée de la porte, se retourna vers lui qu'elle regardait fixement, le visage chaviré de douleur.

— Toi aussi tu m'aimes, dit-elle. J'en suis sûre. Ose prétendre le contraire…

Et comme il ne disait rien, le visage fermé, sourcils froncés.

— Pourquoi t'enfermes-tu dans la haine ? Tu ne sais rien de moi et de Michel. Rien de ma vie actuelle. De ce passé qui me poursuit. Tu pourrais essayer de comprendre…

— Va, s'il te plaît !

En deux secondes, elle ouvrit et referma la porte avec cette détermination aveugle qui reflétait aussi son caractère et disparut de sa vue. Allait-il le regretter ? Il était trop tôt pour le dire. Il restait là, debout au seuil de la maison, attentif aux sensations qui se dégageaient de lui. Le cœur lui battait aux tempes et à la poitrine. La colère – cette colère sourde qui le tenait depuis son arrivée – se mêlait en lui au regret, au désespoir où il était de savoir son amour enfui, terminé. Combien de mois, combien d'années passeraient avant qu'il ne retrouve une fille pareille, qu'il ne redevienne amoureux ? Il pensa un peu ingénument au fameux poème de Kipling dont il travestissait le sens : « Si tu es capable de voir partir l'amour de ta vie et sans dire un seul mot te mettre à rebâtir… »

Mais la voiture ne démarra pas. Il attendait maintenant que le vrombissement du moteur se fasse. Qu'espérait-elle ? Qu'il se ressaisisse et revienne vers elle ? Il aurait pu la sauter, comme ça, très vite, furieux d'envie et de ressentiment. Mais l'aimer encore, la retenir : il en était désormais incapable. Il n'aurait pas pu se supporter lui-même. Il monta à l'étage, feignit de ranger des affaires, jeta un œil au-dehors où la nuit noire masquait l'horizon. Il alluma des lumières, monta le son de la radio qu'il avait oubliée tout à l'heure, redescendit, retrouva la cuisine partiellement en désordre, toucha le livre de Dürckheim qu'elle avait tenu il y a quelques minutes, le sentit. Une trace de son parfum en imprégnait encore la couverture. Oui, il aurait aimé faire l'amour avec elle, sauvagement, éperdument, mais l'amour, le vrai, dans sa composante de tendresse et d'empathie, était tombé de lui, l'autre jour, comme une peau brûlée, desquamée, à l'heure précise où Émilie lui avait parlé. C'était peut-être qu'il ne l'aimait pas assez ? Que son orgueil, sa fierté étaient au-dessus de tout ? Que leurs rapports n'émargeaient pas au rang des amours véritables. C'était quoi, docteur, un amour véritable ? S'il s'agissait de se crever le cœur, de pleurer à l'idée d'avoir perdu l'autre, sans lui en vouloir outre mesure, parce que c'est la vie, parce que c'est comme ça, alors son amour était véritable. Parce que oui, bien sûr, il avait pleuré. Et si sa colère était réelle, elle n'empruntait à aucune haine. Il lui souhaitait bon vent. La rupture, après tout, c'était affaire d'expérience. Sa mère, Gabriella… Ah non ! Rien de comparable, bien sûr. Mais il ne pouvait plus souffrir, il n'avait plus le mot de passe. Il avait bien assez souffert dans sa vie pour laisser, une nouvelle fois, le malheur pénétrer la surface de son corps, de son âme. Il ne voulait pas, ne pouvait pas. Tout en lui refusait et répugnait désormais ces états de tristesse et de désespérance où la vie – ne serait-ce pas plutôt la mort ? –, à deux reprises, l'avait propulsé avec une force épouvantable.

Jamais plus, pensait-il. Jamais plus les peurs, les viscères retournés, les jambes en coton, le cœur fauché. Jamais plus. Plus jamais.

Il ne saura jamais que Gabriella, à la même heure, la tête posée sur le volant de sa voiture, dans l'exacte position où l'on voit les macchabées dans les films policiers – et du sang coule à hauteur de la tempe, un Klaxon, parfois, retentit – revoyait passer sa vie à toute vitesse. L'enfance gâchée, humiliée par la mort de sa mère, l'indifférence hautaine du père, la froideur des grands-parents. Ainsi de ce soir de Noël, dans la vaste cuisine de marbre de Roquebrune, seule dans la nuit, abandonnée de tous, une poupée dans les bras. La maison était vide, désertée de toute présence humaine. Ils étaient partis. Ils l'avaient abandonnée. Ils étaient à la messe de minuit, mais elle ne le savait pas. Sa grand-mère l'avait bien prévenue quelques heures plus tôt, comme elle pinçait le chat : « Tu es méchante et je ne veux plus te voir ! » Gabriella avait six ans. Un vide immense se creusait en elle et la terrorisait.

Ainsi de l'été de ses quinze ans – qu'avait-elle dit ? qu'avait-elle fait ? – au retour de la plage de La Grande Motte, lorsque sa grand-mère Régnier lui rétorqua sur ce ton de mépris glacial qui était sa nature : « Je n'aimais pas beaucoup ta mère, mon enfant… Mais au moins elle était belle et intelligente… » Ces phrases-là ne sont rien – l'énervement, la maladresse ! – mais elles vous tuent.

Alexandre fila dans la cuisine. Quelle heure était-il ? Dix-huit heures dix. Il n'allait tout de même pas se préparer à dîner. Quant à la télé, à une heure pareille, il était même inutile de la regarder. Il aurait voulu fuir, partir loin. Mais il ne pouvait même pas le faire. Sa voiture était devant la porte et il serait tenu de croiser Gabriella. Une bière ! Boire une bière au zinc d'un bar en lisant le journal et en bavardant avec un quidam de passage. Voilà ce qu'il aurait voulu. Le type l'aurait reconnu et lui aurait parlé du match à venir, du match passé, de toutes petites choses. Il aurait offert sa tournée. Le patron se serait mêlé de la conversation. Le type aurait voulu remettre la sienne. Deux bières, à jeun, et déjà la tête lui tournerait. Le patron leur amènerait des olives, des cacahuètes. L'odeur anisée du pastis, dans le bar, se mélangerait à celle du houblon. Comme dans les chansons de Brel et de Caussimon, il serait bien là : vautré, au chaud, délesté de toute pensée difficile, de toute angoisse, un peu ivre déjà. Le patron remettrait la sienne. Quand même, trois bières ! « Allons donc ! Un jeune homme comme vous ! Avec tout l'entraînement que vous faites. Vous pouvez bien vous en jeter une p'tite dernière. » Au lieu de quoi il était tenu d'attendre.

Il monta, ouvrit une fenêtre sur l'extérieur, de l'autre côté de la maison où personne n'était là pour l'espionner. La nuit était belle dans le remuement des arbres et du ciel, les parfums de conifères qui montaient jusqu'à lui. Il referma la fenêtre comme à regret, s'allongea sur le lit vide d'une chambre désertée. Ne plus penser à rien ni à personne. Le froid seul l'empêchait de s'endormir. Il frissonna quand il entendit miauler un chat. Gabriella était-elle partie ? Que voulait-elle dire tout à l'heure lorsqu'elle s'était écriée, un sanglot dans la voix : « Tu ne peux pas me laisser tomber, tu me tues si tu me laisses tomber » ? Une femme que les hommes, un jour, abandonnent : c'était cela ?

Une voiture passa ou démarra, il ne savait plus très bien, et un autre silence se fit. Elle avait dû partir, à bout de force, à bout d'espoir et il n'était pas fier. Si ce qu'elle disait était vrai ? Si elle n'avait pas couché avec Michel ? Cela ne changeait rien. La tromperie ne tenait pas qu'à l'acte physique. Elle était bien partie passer un week-end prolongé avec l'homme qui l'avait vidé de l'équipe, qui l'avait muté dans un club inférieur et faisait tout pour lui gâcher la vie. En sus, elle lui avait menti, feignant l'occupation, le mobile oublié dans la cuisine : quelle horreur ! Il songea que ses relations avec Ferreri n'avaient d'ailleurs peut-être jamais cessé. D'où son désir de rester à B., de ne pas le suivre. Il avait bien fait de la foutre dehors et ne regrettait rien. Simplement, un fond de tendresse en lui l'inclinait à la compassion. Il ne voulait pas qu'elle soit triste.

Il descendit les marches de l'escalier et partit fumer une cigarette dans le soir. Sous la clarté de la nuit, des ombres pâlissaient. Le temps changeait sous ses yeux à une vitesse étonnante. Que se passait-il ? Le vent semblait déchirer les nuages, les écarteler, au point que la lumière de la lune réapparaissait, changeant le noir en gris, le gris en mauve. Soudain, il se retourna et vit la lune émerger des limbes à l'extrême horizon. Elle semblait énorme et jaune, incroyablement lumineuse sur ce ciel d'un noir d'encre quelques minutes auparavant. Quelle symbolique prêter à tout cela ? Il jeta sa cigarette au sol et contempla le ciel qui s'éclaircissait de plus en plus. La nuit, maintenant pâlissante et fluide, n'offrait plus cette chape lourde et silencieuse qui, il y a quelques minutes à peine, oppressait le ciel. Il y voyait un signe, bien sûr. Il posa sa tête contre un pin et ressentit une chaleur se dilater le long de son crâne. Gabriella était loin de lui maintenant.

Les choses se bousculaient dans sa tête. Un vers d'Aragon lui revint en mémoire : « Ma vie au loin mon étrangère. » Quel serait son avenir ? Pouvait-on forcer son destin ? Influer sur le déroulement des choses ?

Quand il rentra, la maison était froide.

27

Une minute passa, puis deux. Les minutes firent des heures, les heures des journées. On invita Alexandre à dîner, à sortir. Ses camarades de club lui vouaient une considération nouvelle. « Sa venue nous change l'équipe, clamait le président. » Il était bon, c'est vrai. Comme délesté de toute pression inutile et presque étranger à lui-même. La presse elle-même, emballée par son premier match télévisé à Grenoble, soufflée par le fait qu'il ait marqué trois drops et deux essais à Tyrosse – où personne depuis des mois ne parvenait plus à gagner – composa sur lui des papiers pleins de verve. On y célébrait l'arrivée à maturité du joueur et sa singularité sur et hors des stades. Qu'avait-il fait, qu'avait-il dit, qui mérite pareils compliments ? Une volonté de bien faire le tenait. L'envie, toute simple, de mettre ses actes en accord avec ses idées. Ainsi aux entraînements, où leur nouveau préparateur physique, considéré comme un psychopathe par les autres joueurs, les entraînait jusqu'à les faire vomir, il se forçait à tenir la rampe, conscient des regards qui étaient posés sur lui, du rôle de leader qui désormais était le sien.

Un soir, Ramirez l'appela sans autre forme de procès. Mielleux, enjôleur, idiot jusqu'à la caricature, il cherchait à se rabibocher avec Alexandre dont le parcours récent devait lui sembler digne d'intérêt. Il parlait d'abondance, usant de tous les clichés en vogue. On le voyait venir de loin mais il ne désespérait pas, s'accrochant à chaque refus d'Alexandre comme à une bouée gonflée d'espoir. Lassé de l'entendre, de dénoncer un à un ses arguments, Alexandre raccrocha. Il rappela aussitôt et inonda sa boîte vocale d'un tombereau d'injures.

Un autre agent le pria de le rencontrer quelques jours plus tard. Il appartenait à une agence qui travaillait surtout avec l'hémisphère Sud et assurait Alexandre de pouvoir lui trouver une équipe de Province en Afrique du Sud ou en Nouvelle-Zélande. « Tu ne vas tout de même pas moisir à A. ? Tu mérites mieux. Fais-moi confiance. » Sans totalement décliner l'offre, Alexandre demanda à réfléchir. Il voulait laisser passer les phases finales avant de prendre une décision quelconque. Au vrai, il détestait les agents, leur morale, leur fausse gentillesse, l'obséquiosité qui se dégageait d'eux à la moindre tractation. Il était bien à A. La maison qu'il occupait était beaucoup trop grande pour lui, mais il y était bien, professant qu'on a tous un rapport particulier avec les vieilles pierres, les vieilles maisons. Il sentait que, pour l'heure, il devait rester là.

Gabriella ? Il n'avait jamais cessé d'y penser bien sûr. Il croyait même l'apercevoir, certaines nuits, penchée sur lui, aimante, abandonnée, soumise. Il n'avait rien oublié. Comment le pourrait-il ? Gabriella occupait le flou de sa vie, ses moments de rêve. Mais il ne remettait rien en cause de son attitude à son égard et se satisfaisait d'avoir rompu. Sa tromperie sonnait en lui comme une injure. Une injustice, de laquelle il ne reviendrait pas. Pensait-elle à lui ? Il ne le saurait probablement jamais. Il regrettait, en revanche, de ne plus rien savoir de ses copains de toujours. Éric et Clara s'étaient manifestés une ou deux fois par téléphone, mais ni Doudou, ni Brique, ni Jean ne lui avaient donné de nouvelles depuis que lui avait cessé de les appeler. Jean, encore, il comprenait. Mais Doudou ! Mais Brique ! Était-ce là tout ce qu'il restait de trois ans de vie commune ?

*

Il plaisait aux femmes. Un soir, après un match, comme sa nouvelle équipe s'était donné rendez-vous dans un bar de la ville, il fut mitraillé de questions par les épouses et les amies des joueurs. La petite amie de Louis l'ayant accueilli avec fougue, il fut dans l'impossibilité de se soustraire à ce harcèlement qui dura un bon quart d'heure.

— On craignait, dit l'une – le regard allumé, moqueur – que tu ne sois homosexuel. On ne te voit jamais avec des filles...

— Et si tel était le cas ?

— Ah non, explosa la femme de l'un des piliers, pas toi, par pitié...

Des rires se levèrent et des gloussements. Il remarqua, ce soir-là, le silence interrogatif d'Isabelle, la compagne de Victor – un des troisième lignes de l'équipe – dont le regard posé sur lui à maintes reprises l'observait à distance. Elle se demandait quel mystère se cachait derrière ce jeune garçon qui partait toujours plus tôt que ses coéquipiers, refusait de se rendre en boîte et s'enveloppait de silence. Un garçon blessé, malheureux ? On ne résistait pas, selon la morale d'Isabelle, à un gars malheureux que la vie a malmené et qui s'accroche. Elle était jolie Isabelle, les cheveux, recouverts d'une fine couche de gel, tirés vers l'arrière, elle offrait à l'assistance un visage lisse, superbe, au regard clair. Il finit par se retrouver près d'elle sur la terrasse du restaurant où l'équipe allait dîner. Ils parlèrent de Victor, de l'équipe.

— Si tu es seul, dit-elle, tu peux venir manger chez nous en semaine...

— Manger ?

— Déjeuner, dîner… Je suis sûre que Victor n'y verra pas d'inconvénient…

— C'est gentil, dit-il. J'apprécie ta compassion, mais cette solitude, tu sais, je l'ai conquise…

Elle le regardait : ses yeux félins, le triste et sinueux sourire sur ses lèvres de garçon.

— Tu es du bois dont on fait les croix ? demanda-t-elle.

Il sourit. La repartie l'avait réveillé. Il sentait bien qu'elle aurait voulu qu'il s'assît près d'elle lors du dîner, mais il choisit, comme on joue à se contraindre, de se positionner à l'autre bout de la table, d'où il perçut son regard éploré.

Au café, comme la conversation s'animait autour des voitures, Alexandre fila dans l'indifférence quasi générale. La même dont profita Isabelle pour le suivre et se retrouver sur ses talons dans le froid de la nuit.

— Tu fuis ?

Comme il feignait l'étonnement.

— Tu préfères l'ombre à la proie, c'est ça ? C'est grossier une proie… Pas assez romantique…

Elle s'approcha de lui et voulut l'embrasser, mais il détourna le visage.

— Pourquoi ? dit-elle.

— Pourquoi ?

— Oui ?

— Pour rien. Pour Victor, peut-être.

Isabelle, devant lui, tremblait.

— Tu as froid, dit-il, tu devrais rentrer.

*

Il plaisait aux femmes. Peut-être aimaient-elles chez lui cet air de songerie triste, de gravité lasse, qu'il promenait, malgré lui, comme un maintien. Un jour où il avait été invité à déjeuner par le président, il se retrouva en tête à tête avec sa femme dans le salon de leur superbe demeure. Un silence de cloître en émanait que renforçait le départ en catastrophe du président, requis par une affaire de dernière minute. Soudain, Geneviève Lavedent, si stricte jusqu'ici, si corsetée dans ses principes, se fit lumineuse et gaie. Qu'avait-il dit, qu'avait-il fait pour mériter cela ? Elle était belle encore malgré sa petite soixantaine. Il rit de lui-même à l'idée parfaitement saugrenue que cette femme à l'aspect si austère ait seulement pu caresser l'idée de le séduire. Il songeait à se retirer quand elle évoqua ses cours de gym du matin, son assiduité à la chose.

— Je déplore, dit-elle, que les femmes d'un certain âge n'aient pas le pouvoir de séduction des hommes du même âge…

Il composa une réponse sage, arguant d'une société machiste, faite par les hommes pour les hommes.

— Mon mari, dit-elle, a une maîtresse de vingt-cinq ans. Votre âge à deux années près.

Que devait-il répondre ? Il feignit l'étonnement. Un air d'une parfaite confusion se dessinait sur son visage.

— Je souhaite me venger, dit-elle.

Un bibelot tomba d'une étagère dans la pièce voisine, creva le silence qui s'installait dans le salon. Alexandre entendait battre son cœur. Du visage de Geneviève Lavedent, il ne voyait plus que les deux yeux marron qui le fixaient et cherchaient une réponse. Le cou tendu, veiné, où se devinaient de petites rides rapprochées, elle se penchait en avant vers la table basse qui les séparait.

— Rassurez-vous, dit-elle comme on met fin à une conversation, j'ai tenté ma chance et voilà tout ! Vous êtes beau et pour une femme comme moi c'eût été inespéré… Mais je comprends, bien sûr. Je ne comprends que trop…

Elle fit un geste pour prendre sa tasse de café qui était vide. Puis elle releva les yeux.

— Posez-vous quand même la question avant de me juger : pourquoi une femme de soixante et un ans ne devrait-elle plus avoir de désir ?

Il ne répondait pas. Qu'aurait-il pu répondre ? Il songeait que Doudou ou Brique, Bœuf ou Arnaud n'auraient peut-être pas hésité. Il n'était pas de leur engeance, voilà tout. Elle lui tendit une cigarette, qu'il refusa.

— Un verre, alors ?

Il fit non de la tête.

— Vous n'aimez pas vous faire plaisir, n'est-ce pas ?

Ce n'était probablement que cela.

*

C'est le rugby qui, une fois de plus, le remit sur pied. Contre toute attente, son équipe battit Bordeaux à domicile et s'imposa à Lyon au cours d'un match indécis. Alexandre n'avait pas perdu un seul match depuis qu'il était arrivé à A. et l'équipe, qui végétait, était en passe de jouer les trouble-fête pour la qualification aux demi-finales.

Alexandre, qui avait dû abandonner ses compagnons un week-end de mars pour répondre à sa sélection avec l'équipe de France des moins de vingt-trois ans, avait retrouvé Éric. Mais ce dernier, handicapé par une contracture au mollet, avait dû passer le plus clair de son temps dans la chambre du kiné, pour finalement déclarer forfait au dernier moment. Au point que les deux hommes ne firent jamais que se croiser. Alexandre le regretta. Il était alors largement sollicité par Sylvain de La Moga, l'entraîneur de A. afin d'établir avec lui des stratégies offensives, et de la fierté lui venait. Il accordait à Alexandre une confiance et une autorité qui tranchaient pour le moins avec l'indifférence où on le tenait, naguère, au Rugby Club.

Il n'en fallait pas plus pour qu'Alexandre gagne en sérénité et retrouve un peu d'entrain à vivre. Il s'oublia dans de multiples activités, participant, à la demande des éducateurs ou des joueurs eux-mêmes, aux divers entraînements des équipes de jeunes ; donna une conférence dans un lycée de la ville, à l'invitation d'un professeur de français féru de rugby, sur la vie des sportifs professionnels ; prêta main-forte aux dirigeants bénévoles du club soucieux d'écrire l'histoire de ce club centenaire. Il songeait en même temps qu'il ne bégayait quasiment plus, que l'appréhension même l'avait quitté et se jura qu'il en serait toujours ainsi. Comme il avait changé, il est vrai, depuis son arrivée ici. La vie l'avait brûlé mais, pour la première fois peut-être, il tenait ferme sur les rênes. Même les filles ne l'intéressaient plus. Il voulait dire : ces filles faciles, ces filles d'un soir, que le hasard met presque toujours sur la route des rugbymen. Ce type de relation soldait ses espérances. De fait, A. gagna à La Rochelle. Tous les espoirs étaient permis

28

Alexandre préférait au plaisir de l'abandon celui de la contrainte. Moyennant quoi, il ne chercha jamais à revoir Gabriella. Il tomba par hasard un après-midi de mars, à la télévision, sur une émission littéraire où l'invité se nommait Fabien Régnier. Il mit deux secondes à comprendre : c'était le père de Gabriella, dont les livres, tombés dans l'oubli depuis les années 80, ne semblaient plus avoir qu'un succès d'estime. Il venait de sortir un nouveau roman qui renvoyait – disait-il – au début des années 60. L'Espagne, la Costa brava ! Dali, Picasso, Henri-François Rey… et paraissait susciter l'intérêt des médias. Toute une faune d'artistes et d'écrivains qu'il prétendait avoir connus (quel âge avait-il ?) et dont il voulait retracer la période dorée, l'exubérance des sorties, la force des convictions. Alexandre écoutait moins le contenu de son propos qu'il ne cherchait à découvrir les ressemblances physiques entre cet homme et sa fille, sensible encore à ses tics de langage, à ses manies. C'était encore un bel homme, qui avait dépassé la soixantaine, célébrait sa troisième paternité, s'exprimait remarquablement et dispensait un charme fou.

— Je pense, lui avait dit Gabriella, qu'il ne devait pas avoir envie d'avoir des enfants. Ma mère était plus jeune que lui et avait dû lui forcer la main… Je dis ça et, depuis, il en a fait une autre, alors…

— Ta mère était très amoureuse ?

— Je n'en sais rien. Il était journaliste, écrivain. Plutôt reconnu à l'époque. Ça devait la flatter.

— Aussi superficiel que ça ?

— Je le crains. D'ailleurs ils n'ont vécu que très peu ensemble. Quatre ans, grand maximum.

— Le temps de faire deux enfants…

Et ce père qui lui avait tant manqué, pour lequel, disait-elle, elle peignait, comme on tend une passerelle artistique dans le pur espoir de récupérer de l'affection, était là, devant lui, sur un écran de télévision, à parler de son dernier enfant, « une merveille », à décliner les rencontres qui avaient fait de sa vie, disait-il, « somme toute une réussite ». Comment pouvait-on se tromper à ce point ? S'il devait chercher une bonne raison de continuer à aimer Gabriella, c'est ici qu'Alexandre la trouverait. Rien, d'ailleurs, ne l'émouvait davantage chez elle que ses crises de petite fille en manque d'affection paternelle.

C'est à cette même période que Clara et Éric lui rendirent visite. C'était un jeudi – journée de repos des rugbymen professionnels. Un beau jeudi de printemps et les trois amis étaient allés marcher deux heures sur les hauteurs du hameau.

— Tu reviens quelquefois vers le village de ton grand-père ?

— Jamais, répondit Alexandre. Trop loin, trop compliqué. Je m'y rendrai cet été sans doute.

Éric, en veine de confidences, prétendait avoir été très sensible à l'aide que lui avait apportée Alexandre lors de sa séparation d'avec Clara.

— C'est une reconnaissance à vie, riait Clara. Il peut signer. Il prétend que, sans toi, il aurait fait une connerie, que personne plus que toi n'a su lui donner de son temps. Je ne te connaissais pas ce côté Mère Teresa…

Ils riaient à leur tour. Alexandre se rendait bien compte en vieillissant que rien ne l'affectait davantage que la douleur des autres.

Éric prétendait être frappé par l'évolution d'Alexandre. « Je suis incapable d'exprimer cela clairement mais je le ressens très fort. C'est comme si tu me semblais plus posé, plus serein peut-être... Tu as grandi... » Alexandre, qui en acceptait l'augure, pensait que le rugby l'avait bien aidé. « C'est comme une métaphore de la vie. Une vie en accéléré. Les choses s'y déroulent très vite. Tu es reconnu, tu chutes, tu te reprends et tout cela en quelques mois... » Le suivait-on dans ses réflexions ? Clara fit diversion à leur dialogue en s'étonnant qu'il vive seul. L'expression : « tu n'as retrouvé personne ? », rapidement dite entre deux considérations sur la beauté du décor, l'indélicatesse d'autrui, quand elle était au contraire mûrie, réfléchie depuis de longues minutes, le faisait toujours sourire. C'est qu'on la lui resservait à intervalles réguliers. C'est alors qu'Éric fit part d'une théorie fumeuse selon laquelle Alexandre vivait seul parce qu'il était incapable de coucher sans amour.

— Tu es un romantique, disait-il.

— Un peu comme Doudou, dit Alexandre pour couper court...

Ils éclatèrent de rire.

— Pourquoi riez-vous ? Doudou, c'est tout sauf ça.

— Doudou, répondit Éric, s'est tapé la moitié des femmes de B. par la fortune du bouche-à-oreille. Le bruit a couru – au demeurant justifié – qu'il avait un gros pénis. Succès garanti...

— Tu plaisantes ?

— Pas le moins du monde.

— C'est écœurant, dit Clara.

— Elles ne disent pas toutes ça...

Clara haussa les épaules.

— À propos de Doudou, dit Éric, tu connais la dernière ? Ils ont pris, avec Max, un mec qui faisait du stop et l'on amené à la gare. Comme le gars les remerciait, ils lui ont dit que la course coûtait trente euros... Qu'ils n'avaient pas de licence de taxi, qu'ils étaient trop pauvres pour ça et qu'ils essayaient de gagner leur vie de la sorte. Le plus fort c'est que le type les a crus et a payé...

Ils rirent.

— Ils lui ont rendu l'argent ? s'inquiéta Alexandre.

Éric ne savait pas. Alexandre souriait. Clara n'appréciait pas. Une minute s'écoula.

— Tu sais, coupa Clara, que Gabriella a quitté la ville ?

Alexandre parut interloqué.

— Et qu'elle a, du même coup, quitté Ferreri, ajouta Éric...

Il était saisi.

— Elle vit où ?

— Je n'en sais rien.

— On prétend qu'elle est partie en Inde, dit Clara.

— En Inde ?

— Je tiens ça de la copine de Nicolas. À Goa, m'a-t-elle dit, mais rien n'est moins sûr. Elle affabule...

Ils rirent aux souvenirs des mensonges que dispensait Cécile, la jeune femme en question.

— Et ses baraques ? demanda Alexandre.

— Tu parles de son travail de peintre ?

— Oui.

— Je n'en sais rien. Elle ne nous parlait pas, tu sais. Ou si peu... Je l'ai croisée un jour près du canal où elle faisait son footing. On a un peu bavardé. Je crois qu'elle avait envie de se livrer. Je suis sûr qu'à travers moi, c'est toi qu'elle revoyait...

— Qu'est-ce qu'elle t'a dit ?

— Rien et beaucoup à la fois... Je crois qu'elle n'a pas supporté votre séparation. Que celle-ci a déclenché, chez elle, une vraie remise en question. Je n'ai aucune preuve de ce que j'avance mais je le crois vraiment.

— D'où le déménagement, dit Clara.

— Il avait compris, rectifia Éric.

— Oh ! pardon, dit-elle un mouvement de colère dans la voix.

Alexandre l'attrapa par le cou et déposa un baiser sur ses tempes.

— Tu es gentil, dit-elle, pas comme cet imbécile...

— Cet imbécile t'aime ! dit Éric.

— On ne le dirait pas.

Il faisait un temps merveilleux. Le frais soleil de mars baignait les champs à leurs pieds. Les maisons éparses avaient un tiède éclat doré. Ils s'assirent à la terrasse d'un café au bord d'une petite route. Le ciel, d'une fluidité remarquable, laissait voir au loin des monts enneigés.

— Elle se droguait, tu le savais ?

De qui parlait-elle ?

— Se droguer, dit Éric, n'exagérons rien. On dit qu'elle prenait de la coke...

— Gabriella ?

— Si tu n'appelles pas ça se droguer, surenchérit Clara, tu appelles ça comment ?

— Qu'est-ce que vous me racontez ?

Du vent se levait sur la colline qui fit tomber un verre vide sur la table.

— Il ne savait pas, dit Clara en se tournant vers Éric. En fait, reprit-elle, on prétend que Ferreri l'avait initiée à la coke. Doucement au début. Une fois de temps en temps. Pour se désinhiber... Tu me comprends... Mais on se familiarise très vite, paraît-il, avec la coke et Ferreri la tenait comme ça. On dit – mais on n'en sait rien – qu'elle ne t'aurait pas suivi à A. à cause de ça. Les derniers temps, on prétend qu'elle avait triplé ses rations et que Ferreri lui fournissait autant de rails qu'elle le souhaitait. Cela ne l'empêchait d'ailleurs pas de courir, de peindre.

Alexandre était muet.

— On n'en sait rien, dit Éric. C'est radio rumeur, tu sais... Doudou prétend qu'ils les auraient vus sniffer, un soir, en boîte.

Alexandre était anéanti.

— Tu es pâle, dit Clara. Excuse-nous, j'étais persuadée que tu savais...

Il avait du mal à déglutir, et une formidable envie de vomir le saisit qu'il parvint tant bien que mal à contrôler. Il s'excusa, partit vers les toilettes. Son passé l'avait donc rattrapé. C'était cela, sans doute, qu'elle voulait lui dire dans la lettre qu'elle lui avait expédiée en janvier. Et il n'avait rien compris.

— On a eu tort, dit Éric. On n'aurait jamais dû parler de ça...

— J'étais sûre qu'il savait, dit Clara. J'étais même persuadée qu'il l'avait quitté pour ça.

— Comment voulais-tu qu'il sache ? On le sait depuis combien de temps, nous ? Une, deux semaines ?

Elle acquiesça. Alexandre revint. Il était toujours pâle mais se forçait à sourire. Il aurait aimé voir la conversation se poursuivre sur Gabriella, mais il fut le premier à parler d'autre chose. Il ne pouvait pas, il ne pouvait plus. Il évoqua alors le contentement qui était le sien de se voir impliqué, par l'entraîneur lui-même, dans la stratégie collective de sa nouvelle équipe. Clara et Éric lui souriaient, d'un sourire entendu où passait de l'émotion. Il se redressa sur sa chaise, songea tout à trac qu'il n'existait pas de ciment pour les vases brisés. Mais il ne voulait rien laisser paraître et reprit sa conversation là où il l'avait laissée.

Clara cherchait à valoriser Alexandre qu'elle redécouvrait et dont le charme à l'instant l'aveuglait. Il donnait merveilleusement le change et elle ne retrouvait pas, malgré la tristesse qui le figeait, l'être incertain, démuni, à vau-l'eau qu'elle avait vu ivre un soir de l'automne dernier, l'être esseulé, incrédule, qui disait un texte debout, sur l'autel de l'église où était enterré son grand-père.

— Gabriella n'était pas faite pour toi, dit Éric subitement. Je ne crois pas... Trop libre, trop... C'est du moins l'idée que je m'en fais...

— Tu ne me vois pas avec une fille libre ?

Éric soulevait ses cheveux en guise de réflexion.

— Je ne sais pas. Elles sont plus difficiles à comprendre, non ?

— C'est que tu ne me comprends pas ? intervint Clara.

Ils sourirent. Un avion, dans le ciel bleu, dessinait une géométrie laiteuse. De minuscules hirondelles, leurs fines ailes glacées de bleu noir, voltigeaient assez bas.

— C'est signe de pluie, dit Alexandre qui gardait l'âme paysanne.

— De pluie ? interrogea Éric.

Ils parlèrent à nouveau de rugby. De la fin de saison qui s'annonçait plus souriante pour Alexandre que pour Éric, lequel redoutait que B. ne se qualifie pas pour les demi-finales.

— On a perdu des matchs que l'on n'aurait jamais dû perdre. Mais entre nous Jean a totalement dévissé. Les responsabilités lui sont montées à la tête et il a fait n'importe quoi. Il ne rêvait que d'une chose : que l'on parle de lui dans les médias. Que chacun s'extasie devant ses avancées, son imagination. C'en était pathétique, je te jure !

— Tu n'aimes pas qu'on parle de Gabriella, pas vrai ? interrompit Clara.

— Pourquoi dis-tu ça ?

— Tu changes de sujet de conversation chaque fois que l'on parle d'elle. Et pourtant je suis sûre que tu ne penses qu'à elle depuis tout à l'heure...

Alexandre haussait les épaules en une moue dubitative.

— Le contraire serait difficile... Mais c'est de l'histoire ancienne.

— Je ne te crois pas, dit Clara. Tu l'aimais, non ? Si tu l'aimais, tu ne l'as pas oubliée.

— Ce n'est pas ça, dit-il. L'ambiguïté de sa relation avec Ferreri était insupportable. En même temps, l'aveu que vous venez de me faire me bouleverse. Au lieu de lui en vouloir, de me dire que j'ai bien fait de la quitter, je la plains depuis tout à l'heure. J'ai mal pour elle et je suis tout à la fois abasourdi. Elle me semblait si éloignée de ça. Si solide au contraire…

— Je crois qu'elle a vraiment chuté le jour où tu lui as signifié que tu ne voulais plus la voir. Avant ça, c'était un jeu. Elle n'était pas addict.

Alexandre ne relança pas la conversation, et un silence se fit. De toute évidence, ils en savaient plus qu'ils ne voulaient bien le dire et cette rétention d'information, cette façon un peu ambiguë aussi de présenter les choses tout en s'excusant de le faire, le blessa.

— C'est idiot ce que je vais te dire, mais tu en trouveras d'autres, coupa Éric qui en voulait à Clara de remuer le couteau dans la plaie.

— Tu parles comme Doudou maintenant ? plaisanta Alexandre.

Éric se leva pour embrasser son ami.

— Excuse-nous, dit-il, nous sommes des imbéciles de t'avoir parlé de ça.

— Je préfère que ce soit vous que n'importe qui d'autre, ajouta Alexandre.

Ils redescendirent un peu plus tard le long des vallonnements herbus qui étaient un repos pour les yeux.

— J'ai son adresse, si tu veux, dit Éric comme en cachette de Clara. Elle vit aux Angles, dans le Gard, au 6 route de Villeneuve, chez une amie. Elle ne va pas bien.

— Comment le sais-tu ?

— Elle m'a appelé pour me le dire. Elle voulait, je suppose, que je te donne cette adresse… Mais n'y va pas, Alex, n'y va pas ! Tu vas souffrir. Je dis ça et je la plains, mais je la crois inapte au bonheur.

Clara revenait.

— Samedi, dit Alexandre, on... on joue, not... notre place pour les demies.

29

Alexandre n'arrivait pas à se faire à l'idée que Gabriella puisse se droguer. Il avait beau essayer de relativiser la prise de coke – certains sportifs, et non des moindres, n'en prenaient-ils pas avant les compétitions ? Et, avec eux, tout le Paris branchouille du show-biz et des arts… – rien ne collait. Que se passait-il ? Depuis l'aveu de Clara et Éric, l'envie d'aller la retrouver et l'impossibilité de le faire – l'équipe allait jouer une demi-finale et le département du Gard n'était précisément pas tout à côté – l'étranglaient littéralement. Dès qu'il songeait à Gabriella, il avait du mal à respirer. Une oppression se faisait sur le haut de sa poitrine. Mais nulle colère, nulle rancœur ne l'accablaient. C'était tout le contraire. Il avait mal pour elle et aurait aimé l'aider. Mais avait-elle seulement besoin de lui ? Il imaginait sa voix blanche des jours de colère : « Qu'imagines-tu ? Que parce que je me fais un rail de temps en temps, je suis à l'abandon ? Tu crois que c'est mieux de se soûler comme vous le faites les soirs de match ? Faudrait descendre de tes montagnes, mon petit vieux ! »

Gabriella était sortie de sa vie et personne ne lui demandait rien. Était-ce bien ce qu'il pensait ? Le quotidien le reprenait. La petite ville de A. était en fête. Un désordre gai et coloré s'était emparé du centre de la cité où les commerçants faisaient assaut d'ingéniosité pour peinturlurer leurs vitrines aux couleurs de l'équipe. Combien d'années que le Stade n'avait connu la joie de disputer des phases finales ? Alexandre était en passe de devenir une icône dans cette cité où les commerçants l'accueillaient à bras ouverts. Il recevait des demandes en mariage par la poste et figurait, presque chaque jour, en photo dans le journal local. Il avait passé, il est vrai, le drop de la victoire contre La Rochelle qui autorisait l'accession aux demi-finales. Mais la petite histoire d'amour qu'il connaissait avec A. était toute barbelée dans un tissu d'interprétations très peu objectives. C'est que les gens attribuaient le retour au premier plan de l'équipe à son arrivée au club. C'était évidemment très réducteur. Mais, pour les braves gens, les choses étaient simples : sa venue au club coïncidait avec le retour des victoires et ils se refusaient de voir beaucoup plus loin.

Il ne résista pourtant pas très longtemps à l'envie où il était de revoir Gabriella et partit pour Les Angles un mercredi matin, qui était exceptionnellement le jour de repos de l'équipe. Il ne parla de ce voyage à personne – il ne parlait d'ailleurs jamais de rien à personne – pour ne pas avoir à essuyer les recommandations d'usage liées aux heures de voiture épuisantes pour l'organisme, à la nécessité où des sportifs professionnels étaient de se reposer et autres balivernes d'usage. Il était parti aux aurores et n'arriva aux Angles, via Remoulins, qu'en fin de matinée. Ce fut un jeu de retrouver la maison, mais ce fut autrement douloureux de sortir de la voiture et d'aller sonner à la porte. La jeune fille qui lui ouvrit sursauta en l'apercevant et parut le reconnaître. Gabriella avait-elle une photo de lui ?

— Vous cherchez Gabriella, sans doute ?

Et comme il acquiesçait du regard, elle lui signifia que Gabriella était partie en Avignon où elle préparait une exposition.

— Avignon ? Je croyais qu'il s'agissait de Nîmes ?

— Nîmes, ce sera plus tard. L'expo a été repoussée en septembre. Et comme elle a eu cette opportunité…

Elle lui indiqua l'adresse où la retrouver.

— Elle va bien ? demanda-t-il en la quittant.

La jeune fille haussa doucement les épaules en inclinant la tête sur les côtés.

— Couci-couça, dit-elle. Disons qu'elle ira mieux en vous apercevant.

Il fut en Avignon en dix minutes, gara sa voiture dans un parking à l'entrée des murs de la vieille ville et entreprit de faire le reste du chemin à pied. Il trouva la galerie assez facilement et respira un grand coup avant d'y entrer. Les baraques étaient là, qui prenaient toute la place, mais déjetées, pas encore montées, tandis que régnait alentour un désordre épouvantable. Un type, aux cheveux attachés sur la nuque, sciait une barre de métal, se disputait avec une fille et aucun des deux ne daignait se retourner vers lui. Quand il parvint à s'exprimer, on lui signifia que Gabriella était allée faire des courses et qu'elle allait revenir. Il sortit, attendit. Il la vit apparaître dans la petite ruelle aux murs de pierres blanches après quelques minutes seulement, les bras chargés de deux sacs en plastique remplis de victuailles, amaigrie, les yeux cernés, la démarche un peu lasse. Que craignait-il qui soit de nature à lui bloquer la respiration, à le rendre fébrile ? Elle ne l'avait pas encore vu et marchait droit devant elle, le regard perdu et comme tourné vers l'intérieur. Quand elle le vit enfin, elle réprima un frisson. Elle venait de stopper sa course et eut un petit mouvement vers l'arrière qui semblait de refus.

— Toi ? dit-elle.

— Moi !

Ils ne s'embrassèrent pas, ne se touchèrent pas. Une odeur, un corps, un souffle… Et, très vite, cette envie panique, tortueuse et pourtant maîtrisée, de fondre dans les bras de l'autre. Un instant, un court instant, par un troublant paradoxe, Alexandre songea au moment de leur séparation. À cette minute où, ce soir, il devra regagner A. et abandonner Gabriella. C'était sa façon de se prémunir. Elle le regardait, toute vêtue de noir, et il songea que cette image, un jour d'avril, dans les rues d'Avignon baignées de lumière, le suivrait longtemps. Non que Gabriella y fût plus belle que de coutume, mais parce qu'il la regardait mieux. Il remarquait combien elle avait les joues hâves et combien, en même temps, elle était pareille à elle-même, pareille à la première fois où il l'avait vue, à la terrasse du glacier, ce jour du mois d'août dernier.

— Pourquoi es-tu là ?

— Je passais.

— Tu passais ?

Elle semblait étonnée de le voir, mais ne manifestait aucun enthousiasme. Elle avait un regard neutre et paraissait plutôt atone, indécise. Quelle idée se faisait-il du monde de la drogue ? Il ne savait rien de cet univers. C'est à peine s'il avait fumé trois shits dans sa vie. Elle l'invita pourtant à le suivre, à pique-niquer en leur compagnie – et il y avait là le gars aux cheveux attachés sur la nuque par un élastique et la jeune femme de tout à l'heure. La cour des miracles, songea Alexandre très vite. La fille avait la bouche édentée, le gars était chauve sur le dessus du crâne, ce qui donnait de lui une image déstructurée, pathétique.

— Ils m'aident à placer les baraques, dit Gabriella. Ce n'est pas une mince affaire. Les carcasses d'abord et après le contenu que j'ai voulu étager... Tu verras...

Ils déjeunèrent assis sur des caisses de bois d'une tranche de jambon et d'une tomate, sur une musique et des paroles d'un chanteur provençal qui vrillait les oreilles d'Alexandre, mais auquel l'homme aux cheveux attachés sur la nuque semblait beaucoup tenir. Quand Alexandre cherchait à parler, il montait le son ostensiblement, de sorte qu'Alexandre aussitôt se rencognait, attendant un moment plus propice. Il invita Gabriella à aller boire le café ailleurs, dans une rue adjacente. Elle accepta de le suivre mais sans plus de flamme que tout à l'heure et continuait de s'exprimer sur un ton monocorde qui ne lui ressemblait pas. Jugeait-elle sa présence inutile, déplacée, tardive ? Prenait-elle des anxiolytiques ?

— Je suis venu pour te parler de toi, finit-il par dire comme ils se retrouvaient à une petite table d'un bistrot en plein air. On me dit que tu ne vas pas bien.

Elle ne répondit pas, ne s'emporta pas comme il l'avait un instant redouté.

— Je suis comme Julien, dit-elle. Suicidaire et désespérée. Tu n'avais rien à gagner avec une fille comme moi, Alexandre. Tu as bien fait de fuir, tu sais...

Il avait craint en son for intérieur qu'elle ne s'insurge contre lui et ses précautions oratoires, vitupère une morale « petite-bourgeoise », dont l'expression surannée entrait toujours dans son vocabulaire. Mais rien de tout cela ne se passait : le désespoir l'emportait chez elle sur tout autre sentiment et il se tenait devant une femme fatiguée, que l'angoisse semblait tétaniser.

— Tu prends beaucoup de coke ?

Elle tourna la tête sur le côté, selon un réflexe de défense.

— C'est le seul moment où je retrouve un peu de désir à vivre.

Elle avait répondu à contretemps, d'une phrase sèche, mais son regard était vide, comme revenu de tout.

— Il faut te soigner, Gabriella, tu ne peux pas rester dans cet état. Il te faut voir un psy, prendre peut-être des antidépresseurs, commencer une thérapie, mais tu ne peux pas rester sans rien faire. Tu vas dans un mur...

— Pourvu que j'y aille vite…

Elle ne bougeait pas, ne cillait pas, ne souriait plus. Et cette sorte de rigidité mortuaire glaçait Alexandre. Était-ce là la marque de sa maladie ? Alexandre, incrédule, était saisi par la brusquerie de ce changement. Comment un être que l'on a aimé pour son dynamisme, sa force vitale, peut-il, en quelques mois, sombrer de la sorte dans une sorte d'apathie stuporeuse, désespérée ?

— Tu ne m'as pas répondu : tu prends beaucoup de coke ?

— Tous les jours.

— Tous les jours ?

— Plusieurs fois par jour. Mais ce n'est pas ça, Alexandre… La coke, ce n'est rien. Je touche le fond simplement. Je suis à bout.

— Pourtant tes baraques… L'expo ?

— Je m'en fous… Si tu savais comme je m'en fous…

Son regard, soudainement livide, faisait peur.

— Ta dépression est intimement liée à la cocaïne. Tu ne peux pas prétendre le contraire…

Elle haussait les épaules dans un geste anodin. Il commanda deux autres cafés. Il l'observait et se sentait démuni.

— Et où trouves-tu l'argent ?

— Je couche !

— Tu quoi ?

— Je couche, je baise, je me fais sauter… Tu comprends, ça ?

L'agressivité en elle le disputait au désespoir. Elle avait le regard bas et lorgnait ses chaussures. Lui était figé sur place et aurait pu pleurer. Il paya les cafés comme le ferait un automate, se leva. Où allait-il ?

— Je boirais bien quelque chose, dit-elle, toujours assise.

— Oui, bien sûr.

Il se rassit. Un pâle sourire se leva sur le visage de Gabriella.

— Un cognac, je peux ?

Le garçon arrivait. Il fit oui, de la tête.

— Et vous, Monsieur ?

— Un autre café, s'il vous plaît !

Elle avait été cette petite fille soucieuse, intrépide, dont elle lui parlait quelques mois plus tôt. Cette petite fille qui disait à Julien, son frère : « Tu vois Julien, quand tu prends un peu de moutarde, ça pique ! Mais si tu en prends beaucoup, ça ne pique plus du tout. » Et Julien, naturellement, avait avalé une cuillère entière de moutarde et failli mourir d'étouffement. Cette petite fille qui avait sauvé son jeune frère d'une noyade, dans le Lot, alors qu'elle n'avait pas douze ans, et que Julien, accroché à un rocher, redoutait de se faire emporter par une cascade. Elle avait crié pour attirer l'attention des rares témoins et était passée derrière lui, pour le soutenir et prendre sur elle toute la fatigue du maintien. Cette petite fille qui, un jour de Pâques, avait redistribué tous ses chocolats dans le jardin de ses grands-parents, parce que son frère que l'on n'attendait pas venait d'arriver à l'improviste. Elle avait été cette petite fille qui, des mois durant, avait tenu son jeune frère dans ses bras, quand il rentrait brûlé d'alcool, de drogue et de fièvre, par peur qu'il ne meure. Julien était sa béquille, son port d'attache, sa raison de vivre. Mais il était mort et le monde, depuis, avait perdu tout son sens.

— Je ne suis bonne à rien, tu sais. Je ne fais jamais ce qu'il faut. Je suis une merde, Alexandre…

Il posa sa main sur la sienne.

— Tu n'es pas une merde, Gabriella. Tu es une fille formidable qui a besoin de se reprendre…

Une grimace désespérée ombra son visage et elle retira sa main.

— Je ne voudrais pas être à demain, dit-elle. Je voudrais que tout finisse.

— Tu vas te reprendre, dit-il. Ça va être lent, mais tu vas te reprendre. Et je te jure que la vie te paraîtra plus belle…

Il lui souriait, mais elle ne s'était pas départie de cette figure de tragédienne qui la vieillissait, l'enlaidissait. Cet après-midi-là, il parvint néanmoins à la traîner dans les rues de la vieille ville, à marcher dans le jardin qui dominait le palais des Papes, à s'asseoir sur un banc, à boire un dernier café dans un bar de la place de l'Horloge. Sa présence la rassérénait et il y vit comme un signe d'encouragement. Que fallait-il traiter en priorité : l'addiction à la cocaïne ou la dépression majuscule dont elle souffrait ? Il s'enquit de trouver un psychiatre auquel il téléphona dans l'après-midi même, se montrant suffisamment alarmiste pour que le psy accepte de la recevoir dans les huit jours. Mais un psy ne suffirait pas et peut-être faudrait-il qu'elle accepte un traitement en clinique. Il paierait les frais. À son grand étonnement, elle n'était pas contre cette visite. Mais où aller ? Il ne connaissait personne et personne n'était en mesure de le conseiller. Il songea à un médecin de l'équipe d'Aix-en-Provence dont il avait fait la connaissance il y a quelques mois. Il l'appela. Le médecin était occupé et promit de le rappeler. Le seul fait de parler, de relativiser ses maux, aidait Gabriella à refaire lentement surface. Son humeur, au fur et à mesure que l'après-midi s'avançait, changeait peu à peu. Elle l'écoutait avec cette part d'enfance dans le regard qui labourait le cœur d'Alexandre et situait le besoin où elle était d'être prise en charge. Il songea à la faire suivre à A., mais elle voulait rester dans la région à cause de cette exposition pour laquelle elle avait mobilisé des amis, dépensé de l'argent. Il voulait lui faire promettre de ne plus se prostituer, puisque tel semblait être le cas…

— Si tu as besoin d'argent, dit-il, je peux t'aider.

— M'aider à me payer mes rails ? Tu sais combien ça coûte, aujourd'hui, si tu veux de la qualité ? Ne pas tomber dans le crack ?

— Gabriella, s'il te plaît, pas ça... Pas la prostitution... Pas toi...

Elle le regardait avec étonnement.

— Mais je ne me prostitue pas... Ou alors depuis toujours et avec le même homme... Je couche avec Michel. C'est lui qui me fournit...

Alexandre la regardait, incrédule. Qu'avait-il donc imaginé ? Mais elle pleurait et passait tout de go d'une sorte de colère rentrée, tournée sur elle-même à de l'abattement. Il se fit le plus tendre possible, le plus compréhensif pour chercher à l'apaiser, disant, ce qui était vrai, qu'il ne demandait justement qu'à la comprendre. C'est alors qu'elle parla de son père auquel elle était allée rendre visite à Montpellier et qui avait accepté de la recevoir.

— Il m'avait demandé de l'argent l'automne dernier que j'avais fini par lui céder. Il prétendait être poursuivi par des mafieux pour des dettes de jeu. Il prétendait surtout être dépressif, malheureux, sans un rond. Sa femme devait le quitter. Je n'étais pas vraiment dupe mais je l'ai cru. Et puis, récemment, j'ai lu un reportage dans le *Figaro Magazine* qui lui était consacré. On le voyait dans une station huppée des Alpes, je ne sais plus laquelle, avec sa nouvelle femme et sa fille. On y évoquait le chalet dans lequel il vivait, le train de vie qui était le sien... Je me suis sentie trahie, humiliée. Pas pour l'argent, je m'en fous. Mais pour tout ce que son attitude supposait de mensonges, de comédie. C'était dégueulasse, non ? Je l'ai alors appelé. Je voulais le voir. Mais il a été d'une distance effroyable, a prétendu qu'il n'avait pas le temps, que je le gênais vis-à-vis de sa nouvelle femme. Après cinq mails et trois appels, il a tout de même fini par accepter de me rencontrer. Je voulais régler mes comptes avec lui, mais ce fut horrible, Alexandre…

Elle s'effondrait de nouveau, et Alexandre lui prit la main. Il ne voulait pas en rajouter et fit silence. Lentement, une accalmie se fit et elle recouvra la parole.

— Il m'a dit : tu ne comptes pas, tu n'as jamais compté… C'est comme ça. C'est probablement horrible et même inhumain… Mais on ne peut pas se forcer. J'aurais pu aimer ton frère… C'était un gars… Il me ressemblait… Mais toi ? La bienséance voudrait que je taise ce genre de chose. Un père ne dit pas ça à sa fille… Mais quoi ! Je ne t'apprends rien. Et ce n'est pas de ta faute. C'est la vie… On est passé à côté l'un de l'autre, voilà tout !

Son visage se creusait, devenait plus pâle encore.

— Tu ne lui as rien répondu ?

Il lui tenait toujours la main, la serra un peu plus fort.

— Je n'ai pas pu. J'étais paralysée… Je ne pouvais plus parler… Je suis sortie, sans un mot ni un geste. Je n'étais rien pour lui… Tu te rends compte ? Je n'ai jamais existé à ses yeux.

Quel rôle devait-il tenir ? Quelle aide pourrait-il bien lui apporter ? Il chercha. Ne trouva pas. Il se contenta de lui parler et de lui sourire, de manifester sa présence et son attention, comme il l'avait fait, quelques mois plus tôt, avec Éric.

Quand il la quitta en fin d'après midi, le médecin aixois n'avait pas rappelé, mais Gabriella paressait aller un peu mieux. Il lui dit vouloir la joindre dès le lendemain, promit de lui trouver une clinique où elle pourrait faire valoir ses difficultés. Il lui fit jurer de ne plus toucher à la cocaïne pendant plusieurs semaines et d'aller voir un médecin, dès le lendemain, qui saurait lui indiquer des succédanés à la drogue et lui prescrirait peut-être un antidépresseur. Il la raccompagna devant la porte de la galerie. De là, dans le silence revenu de la rue, ils entendirent sonner les coups de six heures.

— Merci, lui dit-elle.

De petits nuages pommelés passaient dans le ciel sans s'arrêter. Son visage d'un beau brun s'était radouci et laissait percer, pour la première fois depuis leurs retrouvailles, un semblant de vie derrière le sourire chagrin. Il la prit dans ses bras sans l'embrasser comme on le ferait d'une petite fille et la serra contre lui avec une affection sereine. Il constata sans amertume qu'il s'était oublié durant tout ce temps et n'avait jamais songé qu'à elle.

— Je te rappelle demain, dit-il.

Et fit demi-tour sans se retourner.

*

L'avant-veille des demies, Alexandre avait été invité par une radio locale à intervenir sur le jeu de rugby en compagnie de Marcel Rufo, le célèbre pédopsychiatre, venu à A. participer à une foire du livre. Alexandre, que le médecin aixois avait rappelé sans pouvoir lui venir véritablement en aide, pressentit qu'il pourrait parler du cas de Gabriella à ce Toulonnais de naissance qu'était Rufo.

Dans le studio, Alexandre se fit tout petit. Personne d'ailleurs ne le regardait vraiment. Le directeur d'antenne, la présentatrice, la rédactrice en chef n'avaient d'yeux que pour Rufo qu'ils écoutaient sur Europe 1, qu'ils voyaient sur France 3, dont ils lisaient les livres, sinon la chronique qu'il consacrait chaque semaine au rugby dans les colonnes de *Midi Olympique* et faisaient peu de cas de ce jeune joueur que l'on avait invité par défaut sur les seules recommandations du président de A. Crépitant, émouvant, solaire, Marcel Rufo qui était là dans son domaine de prédilection – il s'agissait de voir en quoi le rugby pouvait être un sport éducatif de référence – fit un tabac. Que faisait Alexandre dans cette galère ? On l'invita à s'exprimer pour le couper presque aussitôt et redonner la parole au célèbre psychiatre. Lequel, passionné, passionnant, un rien cabot, déroulait ses explications avec une verve toute provençale.

— Le rugby, dit-il, c'est d'abord l'acceptation des différences physiques. Tout le monde joue : le gros, le malingre, le petit et le grand. C'est ensuite l'apprentissage de la peur. La peur, on le sait, est la maladie physiologique même de l'enfance. Le « doudou », la lampe éclairée la nuit nous permettent de lutter contre cette peur fondamentale, archaïque. Ce n'est que le jour où l'on passe outre à cette peur que l'on commence à devenir un « grand ». Or, le rugby qui permet à l'enfant de constater que tout le monde a peur – son coéquipier, comme son adversaire – l'autorise de facto à apprivoiser celle-ci, à la rendre moins forte. Un transfert même se fait. La peur, pour paraphraser Sartre, c'est l'autre ! Ce n'est plus soi. Ce n'est plus l'angoisse d'être abandonné, perdu, abusé. C'est l'autre. Et cet autre, l'enfant s'aperçoit très vite avec la pratique du rugby qu'on peut le renverser, le bousculer, le plaquer, le feinter, le déborder. Le battre, en quelque sorte. On peut vaincre la peur ! Formidable découverte et des plus importantes dans la vie d'un enfant. D'autant plus importante que cette nouvelle s'accompagne d'une autre tout aussi importante : la compréhension de son corps. La compréhension que le corps peut vaincre la peur, que le corps est fort. Alors, je le montre, j'en suis fier, je n'ai plus peur de lui. Il m'arrive même d'admirer le corps de l'autre. Me voici délivré du tabou sexué. On passe de la petite enfance à l'admiration et on vainc du même coup la peur de l'homosexualité…

Donner la parole à Alexandre ? La présentatrice n'y pensait même plus. Elle écoutait, bouche bée, le pédopsychiatre égrener ses impressions sans jamais songer à le couper...

— Vous avez écrit un jour dans *Midi Olympique* que l'on pouvait dessiner la personnalité d'un enfant en le regardant jouer au rugby...

— En effet. Le rugby est un test projectif. Sur un stade on devine tout de suite qui est le leader, qui aime le combat collectif et qui préfère le défi individuel, qui se cache sur son aile et qui préfère l'évitement. Qui aime plaquer et qui répugne à le faire. Qui parle et qui se tait. Qui a peur et qui parvient à braver sa peur. On devine celui qui rêve le jeu et celui qui s'enfouit dans l'action. Oui, je crois qu'on peut dire ce que deviendra un enfant, ce qu'il est déjà de manière sous-jacente, en le regardant jouer. J'ai le souvenir d'un copain de mon âge qui était d'une rare agressivité. Il donnait des coups sitôt qu'il plaquait un adversaire. Je ne m'étonne pas d'apprendre qu'il est devenu mafieux...

— Vous voyez d'autres bonnes raisons de préconiser la pratique du rugby à des enfants ?

— Ah oui, au moins une ! Quand ils jouent au rugby, les enfants ne jouent pas au foot... Le rugby comme vaccin contre le foot. Il faudrait faire rembourser le prix des licences par la Sécurité sociale.

Les gens riaient. Pendant deux bonnes minutes, une sorte de brouhaha informe se fit dans le petit studio où la présentatrice eut toutes les peines du monde à ramener un peu de calme.

— Plus sérieusement ? dit-elle.

— Le rugby est un jeu compliqué. Il faut être aidé par les aînés pour le comprendre. C'est un sport initiatique, un sport de compagnonnage. Pardonnez-moi d'insister, mais mettez n'importe quel gamin devant un match de foot, il a tout compris en cinq minutes. Le rugby, c'est subtil, nuancé, difficile à déchiffrer. Il faut des clés. Et cette passation avec les adultes, cette part intergénérationnelle est évidemment essentielle dans l'apprentissage de l'existence. Parlons d'idéal : un père qui métisse la poésie de son enfance rugbystique avec celle de son fils. Quel plus beau lien inventer ?

Il souriait, d'un beau sourire où passait de la tendresse. Alexandre aussi était sous le charme et le dit en direct. Rufo lui renvoya la balle, exprimant l'admiration qu'il avait pour Vrac, qu'il avait récemment vu contre Grenoble à la télévision et même à Paris, avec l'équipe de France des moins de vingt-trois ans. Il disait apprécier son style, lequel participait justement de ce lien intergénérationnel dont il venait de parler.

— Vrac, c'est le profil même de l'attaquant français éternel : beau à voir jouer, très technique, capable de créativité sur l'instant. Avec lui, c'est toute une famille d'attaquants qui se trouve soudain ressuscitée...

Alexandre, comme chaque fois qu'un compliment lui était fait, le jugeait excessif, disproportionné et ne savait où se mettre. Une pudeur en lui répugnait à la célébration, quand un fond de narcissisme l'appelait probablement de ses vœux. Entre les deux... N'empêche ! La réaction première, animale, était de refus. Il dansait sur sa chaise, en proie à ses fuyantes équations, tandis que le micro, recouvert d'une grosse boule de mousse, placé très près du visage, lui chatouillait le nez. La jeune femme, impérieuse, autoritaire, leva la main pour mettre fin à leurs digressions. Elle tenait à reprendre les clés de la conversation et à retourner à son fonds de commerce : l'éducation !

— En quoi la part inhérente à l'exhibitionnisme entre-t-elle en jeu dans l'éducation rugbystique ?

— Elle comble la faille narcissique de chacun, répondit Rufo dans le dixième de seconde. Je comble mon narcissisme en rentrant sur le terrain, en portant le maillot de mon équipe. C'est sans doute vrai, pour le coup, de tous les sports, mais ce n'est pas négligeable. L'identification devient collective (je suis d'un club, d'une équipe, d'une culture) par opposition à la construction solitaire. Mais le rugby, c'est aussi ce que j'appelle la preuve « par l'agir ». Par « le faire ». Il ne suffit plus de rêver, il faut faire les choses, se mouiller physiquement. Pour un gamin, c'est comprendre que la vie n'est pas virtuelle. C'est comprendre que pour réussir il faut se colleter à l'élément, à l'autre, se faire violence, etc.

— C'est aussi, par le fait même des règles que l'on sait très strictes, très compliquées, mais aussi très suivies, très appliquées, un sport « sociabilisant » ?

— Éminemment. Allons même plus loin. Le respect de l'arbitre propre au rugby induit qu'un jeune joueur qui pratique ce sport sera enclin à ne plus faire le pitre. Il y a un déplacement du respect de l'entraîneur, ou de l'arbitre, à celui de l'instituteur. On habitue le jeune joueur au respect de l'autre, on le sociabilise. D'ailleurs, la plus belle tradition du rugby consiste toujours à faire la haie d'honneur à son adversaire. C'est une leçon de vie formidable. À la fois l'acceptation de la défaite, de l'erreur, ou au contraire l'humilité dans la victoire, la reconnaissance de l'autre – qui est un adversaire mais pas un ennemi.

— Un dernier mot ?

— Oui. Mon père était un homme modeste qui aimait ce sport compliqué. Je me suis dit, enfant, qu'il fallait sans doute qu'il soit très intelligent pour ça. Le rugby permet aussi cela : l'image projetée par le fils sur le père.

On sentait, dans le petit studio, des regards s'allumer, et Alexandre n'aurait pas été autrement étonné de voir des applaudissements crépiter. Étaient-ils à ce point satisfaits de l'émission ? Il n'eut pas à poser la question. Toutes les attentions étaient requises par Marcel Rufo que les jeunes femmes couvaient comme un prince. Mais Alexandre profita de l'occasion pour se jeter à l'eau et demander de l'aide au professeur. Lequel l'écouta d'une oreille attentive, en buvant une bière, et promit de recevoir personnellement Gabriella dans son centre psychiatrique de La Timone. Ce qui fut fait dans les vingt-quatre heures à la stupéfaction même d'Alexandre qui était parvenu, par téléphone, à asseoir un rendez-vous et à convaincre Gabriella de s'y rendre.

Au soir de la consultation, Rufo l'appela et semblait vouloir relativiser l'état dépressif dans lequel se trouvait Gabriella.

— Il est encourageant, disait-il, qu'elle ait déjà accepté de faire les démarches pour aller voir un médecin, avant de se rendre ici. L'internement ne me semble pas nécessaire. L'addiction à la coke n'a rien de rédhibitoire. En revanche, je veux la voir au moins deux fois par semaine. Et je veux que, les jours où elle vient me voir, elle se rende en suivant à l'unité de dépendances aux substances psychotropes que nous possédons ici. Elle a par ailleurs un besoin impérieux d'être soutenue, accompagnée. Il faut t'y coller, fils ! Elle n'a que toi d'après ce que j'ai compris.

— On ne vit plus ensemble…

— Si tu veux qu'elle se soigne, tu fais comme si… Tu partiras plus tard, ne m'emmerde pas…

Pressé, ardent, tenu par d'autres rendez-vous, Marcel Rufo avait déjà raccroché, mais Alexandre était comme délesté d'un poids d'importance. Gabriella, de son côté, avait meilleure voix au téléphone et avouait avoir été séduite par Rufo. Alexandre promit de la rappeler tous les jours ainsi qu'il le faisait depuis déjà une semaine.

— Pourquoi fais-tu ça, disait-elle ?

Il ne répondit pas, changeait de sujet, mais estimait pouvoir jouer ses demi-finales avec plus de quiétude.

*

La demie eut lieu à Bordeaux. L'équipe se retrouva dans un relais château de Beautiran, à quelques kilomètres de la capitale girondine, la veille de la rencontre. Le lieu était somptueux – le parc surtout, d'où se dressaient des arbres centenaires, pins et chênes magnifiques, aux fûts gigantesques, et qui débouchait, tout au fond, sur le fleuve Garonne, où deux petites barques étaient amarrées sur la rive. Aux odeurs de conifères, se mêlaient des parfums de buis et de mousses, de galets humides que le fleuve rejetait. Alexandre resta là un long moment en compagnie de Louis, son jeune demi de mêlée, vingt ans à peine, qui jouait pour l'occasion sa première saison professionnelle et n'avait de cesse que de le suivre. Son nouveau club conférait à Alexandre un statut de leader qui, singulièrement, lui seyait. Ainsi Louis le questionnait sur tout et sur rien : la meilleure façon de se détendre la veille d'un match ; les dix choses auxquelles il fallait impérativement penser ; le juste endroit où Alexandre préférait, en position lancée, recevoir la balle…

*

Le match ne fut pas facile. Le pack de A., si dynamique ces dernières semaines, était mis sous l'éteignoir par celui d'Aurillac, aux avants plus puissants, plus massifs. La pluie bordelaise qui tombait en abondance depuis le matin ne favorisait pas en outre les desseins offensifs d'Alexandre et des siens. Privé de ballons, A. n'avait d'autre issue que de défendre. Lui comptait sur un « turnover », un de ces ballons perdus par l'adversaire, pour tenter d'inverser la tendance.

De fait, le match s'équilibra quelque peu à l'attaque de la deuxième mi-temps. D'une sauvage intensité dans le combat au sol, les partenaires d'Alexandre bénéficièrent de l'indiscipline des joueurs aurillacois dans ce domaine pour revenir partiellement au score. Sanctionné à trois reprises pour des fautes sur les rucks, un des troisièmes lignes cantalous écopa d'un carton jaune. À quinze contre quatorze pendant dix minutes, les choses redevenaient jouables.

Tout se joua, comme souvent, sur un détail, une bévue adverse, dans les dernières minutes du match. Sur un coup de pied dit « dans la boîte » de Louis, le jeune demi de mêlée, l'arrière aurillacois commit un en-avant qui profita à Jean-Philippe, son ailier. La transformation de l'essai était un jeu d'enfant pour Alexandre qui porta le score à 10-9 en faveur des siens.

C'était inespéré et peut-être même injuste pour des Cantalous qui avaient marqué de leur empreinte cette rencontre, mais c'était le jeu. Un petit point avait suffi pour atteindre la finale, déclencher la démesure des cris et des rires dans un vestiaire en folie. Mais Alexandre n'était pas fier.

— Tu voudrais tout maîtriser, lui dit Sylvain. C'est ton dada, ça, la maîtrise ! Mais on ne maîtrise jamais rien dans la vie, mon vieux…

— Autant alors ne plus jamais s'entraîner…

— Cela n'a rien à voir. Tu es toujours excessif… L'entraînement est nécessaire, mais il n'empêche pas que la vie puisse basculer à tout moment sur trois fois rien. C'est ça la poésie, mon vieux…

— Je n'aime pas ta poésie. Je n'aime pas le hasard…

— Même quand tu croises une fille au coin de la rue et que tu la trouves superbe ?

Sylvain riait. Il s'adressait déjà à quelqu'un d'autre. Alexandre remuait ces considérations dans sa tête. Le hasard lui avait pris ses parents. Lui avait aussi donné Gabriella. Mais la balance n'était pas équitable.

— Ce qui est bien, dit-il à Louis plus tard, c'est de construire une victoire, de la façonner. Là, on n'a fait que subir, pour finalement profiter d'une opportunité. Je suis heureux pour vous, pour le club, mais à titre personnel je n'éprouve aucune satisfaction.

Alexandre s'en voulait de jouer les rabat-joie, de n'être jamais satisfait de rien.

— À boire, dit-il. Donnez-moi à boire que je m'oublie un peu...

— Ah non ! cria le médecin. Une bière et rien d'autre. Dans moins de huit jours, c'est la finale et il n'est pas question de la rater...

Alexandre pensait que dans une semaine sa vie à A. prendrait probablement fin quel que soit le résultat obtenu en finale. Le dernier des agents à l'avoir contacté était revenu à la charge et l'assurait d'un contrat juteux dans une grande province d'Afrique du Sud. « J'ai rencontré le manager, il a visionné des cassettes de toi en match, tu lui as tapé dans l'œil... Tu ne peux pas rester à A. Tu sais comme moi qu'ils n'ont pas les moyens économiques de se maintenir en première division. Alexandre, crois-moi, il faut que tu partes. Je sais que ce n'est jamais facile quand on vit une aventure comme celle qui est la vôtre actuellement. Mais de toute façon tu n'as pas le choix. Tu n'es jamais que prêté à A. Et si tu ne pars pas à l'étranger, Ferreri te reprendra. Il ne te laissera jamais aller chez un adversaire potentiel. Plus maintenant. Et autant dire que toute mutation en France est proscrite. L'équipe que je te propose ? Une grande. Et dans une ville sublime, pour le plus grand contrat que tu ais jamais rêvé... Je ne t'en dis pas plus. Je serai jeudi à A. On signe notre contrat et je te dis tout. »

Un journaliste de télévision s'approchait de lui, accompagné de son cameraman. Un confrère du *Monde* (*Le Monde*, je vous demande un peu !) souhaitait aussi le voir. .

— Peut-être après la télé ? dit-il dans un grand sourire.

Alexandre acquiesça. Il suivit le cameraman de Canal + qui souhaitait le filmer au fond de la salle de presse et répondit aux questions qui lui étaient posées sans jamais bégayer, en essayant autant que faire se peut d'éviter les tics de langage et la langue de bois que l'on reprochait trop souvent aux sportifs professionnels. Après quoi, le journaliste du *Monde* fondit sur lui.

— J'aimerais, dit-il, faire un papier un peu décalé sur vous et sur le club. Mon propos n'est pas de rendre compte du match en lui-même mais de la vie d'un club somme toute modeste en deuxième division de ce jeu.

Alexandre donna son accord, répondit là encore à toutes les questions avec une application et un sérieux qui auraient fait rire Doudou et Brique. Mis en confiance par le journaliste qui paraissait s'effacer totalement derrière son sujet, il accepta pour la première fois de parler de lui, de la mort de ses parents et plus récemment de son grand-père, de la dette qu'il devait à son nouveau club et plus précisément à son entraîneur, Sylvain de La Moga, qui avait su le comprendre et lui accorder sa confiance jusqu'à voir en lui un leader potentiel.

— Cette forme de reconnaissance m'a fait un bien énorme, dit-il. Si Sylvain faisait ça, c'est donc qu'il me jugeait digne d'estime…

— Vous en étiez à douter de vous à ce point ?

— Il faut le croire…

Alexandre évoqua l'article du *Journal de B.*, l'acharnement de ce journaliste à stigmatiser ses défauts, à l'enfoncer chaque match un peu plus avec une hargne mauvaise.

— C'est fragile un sportif, dit-il dans un sourire où passait de la tendresse.

Le journaliste souriait lui aussi, d'un bon sourire. Le soir même, comme chaque soir, il appela Gabriella pour prendre de ses nouvelles. Elle avait vu Rufo, la veille et paraissait aller mieux. « Les antidépresseurs, dit-elle, commencent à faire effet. Et puis Rufo me fait du bien. Il me fait rire. » Elle n'avait pas pleuré de la journée et considérait cela comme une première victoire. Elle l'interrogea sur son match et ne s'étonna pas d'apprendre qu'il n'était pas satisfait d'une victoire à l'emporte-pièce, dût-elle envoyer son équipe en finale. « Tu es excessif et finalement très cartésien, lui dit-elle. Si l'on m'avait dit… »

Ils rirent.

— Tu sais, Alex, concernant Michel, il y a longtemps que je voulais te dire…

Il se passa une main sur le front. Il ne voulait pas parler de ça qui le heurtait. Une prière confuse, sacrilège, se formait en lui, qu'il ne prononça pas. Il repensa aux mois passés, à son départ pour Paris dans les bagages de Ferreri. Tout cela lui faisait horreur qui les salissait.

— Je ne veux rien savoir, dit-il sur un ton qui ne supportait pas la contradiction.

Il changea de sujet et promit de rappeler le lendemain. Qu'allait-il faire avec elle ? Qu'espérait-elle ? Il avait souvent pensé qu'il l'avait déçue lors de son départ vers A., faute d'avoir été suffisamment déterminé. Il avait eu peur de la brusquer, alors qu'elle attendait précisément d'être brusquée. Mais probablement voulait-il avoir Gabriella sans sa vie, son passé et cet amant qui lui gâchait le paysage. Un être unique que l'on modèlerait soi-même ? Était-ce cela ? Un amour virtuel ? Un enfantillage ? Peut-être n'était-il pas assez fort, assez assuré de lui-même, assez mature pour avoir une femme à lui seul ? C'était probablement ça. « Une semaine, pensait Alexandre. Dans une semaine, je partirai. Sylvain et Louis, Jean-Philippe et les autres, auprès desquels j'ai relancé ma carrière, repris confiance, vécu une aventure sportive et affective formidable, seront à ranger au rayon du passé, du jamais plus, des souvenirs… » Son agent avait raison : soit il retournait à B. – et de cela il n'était pas question ! – soit il filait à l'étranger, à Cape Town selon toute vraisemblance. La presse avait mangé le morceau et obtenu une interview de l'entraîneur des Stormers qui se félicitait de sa venue. Alexandre qui avait lu Brink et Cootzee, se faisait du Cap une idée contradictoire. L'aventure le tentait. Il irait ; bien sûr. Comment refuser ? Mais la parenthèse à A. touchait à sa fin et quelque chose lui brouillait la vue, tandis qu'il scrutait, au fond de lui, des nuits plus sereines, un horizon dégagé.

30

Il sut, deux jours après, au texto qu'il reçut et qui lui fit battre le cœur, que l'article dans *Le Monde* était paru. « Aperçu, dimanche, à la télévision. Lu ce matin l'article que *Le Monde* te consacre. Tu te déshabilles enfin. Tu ouvres les portes. Je me sens sœur de l'homme que tu es en train de devenir. Gabriella. »

Il partit acheter le journal, lequel – mazette – accordait une pleine page au Stade de A. avec une photo en pied de lui qui occupait tout l'espace. L'article était extrêmement flatteur. L'auteur l'avait conçu comme un triptyque romanesque – grandeur, chute et rédemption – dressant un parallèle entre la jeune carrière d'Alexandre et l'épopée d'un club passé par tous les stades de l'aventure sportive, des années dorées aux premières difficultés liées à l'arrivée du professionnalisme, de la descente en enfer au renouveau actuel. C'était subtil et il comprenait ce que Gabriella avait pu apprécier dans ce reportage.

Mais il ne l'appela pas le jour même. On ne vit pas, à son âge, avec une fille dépressive, droguée, sans dommage. Dût-elle vous crever le cœur à chaque apparition, à chaque pensée dirigée vers elle ? C'était bien là toute l'ambiguïté de sa situation. Une mauvaise humeur le tenait. Il dormit mal cette nuit-là. À l'entraînement, il composa ses gestes comme un automate. La préparation de la finale suscitait alentour un tel engouement dans la ville, une telle exaspération chez les dirigeants tenus de répondre à mille sollicitations, un tel énervement chez les joueurs, que personne ne s'étonna de son comportement. Mais la peur, froide, humiliante, qui le saisissait, devait beaucoup à ce choix de vie qu'il se devrait de faire. « Je suis sorti de l'adolescence », se disait-il sans malice et il tâchait de se composer un visage à la hauteur de ses nouvelles ambitions.

À l'entraînement, un même désarroi occupait l'équipe. Tout le monde riait, gueulait, s'invectivait en un pandémonium indescriptible. Sylvain coupa court aux hostilités en renvoyant tout le monde au vestiaire une bonne demi-heure avant la fin prévue de l'entraînement.

— Vous êtes trop chiants, hurlait-il. On dirait des gosses. Vous allez prendre trente points contre Agen et ce sera bien fait pour vous…

Alexandre aurait juré qu'il n'en croyait pas un mot. Pas plus d'ailleurs que le président qui s'exclamait : « Laisse-les faire. C'est de bon augure ce bordel ! Ils ont besoin de se libérer, de faire tomber la pression. Samedi, tu verras, tu ne les reconnaîtras pas. »

*

Aimait-il Gabriella au point d'essuyer les humiliations répétées qu'il avait dû endurer depuis des mois et passer outre ? La question le taraudait. Il devait mettre de l'ordre dans tout ça. Heureusement pour lui, la fin de semaine s'annonçait studieuse. Le rugby prenait toute la place et Alexandre, que son expérience à un plus haut niveau rugbystique rendait finalement plus serein, s'amusait de voir combien les caractères se découvraient en pareilles circonstances. La peur se lisait sur les visages des uns, la détermination ou l'indifférence sur ceux des autres. Il s'étonnait d'échapper pour partie à cette angoisse des avant-matchs, lui dont le courage n'était justement pas le fort. Il se sentait, pour lors, spectateur du trac des autres. Le moment le plus fort en la matière, le plus édifiant, avait lieu dans les vestiaires d'avant-match où il arrivait que des Matamores tombent en larmes, succombent au stress, quand d'autres, imprévisibles, effacés en temps ordinaire, portent le groupe au contraire et manifestent un aplomb et un courage sidérants. « Nos petites guerres », pensait Alexandre, en veine de comparaisons militaires et comme habité par la nécessité de grandir. Le vent marin qui soufflait sur Béziers, où allait se jouer la finale, le perturbait quelque peu. Il voulait tellement réussir ce match, offrir la montée à ce club, duquel il se sentait reconnaissant. Physiquement, il était au mieux. Il avait envie de sauter, de bondir, rêvait de cadrages-débordements d'école, en effectuait seul, le soir, dans le grand salon de cette vaste maison qu'il allait quitter, effaçant d'un creusement du dos un adversaire imaginaire, armant sa passe pour un possible partenaire, fixant à la perfection la grande lampe halogène, le téléviseur, la glace même placée au-dessus de la cheminée dans laquelle il percevait son geste, le rectifiait. L'eût-on filmé, on l'aurait pris pour un fou !

— On n'a rien à perdre, les gars, répétait Sylvain dans les vestiaires. Ce que dit la presse est vrai. Nous formons un petit club, nos moyens économiques sont finalement limités. Si on perd cette finale et si on ne monte pas, en soi, ce n'est pas grave. Regardez-moi, ce n'est pas grave... On est bien où on est et personne, ici, à aucun moment, n'a parlé de montée en première division. Moi, quoi qu'il arrive, je serai particulièrement fier de vous. Particulièrement fier de la saison que vous avez réalisée. Vous m'avez donné du bonheur comme jamais et ça, personne au monde ne pourra me l'enlever. Mais ce qui serait chouette, les gars, ce qui serait formidable, c'est que cette montée on l'obtienne à la force du poignet. Peut-être, demain, les dirigeants la refuseront-ils, faute de pouvoir assumer financièrement. Mais nous, on aura scellé notre complicité… Et dans dix ans, dans vingt, vous pourrez toujours vous souvenir de ce moment où, pour la gloire, vous avez puisé au fond de vous des forces insoupçonnées. Ce moment où, pour l'amitié d'un groupe, vous êtes allé au bout de vous-même.

Avait-il préparé ses phrases ? Crépitaient-elles dans sa tête depuis déjà plusieurs jours ? Il respirait mal, les mots soudain se précipitaient dans sa bouche.

— À quel moment, dans la vie, avons-nous l'occasion de faire des choses héroïques ? Jamais ! Vous voulez que je vous dise, jamais ! On vit tous comme des merdes. La famille, le stade… On ne sera jamais international. On ne sera jamais champion de France ou d'Europe, devant 80 000 spectateurs. On ne passera jamais à la télé. On vit dans l'ombre, chichement, petitement, honnêtement. On est des bons mecs, c'est vrai. Mais le monde nous chie dessus. Tout ce qui est bon, c'est pour les autres. Eh bien, aujourd'hui, pour la première et peut-être la dernière fois de votre vie vous avez la chance de faire péter les barrières, de dire c'est pour moi ! Aujourd'hui, les gars c'est pour nous ! Tout est pour nous, l'héroïsme, le courage, la volonté, la puissance et la gloire… Y a que les pauvres bougres de chez nous qui croient en nos chances. Ils nous ressemblent. Comme nous, ce sont des hommes de l'ombre. Ils n'ont rien ou pas grand-chose. Et nous, on pourrait les laisser tomber ? Et nous, nous n'aurions pas assez d'orgueil, de volonté, pour aller chercher cette victoire et la leur offrir ? Pas assez de cœur pour offrir du bonheur à quelques milliers de gens ?

Il se levait, faisait deux pas dans la pièce, tête baissée, revenait à l'endroit initial où il avait commencé de parler.

— Denis, tu sais que ton père sera là, dans les tribunes. Et toi aussi Daniel. Et toi aussi Jérôme. Et vous savez ce que vos parents vont dire à leur voisin de tribune, quand vous rentrerez sur le terrain : le 12, c'est mon petit ! Le 8, c'est mon fils ! Le 6, c'est le mien… Ils vous rêvent beaux, forts, conquérants et vous ne pouvez pas les décevoir…

Il se tourna vers Alexandre :

— Je pense à toi Alex ! Je sais ce que tu dois ressentir quand je parle de ça. Tout le monde connaît ton aventure, sait que tu as perdu tes parents quand tu étais môme et tout le monde, ici, sait ce que l'on te doit. On ne te connaît pas bien mais, depuis trois mois, tu es avec nous et tu es notre frère. Peut-être que demain tu partiras et personne ici ne t'en voudra. Parce que tu nous auras beaucoup donné. Tu es fait pour la lumière et ce n'est pas un reproche. Tu es un type bien et je tenais à te le dire devant tout le monde. Alors pour toi et peut-être aussi pour les tiens, Alex, qui sont partis mais qui sont dans ton cœur, on va aller chercher cette victoire.

Des larmes coulaient sur le visage d'Alexandre. La plupart des joueurs d'ailleurs pleuraient. Sylvain se tut. D'un geste de la main, il leur demanda d'approcher. Ils se retrouvèrent en rond autour de lui. Alors, il les embrassa sur le front les uns après les autres.

— C'est un geste qui veut dire qu'on aime les gens tels qu'ils sont. C'est mon cas. Alors, bon match, les gars. C'est à vous maintenant. Et n'oubliez pas, n'oubliez jamais, même quand vous n'en pourrez plus : c'est le jour de votre vie, le match d'une existence…

Il sourit et quitta les vestiaires. Un silence se fit. Puis, doucement, à voix murmurée, fragile, Ludovic reprit la parole et l'échauffement.

*

Il l'aperçut quand ils entreprirent de faire le tour du stade pour remercier leur public. Elle était là, assise dans un coin des tribunes sud à côté de son amie qu'il avait vue, l'autre jour, dans cet appartement des Angles. Elle avait le regard tourné dans sa direction, mais n'applaudissait pas. Elle ne se levait pas davantage, contrairement à la majorité des autres spectateurs qui leur faisaient une standing ovation. À quoi pensait-elle ? À lui ? C'était probable. Il détourna pourtant le regard et feint de ne pas la voir. Pourquoi cette attitude alors que le cœur lui brûlait ? Il ne le savait pas et ne cherchait pas à savoir. Lui en voulait-il de n'avoir pas grandi à son rythme ? De s'être vautrée quand lui au contraire se sentait pousser des ailes ? La question l'effleura dont il mesurait l'injustice. Mais son équipe avait perdu et il était triste. Malgré le match héroïque disputé et perdu dans les ultimes minutes des prolongations. Malgré sa propre performance qu'il sut élever à un niveau jamais atteint jusqu'ici. La presse, le lendemain, serait dithyrambique à son endroit et son nouvel agent viendrait l'embrasser après la rencontre, une larme au bord de l'œil, suintant, cabotin. La vague de tristesse qui l'enveloppait, alors qu'il faisait le tour du stade et que des larmes de nouveau affluaient sur la plupart des visages de ses coéquipiers, devait davantage à la fin de son aventure – ce pan de vie qui devait virer au cauchemar, tourner à la dérision et qui, tout au contraire, lui avait permis de se construire, de mieux se connaître – qu'à la défaite elle-même. Ce lieu, où une part de lui-même venait de se révéler et qu'il allait quitter, le rendait mélancolique.

Il reprit le chemin des vestiaires. De nouveau se manifestèrent des journalistes qui avaient pu passer outre aux barrières de sécurité et n'entendaient pas attendre les joueurs dans la salle de presse.

— Allez-vous quitter le club la saison prochaine ? lui demanda-t-on.

Alexandre toussa, serra la main d'un adversaire qui venait le saluer.

— Je ne sais pas, dit-il, il est trop tôt pour répondre.

— S'il vous plaît, insista le journaliste ! Vous n'allez pas rester en deuxième division ? On voit bien, aujourd'hui encore, que vous valez beaucoup mieux. La presse dès cette semaine parlait même d'une mutation vers Le Cap, en Afrique du Sud. L'entraîneur des Stormers a d'ailleurs confirmé qu'il serait heureux de votre venue...

— Sincèrement, je n'ai pas le cœur à parler de ça... Pardonnez-moi !

Il voulait rentrer dans les vestiaires, quand une dernière question fusa :

— Un retour à B. est-il aussi envisageable ? Le président Ferreri a dit qu'il était prêt à vous reprendre...

Il s'arrêta une seconde, respira un grand coup. Une montée d'adrénaline venait le secouer.

— Disons que je ne suis pas disposé à revenir...

— Les ponts sont coupés, alors ?

Les journalistes se rapprochaient de lui, l'encerclaient véritablement.

— Ce qui confirme que vous irez donc à l'étranger, le pressa-t-on, puisque le président Ferreri ne veut plus céder vos années de contrat à un club français ?

Il ne répondit pas, fondit dans le tunnel qui menait aux vestiaires où Sylvain l'attendait, des larmes plein les yeux, une lumière dans le regard...

— Tu es un fils, lui dit Sylvain... Je t'aime comme un fils... Je mesure, crois-le bien, combien ce que je te dis doit être dur à entendre pour toi, mais je n'ai pas d'autres mots...

Les larmes refluaient sur son visage qu'il levait vers Alexandre.

— Je t'ai vu vivre pendant ces quelques mois, t'entraîner, refuser des filles, être soucieux des autres, porter ton chagrin comme un homme... Et je suis admiratif, Alex...

Il pleurait si fort maintenant qu'il ne pouvait plus parler. D'autres joueurs arrivaient. L'un des kinés enlaça Sylvain. Alexandre souriait, incertain et comme apeuré. Les mots de Sylvain réveillaient en lui des blessures enfouies, des traces indélébiles. Il s'avança dans le couloir où mille bruits se télescopaient. Des larmes et des rires, des cris se confondaient en un brouhaha informe. Il songea qu'il portait sur les morts de son enfance une résignation douce et sèche.

*

C'est en regagnant le bus situé dans un parking derrière le stade de la Méditerranée qu'Alexandre aperçut pour la deuxième fois Gabriella, toujours accompagnée de son amie. Elles étaient isolées dans un coin, un peu éloignées du gros de la foule. Un sac à la main, les cheveux défaits dans le dos, amaigrie mais rayonnante, Gabriella lui apparut plus belle que jamais. Il dévia sa route, s'excusa auprès de trois adolescents qui depuis cinq minutes ne le quittaient plus, le pressaient de questions et se dirigea vers les deux amies qu'il embrassa.

— Pas trop déçu ? demanda la jeune fille dont il ignorait toujours le prénom.

Il sourit – pâle sourire – en bougeant la tête en signe de négation.

— Le club ne voulait pas monter. On a passé une belle saison…

Il sentait le regard de Gabriella posé sur lui.

— C'est vrai ce que l'on dit ? Tu vas signer à Cape Town la saison prochaine ?

Elle avait posé la question sur un ton de tristesse absolue qui le démoralisa.

— C'est probable. Je ne sais pas…

Elle se taisait. Il soupira, chercha une phrase à même de redonner de la couleur aux choses…

— Tu es très belle ! dit-il.

Elle sourit à son tour. Des gens s'approchaient d'eux. Il cherchait une ombre dans son regard, une fatigue sur ses traits, l'expression d'un malaise et il ne trouvait rien d'autre malgré ce mouvement de tristesse qu'il avait aperçu, qu'un visage d'une beauté absolue.

— Monsieur Vrac, s'il vous plaît, un autographe...

— Va ! dit-elle.

On tendait à Alexandre une feuille et un stylo. Les gens l'entouraient et lui cachaient sa vue.

— Gabriella, cria-t-il comme elle s'en allait. On va à la mairie de Béziers. Là, tout de suite... Une réception. Tu m'y rejoins ?

Elle fit un petit geste de la main, qu'il ne sut pas interpréter. Que disait-elle ? Il signa des papiers sans bien savoir ce qu'il faisait.

*

Elle ne vint pas à la mairie de Béziers et Alexandre se décida à l'appeler une heure plus tard sur son mobile. Elle répondit presque aussitôt.

— Je repars aux Angles, dit-elle. Claire est attendue.

— Tu aurais pu me le dire.

Il eut un silence.

— Tu étais si entouré...

— Tant pis, dit-il. J'aurais aimé te revoir.

Un autre silence se fit. Il allait raccrocher.

— Tu restes à Béziers, ce soir ?

— Non, on rentre à A.

Elle marqua une pause.

— Si tu veux, je te rejoins.

— À A. ?

— Non, à Béziers.

Il réfléchit vite. S'il restait avec elle, il serait toujours temps de louer une voiture pour rejoindre ses copains de l'équipe plus avant dans la soirée. Mais il n'aimait pas l'idée d'abandonner le groupe pour la dernière sortie de l'année, au terme de cette finale perdue. Les gars qui avaient été si chics avec lui ne comprendraient pas.

— Non, dit-il, je ne peux pas les laisser tomber.

— Tant pis, dit-elle. Une autre fois.

Et elle raccrocha.

Alexandre était doublement meurtri et ne recouvra souffle que dans le car de l'équipe où un joueur, fils de charcutier, avait apporté, en prévision du retour, des victuailles à se damner : jambons, saucissons, foie gras. Et tout le monde s'était mis au diapason. Un dirigeant avait fait suivre des miches de pain comme on n'en trouvait plus que dans les boulangeries de villages, tandis que le président offrait deux caisses de Lynch et Bages, un pauillac grand cru classé de 1999. Bientôt des rires montèrent du car, des chants s'élevèrent. Une même émotion ténue, diffuse, se prolongeait en eux que la proximité du groupe, les chants et l'alcool autorisaient pour quelques heures encore. La journée avait été si intense que personne ne souhaitait voir le soufflé retomber. Sylvain avait raison : la vie dans son ensemble était trop plate, trop grise, pour ne pas accepter de vivre ce jour jusqu'à l'ivresse. Il buvait donc ce vin délicieux avec une avidité déraisonnable. D'ailleurs, les deux caisses furent vides avant que l'équipe n'ait réalisé la moitié du trajet. Ludovic, pressé par ses joueurs, pria alors le chauffeur du bus de s'arrêter sur une aire d'autoroute d'où ils revinrent les bras chargés de boîtes de bière.

Ils arrivèrent à A. vers vingt-deux heures. Trois mille personnes les attendaient à l'entrée du belvédère où un « repas dansant » avait été prévu.

— Va falloir se casser et fissa, dit un des piliers que la perspective de la soirée désespérait.

C'est à ce moment-là qu'Alexandre reçut un nouveau SMS de Gabriella : « Si je viens jusqu'à A., tu accepterais de me recevoir ? »

Il répondit oui sans hésiter. Les visages qui dansaient devant lui avaient ce flou dans le regard qui fait les soirées romantiques, les lendemains cruels. Il s'arrêta presque aussitôt de boire.

31

Gabriella arriva vers une heure du matin. Il sortit la rejoindre. Des nuées blanches, très hautes et lumineuses, glissaient dans le ciel, éclairaient la nuit printanière. Elle avait les traits tirés par les heures de conduite. Il lui proposa de rentrer, de rejoindre les autres, mais elle refusa.

— Vas-y, toi ! dit-elle. Tu as gardé ta maison ? Je peux t'attendre là-bas si tu l'acceptes.

Alexandre devait choisir entre deux ivresses et n'aimait pas ça. Les copains et l'alcool, le dérèglement de tout, les rires en fusion, le lâcher-tout salvateur… Ou alors Gabriella, sa beauté souveraine, toutes ces choses qu'ils avaient à se dire… Mais la tête lui tournait. Il avait déjà beaucoup bu et savait, de science sûre, que s'il retournait près de ses potes, il ne rentrerait pas, ou ivre, épuisé, à sept heures du matin.

— Je t'accompagne, dit-il. Laisse-moi seulement le temps de leur dire au revoir.

Il retrouva la grande salle où, peine perdue, il tomba sur le président.

— Vrac, dit-il, mon cher Vrac, viens nous rejoindre, je tiens à te présenter notre ami Choiseul, brillant pianiste, qui t'admire…

— C'est-à-dire que l'on m'attend… Je suis accompagné et…

— Qu'à cela ne tienne, coupa le président, l'œil allumé. Va chercher ta conquête. D'ailleurs, je t'accompagne...

Il marchait vers l'extérieur d'un pas décidé. Alexandre le doubla au moment de retrouver Gabriella qu'il présenta à son président, lequel, affable, rieur, déconcertant, eût tôt fait de convaincre cette « superbe jeune fille, si piquante, si latine » de bien vouloir les suivre...

— Deux secondes, dit Alexandre. On y reste deux petites secondes... Le temps de rencontrer un pianiste et de boire une coupe de champagne.

Les gens riaient. Un vent de folie soufflait sur l'assistance. On leur présenta le pianiste en question. « L'un des plus grands d'Europe, estimait le président. Nous sommes allés l'écouter jouer Chopin, l'autre soir, au théâtre Vigouroux, quelle merveille ! » Il parlait à Gabriella qu'il dévisageait du regard, plongeant ses yeux sur ses jambes nues que découvrait sa jupe, avec un enthousiasme manifeste que l'ivresse expliquait. Geneviève, la femme du président, s'accaparait de son côté Alexandre en tentant, autant que faire se peut, d'instaurer un dialogue entre le pianiste et le rugbyman. La chose fut possible cinq petites minutes avant que les joueurs ne s'emparent du micro jusque-là dévolu à l'orchestre et ne proposent à la salle de tourner en rond autour des tables, le cul sur une chaise, en entonnant une chanson traditionnelle. Ce fut aussitôt un tohubohu invraisemblable qui décourageait les conversations. Alexandre observait Gabriella avec une avidité amoureuse que renforçait l'abus d'alcool. Une sorte d'élégance triste émanait d'elle, que renforçait chacun de ses gestes.

— Elle a un charme fou, dit le président à Alexandre.

Un sourire, au même moment, se dessinait sur le visage de Gabriella, où perçait une pointe d'ennui. Soudain, profitant du départ momentané du pianiste que tout ce bruit rebutait et qui avait dû filer vers les toilettes, elle se leva et fit un détour pour se rapprocher d'Alexandre dont elle prit la main tout en restant au contact du président. Celui-ci souriait à son tour. La connaissait-il ?

— Bien sûr, dit-elle. Il sait parfaitement qui je suis.

Alexandre s'en moquait. Seul l'instant l'intéressait. L'alcool ingurgité et la fatigue de la journée pesaient sur lui d'un certain poids de sagesse. Plus rien n'avait d'importance et il avait accepté ce rapprochement inédit avec satisfaction. Invulnérable. Il se trouvait soudainement invulnérable. L'idée lui venait, dans ce maelström, que rien, désormais, ne pourrait plus l'affecter. Ou à la marge. Gabriella voulait partir, il le savait, le sentait. Ils ressortirent donc très vite, profitant du blanc prolongé où le bruit assourdissant avait plongé l'assistance, pour retrouver l'épais silence du dehors. Le pianiste amoureux de Chopin s'y trouvait aussi qui grillait une cigarette. Il leur sourit.

Gabriella avait froid. Alexandre jeta sa veste sur ses épaules.

— Tu vas vraiment partir pour l'Afrique du Sud ?

— Rien n'est décidé encore, mais oui, sans doute...

Elle ne dit rien. Ils décidèrent de se suivre en voiture jusqu'à sa maison. Le contraste était frappant entre le pur silence campagnard et le délire tapageur qui précédait et levait chez Alexandre des maux de tête.

Gabriella au volant de sa voiture songeait que c'était probablement la dernière fois qu'elle se rendait dans cette maison qu'elle connaissait mal mais dans laquelle elle avait vécu des émotions d'une rare intensité : jours de grâce du début, souvenir pathétique de sa dernière soirée passée ici à ruminer un chagrin insoutenable. Elle pensait aussi à ce jour prochain où il partirait. « Pour un an, peut-être deux. » Alexandre viendrait la retrouver aux Angles. Pour l'aimer ou l'encourager, selon l'état de leurs relations. Une chaleur étouffante baignerait déjà la Provence. La stridulation ininterrompue des cigales monterait des garrigues toutes proches. Le dernier jour, le dernier soir. Des caresses peut-être, des palabres. Et la brûlure d'un baiser au matin du départ, sans qu'elle ait seulement songé à en fixer le goût, à arrêter l'instant, à le figer dans sa mémoire comme un moment de grâce. Il partirait : un geste puis un autre, un dernier regard, un ultime sourire et puis l'escalier, la voiture ! De la fenêtre de l'appartement de Claire, elle continuerait à le suivre des yeux comme font les vieux qui voient fuir leurs petits enfants. Jusqu'à ce que la voiture elle-même s'efface à l'horizon de la rue, dans un dernier nuage de poussière. Dans la cuisine, un bol de café traînerait dans lequel, quelques minutes plus tôt, il aurait bu. Un quart d'heure, un quart d'heure à peine. Elle pourrait encore le voir, le toucher, sentir ce parfum légèrement musqué qui émanait de lui au sortir de la douche. Lover sa tête dans ce pli, ce creux, situé entre son épaule, son torse et son bras. Écouter son pas, au lever, écraser les planches de bois de l'escalier. « Tu comptes passer à travers ? » Et puis sentir enfin, de toutes les fibres de son corps, le silence marmoréen, protecteur de sa présence. Un quart d'heure. Un quart d'heure à peine... Alors le silence et cette chaleur lourde, poisseuse, l'étoufferaient. Elle ne trouverait plus jamais, comme autrefois, en rentrant, jeté sur le pas de la porte, le sac de sport qui accompagne l'ordinaire d'une vie de sportif. Plus jamais elle ne reconnaîtrait, figée dans l'embrasure de la porte, la stature immense et athlétique de ce jeune homme au visage baigné d'un tendre sourire. La nuit, elle chercherait pareillement en vain auprès d'elle, dans le lit, la grande et rassurante carcasse.

Sa vie ? En Avignon, l'exposition battrait son plein. Des hommes viendraient lui parler, nombreux au début et de plus en plus rares. Le patron de la galerie, pressé, ardent, la sommerait d'être présente tout le jour. Un article verrait-il le jour, hors des pages locales de *La Provence* ? Quelqu'un de par le monde célébrerait-il les mérites de cet Holocauste ? Dans le silence de la nuit, la solitude maintenant l'étoufferait. Dans la salle de bains où, plus tard, elle se laverait à grandes eaux, se démaquillera, elle aurait d'elle-même une vision effrayante, glacée. Alexandre ne serait pas là et son cauchemar n'aurait pas de fin. Elle n'aurait plus d'amies non plus avec lesquelles partager. Claire ? Elle serait partie pour le Japon, dès le début du mois de juillet, où l'attendait son copain. « Tu gardes l'appartement autant de temps que tu le voudras. » Autant dire qu'il faudrait songer à déménager. Et pour aller où ? Alexandre ne serait pas là. Léa ? Elle ne la voyait plus. Le propriétaire de la galerie de Nîmes lui demanderait à son tour de se préparer. Quelles perspectives s'offriraient-elles ? Alexandre ne serait pas là. L'incessante stridulation des cigales monterait de la garrigue environnante. Un soir, malgré la chaleur, elle frissonnerait. Ses mains trembleraient. Dans l'appartement de Claire, une table bureau serait placée devant la fenêtre du salon. Alexandre ne serait pas là. Elle s'en approcherait, mettrait un pied dessus, ouvrirait la fenêtre. Dans le tremblement de l'air, elle croirait peut-être apercevoir la stature d'Alexandre. Saurait-elle lui dire à quel point elle avait besoin de lui ?

Il fit un feu dans la cheminée du salon, sortit des placards et du réfrigérateur de quoi faire un repas frugal, dénicha une bouteille de vin que le président, toujours lui, lui avait offerte.

— C'est un grand amateur de bordeaux, dit-il.

Il se tourna pour observer Gabriella. Elle se moquait éperdument de ses considérations sur le vin de son président.

— Pardonne-moi, dit-il.

Gabriella était ailleurs. « Si tout est fini, pensait-elle, que je sache au moins ne pas rater ma sortie… » Et elle coula vers lui un beau regard velouté. Il lui sourit.

— Tu vas mieux, on dirait ?

Elle agitait la tête en signe d'acquiescement, un petit sourire au coin des lèvres.

— Rufo, les antidépresseurs, le champagne…

— Ferreri ?

— Arrête avec Ferreri. Il est moins nocif que tu ne sembles le croire et je ne le vois plus.

— Donc, tu vas mieux ?

— Oui.

Elle souriait.

— Ma présence, peut-être ?

— Imbécile !

À quoi jouait-elle ? Qu'était-elle venue chercher ce soir, ici ? On eût dit une autre femme, ragaillardie, goguenarde.

— Ton expo ?

— On ouvre, samedi. Tu seras là ?

— Samedi ?

— J'ai enfin réussi à meubler mes baraques.

— Elles représentent quoi tes baraques à la fin ?

— L'Holocauste !

— Tu t'intéresses à la guerre de 40, toi, maintenant ?

— C'est mon Holocauste à moi. Pas le vrai. Pas vraiment. On y voit des figurines de soldats nazis, mais on y voit aussi des hommes, une femme… La vie qui se déchire.

— On est loin de Louise Bourgeois, non ?

— Je ne cherchais pas à la copier. Pas vraiment.

— On m'a dit que tu songeais à partir en Inde…

— Ce n'est pas faux. Qui t'a dit ça ?

— Sans importance. Mais pour longtemps ?

— Ça dépendra de beaucoup de choses. D'Avignon, de Nîmes…

— De moi ?

— De toi ?

— Je ne sais pas… dit-il.

Elle souriait de nouveau, fit diversion en coupant des rondelles de saucisson.

— Toi, tu pars en Afrique du Sud…

— Et toi en Inde ! On n'est pas encore mariés…

— Tu y as déjà songé ?

— À quoi ?

— Au mariage ?

— Il ne nous manquerait plus que ça…

La rémission du soir passait sur lui comme une aubaine. Elle s'attardait sur un petit tableau – un paysage de campagne, tout ce qu'il y a de plus modeste – accroché au mur et qui devait dater du siècle dernier. Il n'était pas laid – il avait même un certain charme – et Alexandre se réjouissait tous les jours que le propriétaire l'ait laissé ici.

— Il est sympa, dit-elle, c'est vraiment la région…

Puis, sans transition :

— Je ne crois pas à la valeur de mon exposition.

Et comme il semblait étonné…

— Je n'aime pas ce que je fais. Si les choses, cet été, se passent comme je le redoute, j'arrêterai tout. Je peins et je sculpte pour des raisons secondaires.

— Il n'y a pas de raison secondaire en art…

— Tu parles comme mes profs des Beaux-Arts.

Elle était redevenue froide et cette froideur, aux yeux des gens qui ne la connaissaient pas, pouvait facilement passer pour de la morgue.

Mais Alexandre ! Quel type de sentiment l'animait-il ? L'amour ? La compassion ? La tendresse ? Les choses, à cette heure, à ce degré d'alcoolémie et de fatigue étaient plus triviales. Il avait surtout envie d'elle, de son corps, de la beauté de ses formes – combien de temps qu'il n'avait pas fait l'amour ? Il craignait pourtant de la laisser, de l'abandonner. Elle allait mieux certes, mais n'était pas guérie. Il se souvenait de Rufo, lors de son second appel : « Attention, Vrac, soyons clairs, si tu l'abandonnes, tu la tues… » Comment partir après ça ? L'amener avec lui ? Il n'y songeait pas. Et puis elle avait ses expos. Il faillit lui dire que plus tard, peut-être, elle pourrait le rejoindre, mais elle ne lui en laissa pas le temps.

— Tu sais, dit-elle, j'ai tenu parole. Je n'ai plus touché à la coke depuis ton retour.

— Et tu as couché ?

La question était malvenue qu'il mit sur le compte de l'alcool. Il s'excusa très vite. Gabriella l'observait d'un regard intense qui semblait pouvoir tout dire. Un silence se creusa assez évocateur.

— Non, dit-elle. Bien sûr que non…

— Je ne juge pas, dit-il, j'aimerais seulement comprendre.

— Il n'y a rien à comprendre, Alexandre. Ou plutôt si : j'étais perdue, abandonnée… La vie n'avait aucun goût… Tu ne voulais plus de moi, j'étais seule. L'épisode de mon père m'avait flinguée. La vie n'avait plus de sens. La cocaïne m'a aidée à retrouver un peu de gaieté, d'ambition… Michel était là, qui souhaitait que je reste près de lui, sans être capable de changer quoi que ce soit au cours de sa vie. À sa façon, lui aussi m'abandonnait. J'étais prête à faire n'importe quoi. Et puis un jour tu es réapparu et le soleil s'est levé…

Il minauda.

— Tu es fascinée par ce mec !

— Michel ?

Elle parut chercher sa respiration, hésita sur le fil d'une réponse.

— Non. Pas du tout. Avec lui, à la fin, j'expiais mes péchés…

Il se taisait.

— Je suis dingue, tu sais… Ou fragile, ou paumée…

Il aurait voulu en savoir davantage, mais n'insista pas. Trop long. Trop complexe. L'alcool lui brûlait la cervelle. Et elle avait l'air si désespérée...

— On m'a dit que tu...

— Que ?

— Rien, excuse-moi.

— Dis toujours, je peux tout entendre tu sais...

— Rien, des conneries. C'est sans importance.

Elle paraissait réfléchir.

— Quand as-tu commencé à prendre de la cocaïne ?

— Dès que j'ai connu Michel. Lui en a toujours pris. Au début, c'était un jeu. « Pour goûter », comme disent les enfants. Une fois de temps en temps... J'ai plongé lors de ton départ pour A.

Il ne disait rien comme dessoûlé.

— Pourquoi ne m'avoir rien dit ?

— Je ne le pouvais pas, Alexandre...

— Tu as toujours été sa maîtresse ?

Elle ne répondait pas. Se contentant seulement de l'observer d'un air où passaient de l'amertume et du désir, du regret et de la passion.

— Je t'aime, dit-elle. Je n'ai jamais aimé que toi...

Elle l'observait toujours de son beau regard sombre, lumineuse et sans dire un seul mot se leva et fondit sur lui, assis sur son fauteuil de bois. Elle se blottit contre ses genoux dans une position ramassée, la tête enfouie entre ses cuisses. Ses yeux étaient secs. Elle n'avait plus de larmes à lui offrir. Il releva son visage vers lui. À quoi pensait-elle ? Que cherchait-elle ? Il aurait voulu parler et ne pouvait pas.

— J'ai peur que tu partes, dit-elle.

Il ne releva pas la phrase.

— J'ai peur que tu m'abandonnes...

— Si on s'aime, dit-il sans réfléchir, on se retrouvera. Et puis qui a abandonné l'autre le premier ?

— Je m'en veux, dit-elle, si tu savais comme je m'en veux... Le jour où j'ai accepté de le suivre à Paris, je n'avais aucune envie de le faire et tout le temps que je suis restée avec lui, là-bas, je n'ai cessé de penser à toi, de m'en vouloir à cause de toi... Mais je ne couchais plus avec lui depuis notre rencontre, je te le jure...

Il la bouscula en se relevant dans un mouvement de colère.

— Pourquoi y être allée alors ?

Elle retrouvait son air de chien battu, de désolation extrême, auquel un réflexe orgueilleux, une trémulation des traits du visage, redonna aussitôt vie.

— Parce que je suis folle, dit-elle. Parce que je ne résiste pas au plaisir de me faire mal. C'est comme si je ne te méritais pas. Comme si je ne méritais pas de connaître un havre de paix. Je savais pertinemment, en le suivant, que tu finirais par le savoir. Je savais pertinemment que je faisais une connerie. Mais le plus fort, c'est que je n'avais aucun goût à la faire. C'est mon drame, Alex, tu sais ?

Elle posait sur lui, à nouveau, un air d'une profonde détresse.

— Lui aussi savait ! dit-il.

— Évidemment ! C'était sa revanche.

— Et tu as préféré lui donner raison ?

— Rufo dit qu'inconsciemment je cherche à reproduire l'abandon dont j'ai été victime.

Il se tut, mit la table. Elle continuait de parler.

— Dolto a montré que du regard que porte le père sur sa fille dépendent les potentialités de séduction de celle-ci. Que le père est celui qui montre le chemin. Et que, en cas d'absence ou d'indifférence, la petite fille risque de ne pas pouvoir assumer sa féminité, se refusera à tomber amoureuse et préférera vivre avec un homme plus vieux. Un ersatz de père, j'imagine !

Il l'écoutait et lui sourit.

— Et, bien sûr, tu te reconnais là-dedans ?

— Jusqu'à ce que je te rencontre...

Que fallait-il comprendre ? Il était lent à la détente. Mais déjà elle s'approchait de lui et s'asseyait sur ses genoux. D'un geste qu'il aurait pu croire forcé, joué, inadapté à la situation, elle lui tira les cheveux en arrière et l'embrassa à pleine bouche. Le désir aussitôt lui vint. Il aimait à ne pas croire cette paradoxale géométrie de rondeurs et de courbes, qui lui dessinaient une beauté singulière, un physique intimidant. Il songeait toujours au contact de sa peau, à cette assertion selon laquelle deux êtres se reconnaissent d'abord par l'odeur. Mais d'où venait-elle, cette odeur ? Et plus généralement cette idée solidement ancrée en lui, selon laquelle il connaissait Gabriella depuis toujours. Comme si une sorte de mémoire génétique, ancestrale, incompréhensible à l'entendement commun, la ramenait vers lui à travers les temps. Et si Simon disait vrai ? Il devinait en même temps que quelque chose d'irrévocable allait se passer entre eux. Mais quoi ? Quelle idée Gabriella avait-elle en tête ? Elle passa ses mains sous sa chemise qu'elle défit à gestes brusques, désordonnés. La douceur de ses mains sur son dos nu le réconciliait avec le monde. Elle ôta elle-même son chemisier et il défit son soutien-gorge. Ses seins si bruns, flottant sur ce buste d'une minceur athlétique, l'émouvaient comme au premier jour. Elle l'observait, une sorte de défi dans le regard.

— À quoi penses-tu ? riait-il.

Elle ne répondit pas, défaisant sa ceinture à gestes redevenus soudainement précautionneux, avant de le renverser dans une brusquerie jouée, de son fauteuil sur le tapis du salon. De cette position allongée, ils sentaient la chaleur des flammes de la cheminée sur leurs corps. Elle s'empara alors de lui avec une précipitation qui ne lui ressemblait pas et, très vite, sans aucun préambule, lui demanda des gestes inédits, des postures qui, naguère, semblaient lui répugner.

Elle commentait singulièrement leurs actes, elle qui ne parlait jamais dans le plaisir et exigeait de lui qu'il se soumette à ses demandes, qu'il les nomme à son tour. L'évocation de son passé avait suffi à ranimer son désir, à éloigner la fatigue et Alexandre entendit retentir dans la pièce sonore chaque coup de ses reins qu'exacerbaient les gémissements de Gabriella. Combien de temps cela dura-t-il ? Tout son corps frissonnait et il se laissait submerger par la vague.

Comme ils venaient de jouir une première fois, Gabriella, sans pudeur ni complexe, se planta devant lui, à genoux, la tête rejetée en arrière et se caressa, son sexe touchant presque son visage.

— Regarde-moi, disait-elle. Regarde-moi…

Sa main allait et venait sur son sexe, dont elle accélérait progressivement le rythme. Sur son visage, il voyait un rictus se dessiner qui préfigurait la jouissance à venir.

— C'est pour toi, dit-elle. Alexandre… C'est pour toi… C'est toi qui me fais jouir, mon amour…

« Mon amour », l'expression était belle qui ne lui ressemblait pas. Rien de vulgaire n'émanait de son attitude. Il croyait voir là, plutôt, comme un relent de désespoir. Des larmes d'ailleurs apparaissaient sur le visage de Gabriella. Que cherchait-elle ? Que voulait-elle prouver ? Ils s'aimèrent encore dans cette nuit déroutante, un peu froide encore. Alexandre refit du café, dépêcha une couverture qu'il jeta sur leurs corps près du feu dont les bûches s'écroulaient, poussa la table basse et les fauteuils de sorte qu'ils touchent l'âtre. Ils sentaient la fumée et le bois. Lui venait de vivre une journée harassante, se sentait épuisé et aurait pourtant souhaité que tout cela dure toujours malgré le léger malaise qui s'était emparé de lui plus tôt dans la soirée et qu'il avait du mal à définir. Ils s'étaient fait tellement de mal depuis quelques mois. Jamais pourtant – et c'était bien tout le paradoxe – elle ne s'était montrée aussi attentive, opiniâtre, souveraine. Lui s'imprégnait de son corps, du grain de sa peau, de la douceur satinée de son visage et de son cou.

Quel bonheur c'était d'observer les flammes crépiter dans le feu, la tête sur les genoux de Gabriella qui lui caressait maintenant le visage, les épaules, le lobe des oreilles et lui murmurait des mots tendres à l'oreille. Une rémission ? Elle l'observait parfois, tournant la tête dans une position impossible, de ce long ploiement majestueux du cou qui lui donnait l'air d'une reine de cinéma. Les flammes, dans le feu, dessinaient des S, majuscules, en un maelström de rouges et d'ocres, de blancs et de bleus. Elle lui dit d'autres mots qu'il n'entendit pas. La douceur de sa peau le réconciliait avec le monde. Il avait mal à une épaule à la suite du match et feignait de ne pouvoir se redresser pour l'entendre. Elle la lui caressa. Murmura d'autres sons à l'oreille. Et seul le murmure comptait.

Quand il se fut endormi, elle s'écarta de lui et se leva à gestes précautionneux. Elle monta aussi lentement qu'elle le put vers la salle de bains de l'étage où elle se contempla dans la glace : ses traits étaient tirés, ses cheveux en désordre. Elle en ressortit assez vite pour récupérer ses vêtements éparpillés dans toute la pièce et se recomposer une attitude. Elle se rhabilla avec cette vivacité muette qui n'appartenait qu'à elle, puis jeta un regard circulaire sur la pièce assombrie, comme on cherche à voir si l'on n'a rien oublié d'une chambre d'hôtel que l'on quitte au petit matin. Elle prit les clés de sa voiture qu'elle avait déposées sur la table du salon, mit son sac autour de son bras et doucement, après avoir jeté un dernier regard vers Alexandre qui ressemblait, pensait-elle, au petit garçon qu'il avait dû être – et des larmes, de nouveau, affleuraient sur son visage –, sortit de la maison où elle était entrée quelques heures auparavant.

Le jour était levé au-dehors. Une gaze de brume s'épandait au-dessus des prés qui ajoutait à la poésie du lieu. Des odeurs de feu remontaient jusqu'à elle, que le vent portait de la cheminée. Gabriella, d'un regard panoramique, s'empara du décor, comme on le fait d'un endroit béni que l'on voudrait garder en mémoire, et grimpa dans sa voiture dont elle fit démarrer le moteur.

Alexandre eut le temps de se rendre compte de son départ, mais il ne bougea pas. Il n'en avait pas le droit. Son passage dans la salle de bains l'avait réveillé et il tentait d'imaginer, les yeux fermés, chacun de ses gestes jusqu'à ce qu'elle ne pousse la porte d'entrée derrière elle. C'était donc ça ? Un silence inutile pesait maintenant sur lui, autour de lui. Il avait du mal à respirer et releva la tête. L'odeur entêtante de son parfum qui se dégageait encore de ce coin de tapis monta jusqu'à lui. Il aurait voulu bouger, courir après elle, refuser ce nouvel abandon, mais il se força au silence. Si elle faisait cela, c'est que d'une certaine façon elle était guérie. Qu'elle avait choisi. Rien ne pressait plus désormais.

Des frissons lui parcoururent pourtant le corps et il se mit à trembler. Cela dura peu. Il n'était pas triste, se persuada-t-il. Seulement un peu plus adulte.

32

Le vent a soufflé deux ou trois rafales en continu, accumulant les gros nuages noirs venus de l'océan qui surplombaient la ville. Alexandre eut le temps de penser à Gabriella, à son départ, l'autre soir, à la cloche des bois, à la tristesse qui depuis le poignait, et la pluie était apparue, vengeresse, tombant en gifles bruyantes sur les toits et l'asphalte. L'appartement dans lequel les dirigeants des Stormers lui proposaient d'habiter était situé dans un immeuble moderne, surveillé comme une porte de prison, que baignait l'océan Atlantique. D'autres joueurs vivaient là, paraît-il. Un minibus passait, chaque matin, qui les déposait à Newslands, ce stade irréel accroché à la Table Mountain, ou plus sobrement au nouveau centre d'entraînement de la province sud-africaine et les ramenait en fin d'après-midi, exercices avalés. « Le plus dur, tu verras, ce sont les séances de musculation que les Sud-Africains s'infligent. Tu n'as pas idée. Deux heures par jour sous les barres. Ils jouissent, mon vieux. Ils jouissent de se faire mal. » Qui parlait ? Cédric, un jeune Français vivant au Cap et qui lui servait de traducteur. Le dirigeant qui l'avait reçu ne parlait pas anglais mais afrikaans et la conversation avait tourné court.

Alexandre savait gré à Gabriella de s'être montrée plus forte que lui, d'avoir su trancher cette situation équivoque. S'ils devaient se revoir un jour, ils se reverraient ; s'ils devaient s'aimer de nouveau, les choses se feraient d'elles-mêmes. Le pensait-il vraiment ? Cette sagesse soudaine, peut-être inspirée par l'odeur du goémon, la vision romantique des rouleaux battant la grève sous la pluie de Cape Town, n'était-elle pas jouée ? Ils s'étaient fait trop de mal, en trop peu de temps, pour pouvoir espérer vivre ensemble. « Ce n'est pas notre faute, pensait-il toujours. Nous sommes des adolescents attardés qui se construisent en se heurtant comme deux barques ancrées côte à côte. On a besoin de cicatriser. » Il pensait à ce vers d'Aragon, que chantait Brassens : « Le temps d'apprendre à vivre… », sans oser le terminer tout à fait, se refusant à citer la deuxième partie qui figurait le pessimisme même. Est-ce à dire qu'il espérait toujours revoir Gabriella ? La récupérer ?

Le jeune Français pria Alexandre de quitter la terrasse pour regagner le salon. Il ferma les baies vitrées qui donnaient sur la mer. Le bruit du vent et de la pluie qui martelaient les murs et les roches se tut aussitôt. Alexandre le regretta. S'il n'avait tenu qu'à lui, il serait resté des heures à regarder cette fête vaporeuse du soleil et de la brume « Ce n'est pas si rare ce temps, dit Cédric. Il pleut souvent ici. On est au bord de l'océan. Mais c'est comme en Irlande. Dans cinq minutes, il fera peut-être beau. »

Alexandre avait-il perdu Gabriella en l'aidant à se retrouver ? Lui aussi avait besoin de recul pour y voir clair. Ce voyage en Afrique du Sud tombait finalement à pic. Il était là pour quelques jours, afin de rencontrer les dirigeants du club et passer une visite de contrôle. Laquelle s'accompagnait de tests physiques et d'examens : les clubs voulant désormais s'assurer qu'ils n'embauchaient pas un joueur blessé, souffreteux, en mauvais état de marche. Il était parti pour Le Cap le dimanche matin en compagnie de son nouvel agent et avait été à pied d'œuvre le lendemain. Le soleil l'attendait le premier jour et il avait été saisi par la qualité de la lumière : profonde, vivifiante, nimbée de jaune et de bleu jusqu'à donner du monde une image nouvelle. À l'approche du centre d'entraînement des Stormers, un autre univers se levait, avec ses camaïeux d'orange et de verts diversifiés. Il sacrifia aux tests physiques – sur piste et en salle, course et musculation – aux examens médicaux et aux entretiens de circonstance, avant de faire le tour de cette ville multiforme, superbe, la plus belle, paraît-il, d'Afrique du Sud. Les quartiers qu'on lui fit visiter regorgeaient de maisons cossues, baroques ou classiques, souvent blanches, que prolongeaient des jardins luxuriants où l'orangé des fleurs rivalisait d'élégance, en cette saison, avec l'ocre de la terre. Le charme émanait aussi de ces rues larges et alanguies, bordées d'eucalyptus et de jacarandas, ces arbres magnifiques, qui donnaient, au printemps, des fleurs d'un bleu unique. Ils descendirent dans la maison d'un haut dirigeant. Bâtie sur le modèle des palais perses, toute en pierres beiges tirant sur le brun, toute en labyrinthes, en creux, en arêtes, en ravins, en virage, elle faisait sur Alexandre une impression inouïe. Une vie timide et mesurée s'y faisait jour. Douze pièces, idéalement compliquées et mystérieuses, donnaient sur un patio large comme un court de tennis, qui donnait à son tour sur un jardin, puis sur une piscine comme un cours d'eau : l'eau se déversait en aval et, par un procédé désormais classique, était récupérée sous terre.

Alexandre songeait à quelque communauté aristocratique très haut perchée au-dessus de la fange des rues, protégée comme d'un bois des remous de la ville. Une bonne noire préparait la cuisine à l'intérieur de la maison, dans une sorte de ralenti de gestes, de lenteur tout africaine. Alentour, d'autres maisons témoignaient d'une beauté semblable. Une même lumière profuse s'y déversait le long de rues balayées de silence. L'ordonnance claire et régulière évoquait une rivière de diamants sur les haillons de quartiers entiers laissés à l'abandon, livrés aux chienneries et aux crimes. Parce que Le Cap était aussi cette ville où l'on viole et l'on tue. La presse locale rendait d'ailleurs compte, chaque jour, des agressions, détournements, attentats, que la ville devait déplorer. On dénombrait notamment de nombreux viols dans les bois menant au sommet de la « Table Mountain » qui fascinait Alexandre pour son architecture. Surplombant majestueusement l'océan Atlantique, elle donnait de la ville des airs de Rio, avec ses douze pics, comme les apôtres, auxquels les chrétiens du premier âge s'accrochaient comme à un symbole.

La nuit tombait tôt. Comme en France les journées d'hiver, le soir s'annonçait dès dix-sept heures. Alexandre pensa à ses futures soirées ici, quand le froid descend sur la ville et que la solitude comme à A. enveloppe tout. À cette saison de rugby qu'il devrait reprendre dès le début du mois de juillet, dans l'espoir de pouvoir disputer la Currie Cup. « L'hiver, ici, n'est pas très rude. » N'empêche ! Il ne se voyait pas revivre seul les longues soirées monotones d'une sorte de novembre austral. Il y pensait en regardant sans la voir une petite barque, près du ponton, qui s'élevait sur un bord et retombait. Le mouvement de la barque sur l'eau rythmait sa rêverie, comme il pensait concomitamment à Gabriella. Devait-il lui demander de le suivre ? La question ne se posait plus. Mais il éprouvait, en songeant à elle, la même suffocation propre au manque qu'il ressentait, enfant, en pensant à ses parents. La beauté de ses lignes l'aveuglait-elle ? Et ce bonheur où il était de seulement l'observer : sa démarche féline, ses pas après le bain qui marquaient le carrelage, le galbe parfait des mollets, la finesse des chevilles, l'arc du cou, sur la nuque, quand elle relevait ses cheveux et les attachait en un chignon désuet ? Il aimait respirer son odeur au lever, s'imprégner de ce parfum de nuit qui l'accompagnait et l'étourdissait. Il aimait cette façon, toute d'énergie, de cueillir un bol de café et de le tenir d'une main ferme et pourtant négligée. Et, aussi surprenant que cela puisse paraître, il aimait sa dignité, son courage, ses blessures.

Il essaya de penser à sa place, d'imaginer ce qu'elle pouvait bien ressentir. Sa dérive, sa solitude et cette sorte de schizophrénie qui lui imposait, de loin en loin, une attitude suicidaire, masochiste, coupable. Mais la question le désarçonnait chaque jour davantage : pouvait-il vivre sans elle ?

*

Tout bascula en quelques heures. Son nouvel agent lui laissa un message un mercredi, en fin de matinée, alors qu'il était rentré en France et espérait déjeuner avec ses copains de A. Il devait le rappeler très vite. L'aventure sud-africaine était mort-née, lui apprit-il d'une voix blanche. Non pas que les dirigeants des Stormers aient été opposés à sa venue – c'était tout le contraire –, mais Ferreri s'était ravisé. Van der Berg venait de perdre son père et était tenu de rejoindre l'Afrique du Sud pour s'occuper des vignes familiales de Stellenboch. Il entendait rejouer à Durban et brouillait les pistes. Les Sharks le récupéraient un an après et B. par voie de conséquence, se retrouvait sans ouvreur véritable. Faute de pouvoir se retourner, Ferreri entendait récupérer Alexandre dans son effectif et ne donnait aucune chance aux Stormers de racheter son contrat : il en avait fixé le prix à 500 000 euros. Alexandre hurla au téléphone qu'il n'en était pas question.

— Tu n'as pas le choix, lui dit son agent. C'est B. ou bien…

— Ou bien ?

— Ou bien... Je ne sais... À ce prix, personne ne voudra racheter le contrat. Et d'ailleurs, en France, les transferts sont bouclés ! Et puis Ferreri ne voudra pas. C'est assez drôle mais, pour une fois, il tient vraiment à toi...

— Disons qu'il a besoin de moi.

— Si tu veux... Mais réfléchis bien. Son attitude me dessert aussi, mais il serait ridicule et vain de s'opposer : tu es tenu, ficelé ! Mais bon, tu as des copains à B. Tu connais la ville. Ce n'est pas négligeable...

Des mots. Du vent. Et derrière tout cela l'amère déception de rater ce voyage, de ne pouvoir comme il l'espérait découvrir ce pays, relancer sa carrière. De la désespérance, maintenant, succédait à la colère.

*

Il fut vite rendu dans sa maison familiale, le village de son enfance. Il n'avait plus rien à faire à A. où d'ailleurs la plupart des joueurs étaient partis en vacances. Ferreri, sûr de son affaire, avait cherché à le joindre et avait fini par lui laisser un message. Il entendait le revoir assez vite pour, ce fut son expression, « redonner corps à son contrat ». Prévenus par la presse de son possible retour, Éric et Doudou l'avaient aussi appelé. Ils se félicitaient de le revoir parmi eux et lui demandaient de ne pas tenir compte de Ferreri. « Hé qué ! On ne le voit jamais, jurait Doudou. Tu t'en fous ! » L'un et l'autre avaient quitté le centre et vivaient dans des appartements au cœur de la vieille ville. Éric avec Clara et Doudou avec une jeune fille qu'Alexandre ne connaissait pas et qui avait réussi l'exploit de lui jeter le grappin dessus.

De fait, Doudou avait raison, il ne verrait pas ou très peu Ferreri. Mais cette ville où il s'était senti humilié, qu'il avait finalement quittée avec soulagement, appartenait à son passé. Y revenir ? Il redoutait, ce faisant, de régresser à proportion. Les mauvais souvenirs y submergeaient les meilleurs. C'est du moins l'idée qu'il s'en faisait, ce lundi de juin en ouvrant les volets de la maison de son grand-père qui sentait la poussière et le renfermé. Partir l'avait élevé, au sens littéral du terme, lui avait permis de se libérer de certains liens, habitudes, pièges, appris à grandir. Il n'était plus le même six mois après. Alors repartir, recommencer, retrouver les mêmes lieux, les mêmes personnes ? Pour quel profit ? Quelle réussite ?

*

Alexandre remonte à l'instant l'un des innombrables sentiers qui partent de la maison de son grand-père dans l'odeur de bois mort et de lichens. Il marche au hasard, seulement soucieux de réfléchir. Le soleil, à cette heure, traverse le bois en diagonale entre les troncs. Il marche vite d'abord comme on s'épuise et ralentit pour reprendre le fil de sa réflexion. A-t-il seulement le choix ? Il pourrait, comme cela s'est déjà pratiqué, racheter lui-même son contrat. Mais où trouvera-t-il les cinq cent mille euros nécessaires ? Les Stormers seraient-ils prêts à l'aider ? « Ce n'est jamais bon, lui avait dit Charles, son nouvel agent, de proposer un deal pareil. C'est se mettre en état d'infériorité, c'est faire l'aumône d'une prime, quand, au contraire, tu dois leur donner l'impression d'être l'espoir majeur du rugby français, celui que tout le monde s'arrache. »

Devant lui, une clairière apparaît en forte pente où paissent des vaches. À qui sont-elles ? Il contourne le pré par l'extérieur, fait courir un veau que sa présence apeure. Comme il est bien ici ! Sur cette terre de montagne, dans ce village de l'enfance aux forêts odoriférantes, où s'imposent le silence et les vues cavalières. Il y reviendra. Dans un an ou dans dix, mais il y reviendra.

Aussitôt, pourtant, la question s'installe, insidieuse : pour y faire quoi ? Et la réponse qu'il s'adresse à lui-même fuse : pour y passer ses vacances ! Et la même voix toujours lui suggère que personne, à part lui, ne fondera jamais le projet de passer des vacances entières dans ce bled perdu de montagne. Une pensée en appelant une autre, il songe aussitôt à Gabriella qui lui manque, mais qu'il s'interdit d'appeler. Aurait-elle accepté de venir ici ? Une semaine peut-être et encore pour lui faire plaisir ! Alors l'étau se resserre. Il voudrait faire des choix, continuer de peser sur sa vie comme il a l'illusion de le faire depuis quelque temps, mais aucune alternative, à quelque niveau que ce soit, ne s'offre à lui. Il ne jouera pas ailleurs qu'à B. et il devra apprendre à vivre sans Gabriella. Ce n'est pas du fatalisme, c'est de la lucidité. Il se sait capable de le faire. L'expérience de A. est là pour le prouver. Est-il sérieux ? Il le jurerait. Que fait-il alors de ses longs mois d'abstinence sexuelle, de ses oraisons de silence, de sa fuite éperdue dans le rugby ? La colère l'avait tenu et avec elle cette idée un peu flatteuse, un peu grotesque, selon laquelle il entendait maîtriser sa vie, la tenir, la façonner selon ses propres convictions.

Le verrait-on, on rirait ! Ce type seul, si jeune, qui marche en forêt et parle tout seul en bougeant la tête, l'air pénétré d'un songe intérieur : quelle folie le tient, quel chagrin le harcèle ? Quand il rebrousse chemin et regagne le village, il croise la route de Simon en train de guider ses vaches. Il vient, lui dit-il, de soigner un cheval par la seule imposition de ses mains.

— De quoi souffrait-il ?

— Il avait des plaques sur le corps, il perdait ses poils…

— Et tu l'as guéri ?

— Paï !

— Comme ça ?

— Comme ça.

— Sans rien faire d'autre que de le toucher, le caresser ?

— Le calmer. Il fallait qu'il se calme.

Alexandre n'insiste pas. Simon dit probablement vrai. En voilà un qui accepte sa solitude et parvient même à la parfaire, à l'enjoliver. Alexandre le quitte et regagne sa maison par un autre sentier que le sien. Il ne pleut pas, mais du gris s'est posé sur le paysage. Un gris anthracite, dont la palette seule de verts des près et de la forêt voisine, atténue l'ampleur sur le moral des troupes. Comme le temps – recueilli, amorti, sur le déclin –, Alexandre est sombre et n'a pas envie de parler, de communiquer avec quiconque. Il refuse et récuse en lui la fade odeur de la résignation. Il doit choisir et ce choix, il le sait, influencera le reste de son existence. Mais comment être sûr de ne pas se tromper ?

33

Il roule depuis ce matin. Non pas au hasard, comme font les touristes du dimanche – visite des châteaux, chemins de traverse, petits marchés minuscules où se vendent des fruits et des légumes à des prix dérisoires – mais le pied vissé à l'accélérateur, l'œil dans le rétroviseur, buté, énergique. Il a d'abord avalé les kilomètres de virages, la pente douce du piémont pyrénéen où se perd, fenêtre ouverte, allure d'escargot, le chant des oiseaux, puis regagné l'autoroute, mis la climatisation pour échapper aux 30 degrés qui baignent, ce matin, la plaine haut-garonnaise et fini par placer un CD dans le lecteur.

Il ne pense pas. Sa religion est faite. C'est affaire de dignité. Il ne peut pas rejouer dans un club dirigé par Ferreri et va donc arrêter le rugby. Trois ans en stand-by, autant dire une éternité ! Le regrettera-t-il ? Il est trop tôt pour le dire. Peut-être Ferreri le libérera-t-il avant la fin de son contrat ? Ce n'est guère dans les habitudes du bonhomme, mais du moins l'espoir reste-t-il de mise. Alexandre, pour l'heure, entend seulement aller vers son but le plus rapidement possible, habité par une froide détermination et ne s'arrête sur une aire d'autoroute que pour faire le plein d'essence, boire à la hâte, debout parmi les camionneurs et les premiers touristes étrangers qui envahissent le sud du pays, un de ces cafés au goût amer qui lui fait plisser le nez comme une odeur. Tout va se jouer dans les quarante-huit heures et il sait devoir se blinder, se préparer, se prémunir contre toutes éventualités, ainsi qu'il le ferait avant un match d'importance. À Toulouse, le périphérique bondé l'oblige à ralentir sa course. Une forme d'impatience se lève en lui qu'il cherche à atténuer en écoutant une autre forme de musique. Il a pris, ce matin, toutes sortes de CD, dont la plupart lui avaient été prêtés ou recommandés par Éric, grand amateur d'électro : Sebastian, Justice, Fort Minor, Eminem, Surkin, Crookers, Busy P, Alex Metric ! Aurait-il aimé jouer à Toulouse ? La question lui vient comme il contourne la ville par le sud, mais ne s'est jamais posée. À Carcassonne, l'accident d'un poids-lourd l'oblige de nouveau à rouler au pas. Quand il sort très vite de la voiture – imitant en cela les passagers des véhicules placés devant lui – pour seulement mesurer l'étendue des dégâts, une bouffée de chaleur aussitôt le submerge. L'été, d'un seul coup, s'est posé sur la France, et Alexandre regretterait presque le temps nauséeux de la veille. Une demi-heure durant, il roule au pas sur une seule portion d'autoroute. Il se souvient avoir été stoppé là, quasiment au même endroit, il y a deux ans, au tout début du mois de mars, par une tempête de neige. De la neige à Carcassonne et au mois de mars ! Les autochtones n'en sont toujours pas revenus. Mais le lieu de l'accident dépassé, la route de nouveau s'ouvre aux trois voies traditionnelles et le défilé recommence. Le changement de paysage – ces nuances de couleurs et de végétation – qui marque très nettement le panorama du voyageur attentif le long de ces routes qui vont de la Gascogne au Languedoc, n'épouse plus après Toulouse le même degré de diversité. C'est la garrigue qui ici prédomine sur un paysage qui ne varie plus beaucoup jusqu'à la Provence. Outre la culture de la vigne, l'œil se familiarise très vite avec les premiers pins d'Apel, les longues allées de cyprès que le vent malmène, les tamaris et les platanes, les saules et les peupliers, sans oublier, ici ou là, dès la plaine retrouvée, la longue litanie des arbres fruitiers. Cet exercice le renvoie à son enfance et à ce fond de culture paysanne, agricole, qui perdure en lui et l'étonne toujours.

Après Sète et Montpellier, Alexandre délaisse Nîmes sur sa droite et ne sort de l'autoroute qu'à Remoulins. Comment peut-il aborder Gabriella et que devra-t-il lui dire qui soit de nature à infléchir ses choix ? En Avignon, il gare sa voiture comme l'autre jour à l'extérieur des remparts, d'où il perçoit le pont Saint-Bénezeth sur sa gauche et regagne le centre-ville par les petites rues ombreuses. Comme il n'a pas déjeuné, il s'arrête dans une sandwicherie où il tente, en mordant avec férocité sur son « jambon, beurre, fromage », de calmer la fébrilité qui l'accompagne. Vers quinze heures, dans cet état de concentration avancée dont il a pris l'habitude avant chaque rencontre, il se dirige vers la galerie. Le vernissage a eu lieu l'autre samedi, comme il était en partance pour Cape Town et il ne sait, depuis, quels échos ont été donnés à cette exposition. Il craint que Gabriella, l'apercevant, ne lui signifie à sa manière une fin de non-recevoir. Son comportement, l'autre nuit, n'était-il pas assez explicite ? Qu'a-t-il besoin de revenir ? De ruiner la part de romantisme qu'elle avait souhaité mettre dans leur séparation ? Il hésite à quelques mètres de la galerie. Peut-être est-il encore temps de repartir, de rebrousser chemin ? Une pâtisserie, devant lui, étale à même la vitrine l'étendue de ses gâteaux, viennoiseries. Il y entre comme un voleur et commande deux cannelés qu'il avale sur place, désireux de ne pas se retrouver aux portes de la galerie la bouche pleine et les mains graisseuses. Affronter Gabriella à l'instant lui semble insurmontable. Mais s'il tombait nez à nez avec elle dans cette petite rue ? Quelle attitude adopterait-il ?

Sa lâcheté l'indispose. Devant la galerie, il hésite encore une seconde et finit par pousser la grande porte de verre. Une jeune femme se tient derrière un petit bureau qui semble servir de sas d'accueil et, percevant son désappointement, lui indique, d'un mouvement du menton, le coude que fait la galerie sur la gauche. Comme il semble rassuré – quelle tête a-t-il ? –, un sourire se fige aussitôt sur le beau visage de la jeune femme. Deux pas encore et les baraques lui apparaissent, massives, originales (la première se présente en forme d'armoire en bois) et beaucoup plus hautes qu'il ne les aurait imaginées. En fait, constate-t-il un peu dépité, j'ai été exclu de cette création dont j'ai beaucoup entendu parler mais dont je n'ai rien vu. Une vieille dame est là, tout au fond, qui pénètre dans la troisième baraque, celle du fond, mais il a beau chercher, il ne voit pas Gabriella. La demander ? Au nom de quoi ? Il ouvre alors les battants de bois de la première baraque et pénètre à l'intérieur de l'habitacle de trois mètres carrés environ. Sur les côtés, en forme d'étagères, protégées par un rempart de verre, se tiennent sur deux niveaux toutes sortes de figurines singulières et de portraits au fusain : petits soldats de plomb comme on en trouvait encore au temps de son enfance, dont Gabriella a fait, indifféremment, des soldats nazis, des généraux argentins, des militaires américains plongeant dans la boue de ce qui doit être une guerre du Vietnam. Comment a-t-elle peint les figurines ? La boue des rizières est matérialisée par de la terre meuble, tandis que le fleuve dans lequel se jettent des enfants mutilés, des femmes aux vêtements arrachés, des hommes blessés, semble avoir été composé avec une sorte de gélatine qui rend joliment compte du courant interne, des vaguelettes à la surface de l'eau. C'est non seulement original – il ne savait rien de tout cela – mais bouleversant au regard de la signification que cela suppose : un monde en perdition, tenu, broyé, martyrisé par toutes sortes de fascismes, de soldats intergénérationnels portés par la même démence. D'où lui est venue cette idée ? À quoi répond-elle ?

En une seconde, Alexandre regrette qu'elle n'ait pas choisi, comme cela semblait devoir être le cas initialement, de rendre compte de cet holocauste personnel à travers une baraque vitrée, où la scène même de ses portraits et figurines en action eût été immédiatement perceptible à l'œil. L'armoire en bois, la nécessité pour le visiteur de pénétrer dans le lieu, la disposition même des étagères n'ajoutent rien, lui semble-t-il, à la force d'une idée tout entière recentrée sur l'holocauste à proprement parler. Nonobstant, quel choc ! Quelle puissance évocatrice !

La deuxième baraque n'a pas de porte. On y pénètre directement, comme d'un salon vers une bibliothèque dont elle a justement pris la forme et à l'intérieur de laquelle de nombreuses niches se font jour. La première, sur la gauche, montre une poupée représentant une petite fille assise par terre, ses jouets à ses pieds, tandis qu'un homme derrière elle, fuit à toutes jambes dans la direction opposée. La scène est reproduite à l'identique sur un tableau accroché en arrière-plan. La symbolique est d'autant plus forte aux yeux d'Alexandre qu'en s'approchant un peu de la poupée on s'aperçoit qu'elle pleure à chaudes larmes de polyuréthane. Plus loin, une autre poupée reflétant une jeune femme cette fois, les yeux bandés par un foulard de soie, les pans de sa jupe relevés jusque sur la chute des reins, dans une position qui ne saurait abuser, reçoit les hommages appuyés d'un homme difforme, adipeux, aux yeux exorbités par le désir. En se penchant un peu plus vers la jeune femme, on découvre là encore que des larmes affluent sur ses joues. Est-ce assez suggestif ? D'autres scènes, lascives ou crues, également reproduites sur un tableau, en arrière-plan, composent un ensemble insoutenable pour Alexandre qui prend tout de plein fouet. Mais c'est la dernière niche, celle qui clôt la scène tout entière et se trouve à l'opposé de la toute première, comme reliée à elle par son emplacement même, qui jette Alexandre dans un abîme de perplexité. Un jeune garçon, dans l'exacte position de la petite fille de tout à l'heure, pleure, assis par terre, un homme et une femme allongés à ses pieds, morts selon toute vraisemblance, tandis qu'un vieux monsieur, matérialisé par un portrait sur un tableau, tente semble-t-il en vain, en arrière-plan, d'intervenir. On voit à la scène des nuages de coton, des plantes vertes, tout un bric-à-brac de cailloux et de gélatine supposés illustrer la montagne et ses torrents. Alors Alexandre éclate en sanglots, sans retenue ni mauvaise conscience. Il pleure, comme il arrive, quand on est seul et qu'une émotion vous submerge et vous dépasse. Il reste figé un long moment dans cette deuxième baraque où pas plus de deux personnes ne pourraient se tenir côte à côte, la tête vide ou trop pleine et n'en sort que de longues minutes après, incrédule, anéanti, les yeux rougis comme par la fièvre.

La vieille dame de tout à l'heure est partie et il ne reste apparemment que lui dans cet espace de la galerie où il semble hésiter sur l'attitude à adopter, le comportement à tenir. La troisième baraque figure en son centre le Jugement dernier dont il avait aperçu des bribes quelques mois plus tôt. Le Christ, en majesté, est représenté au centre d'un triptyque, par une sculpture de bois. Les anges, les élus et les damnés de la terre le sont, eux, par de simples figurines, semblables à celles que l'on voit dans la première baraque. Au pied du Christ, un ange semble trier les âmes des morts. Les élus, à la droite du père, grimpent à une échelle qui doit les mener au paradis. Au-dessus d'eux, ciel gagné, espérances vives, un homme et une femme se tiennent par la main, des enfants courent en liberté dans ce qui semble être une grande prairie pentue où des chevaux galopent, tandis que, à la gauche du Christ, les damnés de la terre chutent lourdement en enfer, plongent, éjectés, vers les abysses.

L'ensemble dégage une belle harmonie, mais Alexandre n'y retrouve pas l'émotion qui l'a étreint dans la deuxième baraque qu'il regagne aussitôt. Là, son cœur bat à la mesure de son propre passé et il reprend chaque scène l'une après l'autre, comme s'il les voyait pour la dernière fois et cherchait à s'en imprégner.

Quand il sort, il n'y a toujours personne dans la galerie, n'était la jeune femme de tout à l'heure qui se débat avec son ordinateur. Elle n'a pas un regard pour lui qui consulte trois coupures de presse relatives à l'exposition. La première provient du journal *La Provence.* Rien n'y est dit de ce qui le touche et le meurtrit. La deuxième est extraite d'une revue municipale où Gabriella apparaît en photo, souriante, sur le devant de la galerie.

— Question de lumière, dit la jeune femme qui a levé la tête de son ordinateur et semble maintenant suivre Alexandre du regard. On ne pouvait pas prendre l'artiste devant ses sculptures. Pas assez de lumière…

Il sourit. Lit le dernier petit texte qui émane de *Télérama.* Mais, là encore, le journaliste présente l'exposition, le lieu, la date, sans le moindre commentaire sur le contenu. Un peu de déception doit se lire dans le regard d'Alexandre puisque la jeune femme se croit obligée de lui dire :

— D'autres critiques vont suivre. Les news nous ont promis d'en parler. *Le Figaro Mag, Le Point, L'Express, L'Obs* ! Ils sont tous venus. L'attaché de presse a bien fait son travail.

Il sourit de nouveau – pâle sourire. Un couple pénètre dans la galerie, puis une vieille dame. Alexandre va partir. Il est dans un état de fragilité tel qu'il serait incapable de soutenir une conversation. Et, soudain, ses jambes tremblent et son regard vacille. Gabriella est là, devant l'entrée qui le regarde, l'air stupéfait. Comme il paraît ne plus pouvoir bouger, c'est elle qui s'avance vers lui, souriante, attentive.

— Toi, dit-elle ?

Il bouge la tête, esquisse un vague sourire, montre l'espace de droite où se trouvent les baraques d'un large mouvement de la main.

— Je suis bouleversé… dit-il.

Ses lèvres tremblent. Elle l'observe avec cette sorte de lumière dansante dans le regard qu'il lui avait vue le premier jour. Mais lui se sent singulièrement coupable. Coupable ? De n'avoir pas compris, peut-être. De n'avoir pas mesuré la portée de son artisanat…

— Vraiment ?

— La souffrance, balbutie-t-il… Non, pardonne-moi… Ce n'est pas ce que je veux dire… C'est magnifique ! Vraiment !

Elle sourit toujours, remercie d'une voix faible, presque inaudible. Un jeune bellâtre – grand, brun, des lunettes de soleil sur les yeux – entre alors comme un ouragan dans la pièce, déplie un immense calque et sans autre précaution dit à voix forte :

— Gabriella, s'il te plaît ! Viens voir, j'ai les plans de l'expo…

Alexandre regarde Gabriella qui regarde Alexandre.

— Oui, dit-elle, sans se retourner.

Il semble à Gabriella que le sol se dérobe sous ses pieds, qu'elle manque d'équilibre. Comme s'il lui avait fallu quelques minutes pour prendre véritablement conscience de sa présence.

— Va ! dit-il, en montrant le bellâtre.

— Oui, dit-elle sans le quitter du regard.

— Gabriella ! intervient la jeune femme du sas d'entrée, il faut que tu signes ces documents… C'est important.

Ils ne se quittent pas des yeux et le monde peut bien continuer de tourner. Une gêne, pourtant, se dessine sur le visage d'Alexandre. Coupable, c'est ça ! Il se sent coupable ! Mais coupable de quoi, grand Dieu ? De ne l'avoir pas accompagnée ? De n'avoir rien compris ?

— Je vais y aller, dit-il.

— Oui, répète-elle.

Un court moment s'écoule dans le silence revenu de la pièce. Le bellâtre semble s'exaspérer.

— On t'attend... dit Alexandre d'une voix chuchotée.

— Où vas-tu ? demande-t-elle.

— En Italie.

— En Italie ?

— Oui. J'ai pensé que ce serait bien pour des vacances.

— Chouette, dit-elle.

Il voudrait se retrouver dans ses bras, la tenir, la toucher. Elle, au même moment, mesure à son attitude combien il a changé en moins d'un an. Des riens. Quelque chose d'imperceptible. Une façon de se tenir droit, de planter son regard dans celui de l'autre, de sourire. Des riens. Mais qui changent tout.

— Gabriella, s'il te plaît ! supplie le bellâtre.

Elle le montre du doigt tout en continuant à regarder Alexandre et dit d'une voix tremblée.

— Il faut que je voie ça, excuse-moi...

— Oui, dit-il, bien sûr... Au revoir alors ?

— Au revoir.

Elle s'avance vers lui comme pour l'embrasser, mais déjà il se tourne, le cœur serré et sort de la galerie en bousculant bien malgré lui un autre couple qui y pénètre, en laissant tomber le pull qu'il portait sur les épaules.

Il est dehors maintenant. Du vent souffle sur la ville. Il est dehors et il marche au hasard dans les rues, gagne la grande place du palais des Papes, revient sur ses pas, redescend une rue qui va vers les remparts, retrouve sa voiture sans l'avoir vraiment cherchée, pénètre dans l'habitacle, met le moteur en route, l'éteint.

Que va-t-il faire ? Il allume de nouveau le moteur de sa voiture et de nouveau l'éteint. Il n'a pas la force de rouler. Alors il sort, fait quelques pas en direction d'un café où il commande un demi de bière. Est-ce la fin de l'aventure ? Va-t-il tout perdre, Gabriella et le rugby ? Comment le saurait-il puisqu'il n'a rien dit de ses intentions ? Rien de ce qui, depuis deux jours maintenant, lui tourne dans la tête. Et pourquoi ne l'a-t-il pas fait ? Il cherche une explication et n'en trouve pas, n'était l'émotion bien sûr où ses baraques l'avaient laissé. Il boit sa bière à petites goulées et soudain se lève, paie et remonte en courant la petite côte qui mène vers le centre-ville, la rue de la galerie dont il a oublié jusqu'au nom.

Quand il l'aperçoit de l'extérieur, elle est penchée sur une petite table de l'entrée où est déplié devant elle le plan de ce que sera l'exposition de Nîmes. Le bellâtre est toujours là, les cheveux noirs tirés vers l'arrière, le regard brun comme la peau. « Il est beau comme un Romain », pense Alexandre sans réfléchir. Et s'il s'agissait de sa nouvelle conquête ? De son nouvel amant ? Serait-ce possible ? Il coule à l'instant vers elle un regard de séducteur, auquel elle répond par un sourire. « C'est foutu ! », pense Alexandre. Il s'apprête à repartir, défaitiste, ombrageux, quand, elle lève la tête de la table et se tourne machinalement vers lui. Alors, de nouveau, son regard se fige et son corps se redresse. Il éprouve en la regardant à son tour, avec toute la force dont il se sait capable, un sentiment qu'il n'a jamais éprouvé devant personne. C'est un sentiment de manque. Il vient de l'identifier là, en une seconde. Sans elle, il est orphelin. Le lui dire ? Le lui crier ? Vaincre la pudeur qui le freine ? Gabriella, en face de lui, à quelques mètres à peine, derrière la vitrine, devient toute pâle. Ses mains, de manière tout à fait imperceptible, tremblent. Elle les ferme, les ongles enfoncés dans les paumes. Cela dure combien ? Une, deux secondes supplémentaires ? Il faudrait ralentir le temps comme dans les films, appuyer sur pause. Parce que c'est elle qui se précipite maintenant vers lui, ouvre la porte de la galerie et, au mépris de tous ceux-là qui la regardent et s'étonnent, fond dans ses bras. Il l'accueille en tournant un peu sur lui-même, la porte littéralement à bout de bras quelques secondes au cours desquelles on la voit, enveloppée contre lui, relever les jambes, quitter la terre ferme...

— Je ne voulais pas que tu partes... dit-elle d'une voix étranglée. Je ne le voulais pas...

Elle repose un pied au sol, pleure presque aussitôt et s'agrippe à lui, qui enfouit son visage contre le sien et apaise de ses lèvres ce torrent de larmes. Du vent fait bouger ses cheveux. D'étroits ruisseaux de lumière pâle, où coulent des grains de poussière, traversent la rue et semblent se projeter sur eux. Les regarde-t-on toujours ? Elle lève les yeux vers lui. Ils brillent comme jamais. Il sent ses côtes sous ses mains, la minceur de son buste. Elle, dans le flou de ses larmes, ne voit que ses yeux d'un vert plus clair, lumineux. Le regard d'Alexandre tombe sur celui du bellâtre qui les observe avec une sorte de mépris sur le visage.

— Je suis fasciné, dit-il. Je ne savais pas que tu mûrissais tout ça...

Et comme elle pleure toujours et qu'il s'émerveille de ses larmes.

— J'ai eu peur, dit-elle. J'ai eu tellement peur que tu ne reviennes pas...

Le bellâtre sort de la galerie, un sourire aux lèvres.

— On se voit demain, dit-il en passant !

Gabriella ne répond pas. L'a-t-elle seulement entendu ?

— C'est vous l'artiste ? intervient un homme. Pardonnez-moi, bien sûr... Mais, comment dirais-je ? On est venus, hier, avec ma femme... On a voulu revenir aujourd'hui. On voulait seulement vous dire...

Un chien à quelques mètres compisse la devanture d'un bijoutier. Un jeune homme attend, impassible, que sa compagne sorte de la pâtisserie où Alexandre, tout à l'heure...

— Et donc, disait l'homme, donc...

On voit à Gabriella le visage oblique, souriant, retenu de larmes, d'une jeune femme amoureuse.

Rouède, juin 2011

Composition et mise en page

NORD COMPO
multimédia

Cet ouvrage a été imprimé
en septembre 2011 par

CPI
FIRMIN-DIDOT

27650 Mesnil-sur-l'Estrée
N° d'édition : L.01ELJN000419.N001
N° d'impression : 107076
Dépôt légal : septembre 2011

Imprimé en France